Wolfgang Weißgerber
Die Herren von Frankenstein und ihre Frauen

Wappen der Familie von Frankenstein

Gusseiserne Tafel im Treppenaufgang des Rathauses in Darmstadt-Eberstadt. Herkunft und Entstehungszeit sind unbekannt.

Die Abbildung auf dem Umschlag zeigt das frankensteinische Gesamtwappen, gebildet aus dem Stammwappen und den Wappen der Herren von Sachsenhausen und von Cleen. Der Erbauer der Burg Frankenstein führte noch das Breuberger Wappen. Seine Söhne übernahmen allem Vermuten nach das Wappen ihrer Mutter Elisabeth, geb. von Weiterstadt.

Der Schild hat das frankensteinische Stammwappen in der Mitte: ein rotes Beileisen ohne Stiel auf goldenem Grunde. Links unten und rechts oben erhebt sich der silberne Schwan der Herren von Sachsenhausen mit roten Flügeln hinter einem offenen Turnierhelm. Links oben und rechts unten sind drei rote Kleeblätter im goldenen Felde mit den Stielen zusammengefügt, das Cleen'sche Wappen. Drei gekrönte Helme bedecken den Schild.

Darüber stehen vier Adlerflügel. Die zwei in der Mitte zeigen, einander zugekehrt, die frankensteinischen Beileisen, während der Sachsenhausener Silberschwan rechts daneben steht. Hinter dem Pfau in Blau auf der linken Seite trägt ein dunkles Feld eine Anzahl weißer Kleeblätter als Hinweis auf die Herren von Cleen.

Dieses Buch erschien 1975 im Eduard Roether Verlag, Darmstadt.
Nachdruck zur 750-Jahrfeier der Burg Frankenstein.

ISBN 3 87704 050 0

Alle Rechte vorbehalten.
© 2002 H. L. Schlapp Buch- und Antiquariatshandlung
GmbH Co KG, D-64297 Darmstadt-Eberstadt
Herstellung: Books on Demand GmbH

Dieses Buch ist ein Book on Demand und kann bei Libri, Georg Lingenbrink GmbH & Co KG über den Buchhandel oder über das Internet bestellt werden.

Wolfgang Weißgerber

Die Herren von Frankenstein und ihre Frauen

Landschaften
Personen
Geschichten

Inhaltsverzeichnis

Vorwort und Hinweise 7

I. Vom Breuberg auf den Frankenstein

Die Edlen von Breuberg 10
Landschaft Bergstraße 14
Super castro in Frangenstein 16
Das königliche Privileg 21
Sieben Dörfer bilden eine Herrschaft 26
Man nennt sich jetzt von Frankenstein 29
Das Fräulein aus dem Zabergäu 32
Erkinger und seine Geschwister 35

II. Im großen Burgfrieden

Konrad II., Burgmann zu Auerberg 41
Die wiederentdeckten Pastoren 44
Landschaft Odenwald 49
Zwei Stämme Frankenstein 53
Ich hör' des Minnesängers Lied 56

Die Kämmerer von Worms	61
Vom Umgang mit Grabmälern	63
Das Raubnest geht in Flammen auf	66

III. Hochmögende Herren, geistliche Damen

Die Reichsschultheißen zu Frankfurt	71
Gott liebt die Esel	74
Bald gras' ich am Neckar, bald gras' ich am Rhein	78
Der Truchseß des Grafen v. K.	85
Die Rüdt von Collenberg	88

IV. Glanz über Darmstadt

Die Prinzessin mit der goldenen Kutsche	94
Orientreise, Ritterschlag am Sinai	97
Der kaiserliche Rat	104
Die unselige Fehde	108
Großeinkauf auf der Frankfurter Messe	113

V. Schatten ziehen herauf

Seelenmessen und ein alter Kalender	119
Der Katzenelnbogener Erbfall	124
Das Weistum der Schöffen	125
Die Handschuhsheim, Landschade und Forstmeister	128
Der Steinbock von Uttingertal	131
Das Bekenntnis Philipps von Frankenstein	134

VI. Landgraf Philipp von Hessen

Im Strudel der Geschichte	139
Irmela von Cleen	145
Erzwungene Reformation	149
Es klingt wie Abschied	154
Die Äbtissinnen	162
Ritter „Schorsch" der Drachentöter	165

VII. Der Bischof zu Speyer

Rudolf von Frankenstein	170
Gottfried, Herr zu Ockstadt	180

Schauergeschichten 184
Klara von Schönburg auf Wesel 187

VIII. Obrigkeiten

Ein neuer Herr, das alte Lied 190
Die Betzekammer und das Schützenfest 193
Das Frankensteiner Eselslehen 196
Allerlei Zeugen 198
Die Erben 202
Herr Barthel schafft Remedur 205
Die Leibeigenen und die Hexen 211
Der Hausstand im Schloß 213

IX. Zwischen Wetterau und Franken

Ockstädter Geschichten 216
Kriegsschauplatz Wetterau 219
Sie hausen wie die Wilden 224
Der Frankenstein wird verkauft 228
Ullstadt 232

Anhang

Namensregister 236
Literaturverzeichnis 238
Bildnachweis 240

Vorwort

Die Nachkommen der Herren von Frankenstein können auf eine über 800jährige Geschichte nachgewiesenermaßen zurückblicken, die nur bisher keine zusammenhängende Darstellung fand. Das soll mit dem vorliegenden Frankensteinischen Geschichtenbuch nachgeholt werden, wenigstens in einem 1. Teil von etwa 1160 an bis zum Jahre 1670.
Die Frauen dürfen dabei nicht fehlen, die Töchter, die nach auswärts heiraten oder in einem Kloster geistliche Heimat finden, und die jungen Ehefrauen, die sich die Herren aus allen Himmelsrichtungen auf ihre Burg holen. Sie vervollständigen erst den bunten Reigen, und zuweilen bringen sie auch einen erwünschten Zuwachs in die Familienkasse mit.
In der weitverzweigten Verwandtschaft finden sich am Ende fast alle bekannten Namen aus dem Raum zwischen Rhein, Neckar und Main und dazu noch viele längst verklungene. Unter ihnen repräsentieren die Berlichingen, Cleen, Dalberg, Erbach, Gemmingen, Hirschhorn, Kronberg, Rodenstein, Sachsenhausen, Sickingen u. a. ein bedeutendes Stück Kulturgeschichte jener vergangenen Zeit.
Mit den Geschlechtern verbinden sich die Landschaften, in denen sie gelebt, die Burgen, Adelssitze, Klöster, die großen Wälder, Fluren und Weingärten, die staubigen Wege im Sommer und die Stürme, die zur Winterszeit um die eiskalten Burgmauern heulten. Es lag deshalb nahe, die Stätten der Historie aufzusuchen und hinter dem heutigen Bild noch etwas vom Leben der einstigen Bewohner zu erhaschen. Als sprechende Beispiele hierfür seien nur genannt: die trutzige Veste Breuberg, der Michelsberg im Zabergäu, das berühmte Stift Neuburg bei Heidelberg und das verträumte Wasserschloß Mespelbrunn im Spessart. Damit ist nicht von ungefähr das Geschichtenbuch der Familie zu einem „Frankensteinischen Reisebuch" erweitert worden.
Trotzdem wird keine unechte Burgenromantik aufkommen. Dafür sorgen schon die mancherlei engstirnigen Oberherren, geschundenen Leibeigenen, Strauchritter, Marodeure, Hexen und Dirnen, die eben auch nicht fehlen. Hinter ihnen und den

vielen großartigen Persönlichkeiten, denen wir begegnen, werden gleichermaßen die politischen, gesellschaftlichen und religiösen Auseinandersetzungen in den verschiedenen Epochen irgendwie transparent.
Der Leser wird sich zum Nach- und Weiterdenken angeregt wissen. Dabei möchte bedacht werden, daß eine einsichtige Geschichtsbetrachtung das bestimmte Maß an Toleranz und die Zuversicht in den Fortgang der Welt enthalten muß.
Deshalb sei dieses Buch den allerjüngsten Herren von Frankenstein in Schloß Ullstadt gewidmet, die noch unbekümmert, aber getragen vom Glauben der Generationen, die hinter ihnen stehen, dem Zukünftigen entgegenleben.

Wolfgang Weißgerber

Darmstadt-Eberstadt, Sommer 1975

Zur Genealogie

Soweit möglich umfaßt jedes Kapitel die Menschen, die in einer Generation miteinander gelebt und einander persönlich gekannt haben. Deshalb führt die kurze genealogische Übersicht vor den einzelnen Abschnitten jeweils Großeltern, Eltern, Kinder und Verwandte auf. Vom III. Kapitel an ist in den Stammtafeln der jeweilige „Älteste" der Stämme, der fortpflanzt, als erster angeführt.
Die Jahreszahlen in Klammern geben, wo Lebensdaten nicht bekannt, die urkundliche Nennung der betr. Personen an.
Nimmt man die Tafeln I–IX zusammen, so ergibt sich die vollständige Stammtafel der Familie Frankenstein bis 1670.
Die Abkürzungen bedeuten: geb. = geboren, verh. = verheiratet, gest. = gestorben.
Die Schreibweise „Frankenstein" ist einheitlich mit k durchgeführt, obwohl viele Glieder der Familie, wie auch die heutigen, sich mit ck schreiben. (Vgl. auch das Namensregister am Schluß.)

I. Vom Breuberg auf den Frankenstein

1.–6. Generation
<u>Wiknand</u> von Lützelbach (um 1160), Sohn:
<u>Konrad Reiz von Lützelbach</u> (1178–1209), Sohn:
<u>Konrad I. Reiz von Breuberg</u> (1222–1242), verh. mit N. N., Tochter des Sibodo von Jagesberg-Ebersberg, Sohn:
<u>Konrad II. Reiz von Breuberg</u>, Erbauer der Burg Frankenstein (gest. vor 1264), verh. mit Elisabeth von Weiterstadt, Söhne: Konrad, Ludwig und Friedrich.
<u>Konrad I. von und zu Frankenstein</u> (gest. 1292), verh. mit Irmingard, Tochter des Erkinger IV. von Magenheim und Guta von Rietberg. Deren Sohn: Erkinger.
Ludwig (1268, gest. vor 1290)
Friedrich (1268–1292), verh. mit Elisabeth N. N.
<u>Erkinger von Frankenstein</u> (1309–1321), verh. mit Euphemia, Tochter des Johannes I. von Erbach-Reichenberg und Anna Gräfin Rieneck. Sohn: Konrad II.
Konrad (1324), Johanniterkomtur
N. N., verheiratet mit Konrad I. von Rodenstein
Hedwig, verh. mit Giso von Jossa

Die Edlen von Breuberg

Da die Herren von Frankenstein von der Burg Breuberg herstammen, wenden wir unsre Blicke zuerst dorthin. Die wohlerhaltene stolze Burg im unteren Mümlingtal des Odenwaldes erhebt sich über dem Städtchen Neustadt, das heute mit den umgebenden Dörfern den Burgnamen trägt. Ob man vom Westen kommt, also von Höchst i. Odw., oder vom Main aus Richtung Obernburg — irgendwo an der Wegbiegung steht plötzlich die alte Veste vor einem, majestätisch auf dem Bergrücken thronend. Grüßt sie? Droht sie? Oder ist sie nur einfach gelassen schön?
Zweifellos haben sich hier in alten Zeiten Macht und Hoheit kundgetan. Allein schon der mächtige Bergfried ist ein unübersehbares Zeichen. Seine dicken Buckelquader erinnern deutlich an die Burgen der Stauferzeit: die Münzenburg, das Wetterauer Tintenfaß genannt, Büdingen oder die stolze Kaiserpfalz bei Gelnhausen im Kinzigtal. Die Burg Breuberg wurde zur etwa gleichen Zeit wie jene, Mitte des 12. Jahrhunderts, von der Abtei Fulda als Schutzburg für die Mark Umstadt gebaut, die schon seit König Pippins Zeiten (um 755) in deren Besitz war. Sie umfaßte zahlreiche Dörfer, Ländereien und Waldgebiete. Um das Jahr 1100 löste sich die Zent Höchst i. Odw. von der Mark. Hier setzte dann die Abtei Fulda die *Herren von Lützelbach* als Vögte ein, die ihre Burg südlich von Neustadt hatten, ein edelfreies Geschlecht. Als sicherer ältester Vorfahre gilt z. Z. in der wissenschaftlichen Forschung *Wiknand von Lützelbach* um 1160. Ihm folgt Konrad Reiz von Lützelbach (1178–1209), und von nun an nennen sich die Herren als Vögte der Zent Höchst, beginnend mit *Konrad I. Reiz*, Sohn des Obigen, *von Breuberg*. Er ist bezeugt seit 1222 und gestorben 1242. Er ist auch der erste, der als Fuldischer Lehensträger auf der neuerbauten Veste Breuberg seinen Wohnsitz nimmt. Seine Frau, deren Vorname aus Urkunden nicht bekannt ist, ist die Tochter des ebenfalls edelfreien Herrn Sibido von Jagstberg-Ebersberg. Die Nachkommen der von Jagstberg nehmen 1229 den Namen Ebersberg an. Sie führen einen Eberrumpf im Wappenschild, wie er auch auf dem Grabstein des Johann von Riedern (gest. 1345) und seiner Frau Anna von Ebersberg im Kloster Himmeltal im Spessart zu sehen ist.
Das ist zugleich die Gelegenheit, etwas über die *mittelalterliche Standesordnung* in unsrem Raum zu sagen. Im wesentlichen kann man 4 Gruppen von Adligen unterscheiden.

1. Reichsfürsten
Hier haben wir es nur mit den Pfalzgrafen am Rhein zu Alzey, später auf Schloß Heidelberg als den „weltlichen" zu tun. Die geistlichen Fürsten sind die Bischöfe zu Mainz, Würzburg und Fulda, die als Landesherren in ihren Bistümern, bzw. Hochstiften über ein großes Maß an politischer Macht verfügen.

2. Grafen
Die ältesten Grafengeschlechter unsrer Gegend sind die von Wertheim und die von Rieneck. Später kommen die Grafen von Katzenelnbogen hinzu, die im Laufe der Zeit die mächtigsten wurden.

3. Edelfreie Herren
In den Urkunden werden sie als die „nobiles", die Edlen, als domini oder einfach nur als die „Herren" bezeichnet.

4. Ministeriale
Darunter versteht man die Mitarbeiter und Ratgeber von Fürsten, Bischöfen oder des Kaisers selbst, die zu bedeutenden Ämtern und Vertrauensstellungen aufgestiegen sind. Später werden sie „rangmäßig" den Edelfreien gleichgestellt. Wir werden ihnen im folgenden unter den Herren von Frankenstein und ihren Verwandten noch zahlreich und in allen Rangstufen begegnen. Die Standesgrenzen als solche sind allerdings weithin fließend.
Welche Stellung eine Familie in der mittelalterlichen „Gesellschaft" einnimmt, läßt sich aus mancherlei Merkmalen erkennen. In den Urkunden werden die an einem Schiedsgericht, einer Friedensverhandlung oder auch nur an einem größeren Verkaufe Mitwirkenden stets in der Reihenfolge ihres „Ranges" aufgezählt. Ein Beispiel: König Albrecht stellt 1299 ein Schiedsgericht aus prominenten Leuten zusammen, die wie folgt rangieren: die Erzbischöfe Wigbold von Köln und Emicho von Trier – die Bischöfe Peter von Basel und Emicho von Freising – die Grafen Eberhard von Katzenelnbogen und Walram von Zweibrücken – die Raugrafen und schließlich die Edlen Sigfried von Eppenstein, *Gerlach von Breuberg* und Gerhard von Dollendorf – und nach ihnen noch eine Reihe andrer Namen. Der Herr von Breuberg kommt, wie wir sehen, gleich hinter den Grafen.
Noch wichtiger zur Beurteilung der sozialen Stellung ist die *Führung eines Siegels.* Man kann kurz sagen: wer am Ende der Stauferzeit, etwa 1250, mit einem eigenen Siegel in Erscheinung tritt, gehört einer gehobenen sozialen Schicht an. Er darf seine

Verkaufs-, Lehens- und sonstigen Urkunden selbst siegeln, was dabei auch jedesmal vermerkt ist. Die andern, die kein eigenes Siegel führen (dürfen), bedienen sich desjenigen ihres Lehensherren, eines Klosterkonventes oder des Rates einer Stadt (LV 46). Die Herren von Frankenstein haben (wie die von Breuberg) allezeit ein eigenes Siegel geführt!

Für die *Herren von Breuberg* ist es charakteristisch, daß sie trotz ihres „ministerialischen" Standes als Klostervögte von Fulda bereits im 13. Jahrhundert Anschluß an den Hochadel gefunden haben. Von besonderer Bedeutung ist die Heirat Eberhards von Breuberg mit der Edlen *Mechthild von Büdingen*, die den Breubergern vor 1245 einen erheblichen Anteil am Büdinger Erbe in Oberhessen sicherte. Sie sind mit diesem Erbe zugleich auch in die Reichs-Beziehungen der Büdinger eingetreten und haben in der 2. Hälfte des 13. Jahrhunderts erhebliche reichspolitische Aufgaben erfüllt.

Der politischen Bedeutung der Breuberger entspricht ihr Reichtum, den sie in einigen wenigen Generationen erworben hatten. Sie hinterließen bei ihrem Aussterben 1323 ein zwar territorial nicht großes, aber dennoch reiches Erbe, das sich über die Töchter in vier Teile aufspaltete: Weinsberg, Wertheim, Trimberg und einen unbekannten Ritter (LV 7).

Wir schließen hier an die
Stammfolge des Hauses Breuberg
1. *Konrad I.*, Reiz von Breuberg, 1222, gest. vor 1242, verh. mit einer Tochter des Sibido von Jagstberg-Ebersberg. – Drei Söhne:
2a: *Eberhard* Reiz von Breuberg, 1239–1282, gest. vor 1286, verh. mit *Mechthild von Büdingen.*
2b: Sibido, wird geistlich, 1257 Domkapitular zu Würzburg.
2c: *Konrad II.* Reiz von Breuberg, verh. mit Elisabeth von Weiterstadt, Erbauer der Burg *Frankenstein.*

Kinder des Eberhard Reiz und Mechthild von Büdingen:
3a: Gerlach Reiz von Breuberg, zunächst im Dienste Kaiser Rudolfs von Habsburg, seit 1291 Landvogt der Wetterau, verh. mit *Luccardis?* aus dem Zabergäu.
3b: *Eberhard II., Kanonikus zu Mainz, Pastor zu Büdingen.*
3c: *Arrois* von Breuberg, verh. mit *Gisela von Falkenstein*, Tochter des Philipp von Falkenstein und der Wildgräfin Gisela von Kirburg. Deren Tochter: *Kunizza*, gest. 1330, verh. mit Konrad V. von Trimberg.

Burg Breuberg

Sohn Gerlachs Reiz von Breuberg (s. Nr. 3a):
4. *Eberhard III.* von Breuberg, 1297–1323, letzter des Geschlechtes im Mannesstamm, 1309–1321 Landvogt der Wetterau, verh. mit Mechthild, Tochter des Grafen Otto I. von Waldeck und Sophie von Hessen, Tochter des Landgrafen Heinrich I. von Hessen (LV 29).

Wir beschließen das Kapitel mit einem kurzen Rundgang durch die herrliche Burg. Der Burgeingang hat ein romanisches Rundbogenportal und ist verhältnismäßig gut erhalten. Darüber befand sich ehedem, wie bei den meisten Stauferburgen, die Kapelle. Den langgestreckten Innenhof umgeben Gebäude vom 12. bis zum 17. Jahrhundert. In der Mitte erhebt sich der mächtige, klotzige Bergfried, die wohlerhaltene Zitadelle der alten Burg.

Nach dem Aussterben der Herren von Breuberg (1323) kam die Burg in der Hauptsache an die Herren von Wertheim (am Main), die große Veränderungen durchführten. Bemerkenswert sind vor allem die „Alte Kemenate" links neben dem Eingangstor und das wunderschöne Renaissancetor an der Ruine des Wertheimer „Zeughauses".

Nach dem Aussterben der Wertheimer Grafen (1556) wurden die Schenken von Erbach teilweise Nachbesitzer. Graf Johann Casimir von Erbach vollendete das Wohnhaus zwischen Tor und Zeughaus, dessen Stuckdekoration als eine der besten aus jener Zeit gilt. An der Decke des Festsaales zeigen 32 Ahnenwappen die „16 Anichen vom Vatter" und die „16 Anichen von der Mutter" der Grafen an. Vom hohen Bergfried mag Jungherr Konrad Reiz von Breuberg manchen Blick über die Höhen und Täler ringsumher gesandt haben, ehe er sich zur Bergstraße aufmachte.

Landschaft Bergstraße

Die *Burg Frankenstein*, die Konrad II. Reiz von Breuberg und seine Gemahlin Elisabeth von Weiterstadt vor 1252 erbaut haben, ist die nördlichste unter den zahlreichen Burgen und Schlössern, welche die am Odenwaldrand von Darmstadt nach Heidelberg ziehende Bergstraße umsäumen. Diese uralte Verkehrsverbindung wird 773 zum ersten Mal urkundlich erwähnt.

Wie viele Heerzüge, Pilgerzüge, Kaufmannszüge und Elendszüge hier schon entlangzogen, ist nicht zu übersehen. Wieviel Menschenglück und Menschenleid sich in den Burgen und Schlössern, den

Städten und Dörfern in den Jahrhunderten abgespielt hat, ist nicht zu beschreiben. Einen kleinen Teil davon versuchen wir in den nachfolgenden Schilderungen einzufangen.

Zuerst aber geben wir einem der liebenswertesten Darmstädter Dichter, Kasimir Edschmid, das Wort, der ein Leben lang nicht müde geworden ist, die Bergstraße zu preisen. Freilich lesen wir heute, noch nicht 40 Jahre nach dem Erscheinen seines „Auto-Reisebuches", 1938, seine begeisterte Schilderung nicht ohne eine leise Wehmut.

„Zwischen Darmstadt und Heidelberg kommt der Odenwald vor der Rheinebene wie an einer Meeresküste plötzlich zum Stehen, und nach der Straße, welche die Römer bereits an dieser in melodiösen Linien dahinlaufenden Gebirgskette entlang gebaut hatten, wird die ganze Landschaft die Bergstraße genannt.

Im Frühling zieht eine Armee von blühenden Obstbäumen aus der weiten Ebene zu den Hängen hinauf, und zwischen Seeheim und Zwingenberg ist das ganze Land bis zu den Bergspitzen hinauf berauscht vom Weiß und Rosa der Kirschbäume, der Pfirsiche und der Apfelgärten.

Darüber wölbt sich der Himmel blau und unendlich wie in der Toskana. Die Mandelbäume stehen auf den Äckern wie zärtliche Flammen, und die gelben Büsche an den Häusern tauchen die Landschaft in einen Schein von Gold.

Man muß, um das Tropische der Bergstraße gut zu sehen, die Reichsautobahn bei Darmstadt verlassen und die Straße Darmstadt–Eberstadt–Malchen–Seeheim fahren, und man wird dann staunend erkennen, wie mild sich dieser Überschwang an Farben und Duft mit dem kühlen Dunkel der Odenwaldtäler verbindet.

Dies alles ist ein beglückender Rahmen für die Orte, die sich an die Bergwand schmiegen, und für die Burgen und Schlösser, die sich überall erheben, für das Hoflager über Seeheim, den Heiligenberg bei Jugenheim, für die aus dem Walde herauslugende Ruine von Alsbach, für die hochliegende, scharfgeschnittene kleine Kirche des uralten Zwingenberg, und für das mächtige Auerbacher Schloß, hinter dem der Melibokus sich so südlich und zart gezeichnet wie der Vesuv erhebt.

Bensheim ist wie die meisten Orte der Bergstraße eine alte Siedlung und gehörte zeitweise wie viele andere Orte dem Kloster Lorsch. Bei Heppenheim, das Karl der Große einst dem Kloster Lorsch schenkte, und in dessen Apotheke später Justus Liebig als Lehrling beschäftigt war, steht die Starkenburg, deren vielfältiges Schicksal

beinahe die ganze Geschichte des Landes von der Zeit der salischen Kaiser ab umfaßt.
Weinheim ist schon zur Stein- und Bronzezeit besiedelt gewesen, die Reste seiner Befestigung, seine Türme, sein Deutschordenshaus, sein altes Rathaus und zahlreiche, wohlerhaltene Bürgerbauten geben der industriereichen Stadt ein malerisches Aussehen. Im März blühen hier schon die Mandelbäume.
Blendend schön, von wohlgebildeten Linien abgerundet, als prächtige Mauern vor der fruchtbaren Ebene aufgerichtet, ziehen die Berge des Odenwaldes südwärts nach Heidelberg. Bei leichtem Dunst ist das Bild dieses Bergzuges voll zarter Verträumtheit, bei flutendem Licht ist es voll geheimnisvoller Kraft. Überall ist uralter Kulturboden.
Nun erblickt man, hoch auf dem Ölberg über Weingärten sich erhebend die Ruine der Strahlenburg mit ihrem romantischen Bergfried und ihrem hohen, zierlichen Palas.
Bald darauf erreicht man Heidelberg und sieht, von der Brücke aus, das unvergleichliche Schloß liegen, an dem jahrhundertelang gebaut wurde und das selbst nach der Zerstörung durch die Franzosen noch eines der edelsten Dokumente der Vergangenheit ist.
Zwischen Königsstuhl und Heiligenberg fließt der Neckar mächtig in die Ebene hinaus, dem Rhein zu, und in dem engen Tal breitet Heidelberg sich aus, die ehemalige Hauptstadt der Kurpfalz, mit ihrer alten Brücke, die Goethe schon bewunderte, mit der gotischen Heiliggeistkirche, der barocken Jesuitenkirche, dem Karlstor, den alten Patrizierhäusern und Palästen und allen Erinnerungen, die sich an die Geschichte knüpfen" (LV 11).
Soweit sei die Hymne des Dichters dankbar nachgesungen. Irgendwie mag der ,,schöne Glanz" doch auch in der rauhen Vergangenheit der kalten, unwohnlichen Burgen, der Fehden und ständigen Unruhe, wie in der nicht weniger rauhen heutigen Gegenwart zwischen Autogasen und babylonischer Verworrenheit der Ballungsgebiete Frankfurt—Mannheim hindurchschimmern.

Super castro in Frangenstein

Niemand weiß genau zu sagen, in welchem Jahre der junge *Konrad II. Reiz von Breuberg* die Burg seiner Väter verließ, um sich an der Bergstraße anzusiedeln. Er zog allerdings nicht einfach ,,ins Blaue"; denn die Herren von Breuberg besaßen in der Gegend

Burg Frankenstein, Rekonstruktion

bereits Höfe und Güter und allerlei Verbindungen persönlicher Art.

Eine von diesen hieß *Elisabeth,* die wir schließlich in einer Urkunde von 1252 als Gemahlin Herrn Konrads auf dem Frankenstein wiederfinden. Man hat lange darüber gerätselt, aus welchem Geschlecht diese Elisabeth (deren Familienname nicht genannt ist) wohl stammen mochte. Inzwischen ist es aber in der Fachwelt unbestritten: sie ist die Erbtochter der nach aller Wahrscheinlichkeit *edelfreien Herren von Weiterstadt.* Diese waren Grundherren von Weiterstadt bei Darmstadt, verfügten aber auch sonst über einen nicht unbedeutenden Besitz.

Gleichzeitig gilt es heute als unbestritten, daß Konrad II. Reiz von Breuberg und dessen Söhne, die sich später *Herren von Frankenstein* nannten, „den Herrschaftsbereich an der Bergstraße als Erben der von Weiterstadt besaßen" (LV 16, Gensicke).

Mittelpunkt dieses Bereiches und Stammsitz der neuen Familie wird das „castrum in Frangenstein", d. h. die *Burg auf dem Frankenstein,* wie sie in der obigen Urkunde von 1252 genannt ist. Diese ist übrigens auch das älteste noch vorhandene Pergament, das von der Burg Zeugnis gibt, wie auch davon, daß der Berg schon längst „der Frankenstein" hieß und die Burg nach ihm so benannt wurde. Zum dritten haben sich die Burgherren nach ihm „von Frankenstein" genannt.

Die Urkunde besagt, daß ein Herr Friedrich von Stein-Kallenfels (lapis) in Weiterstadt Eigengüter von dem Herrn von Heusenstamm und von Herrn C. von Weiterstadt erworben. In diesem Besitz hatte ihn „Conradus dictus Reis de Brueberc" beunruhigt, der dann aber mit seiner Frau verspricht, endgültig auf jede künftige Belästigung dieses Besitzes zu verzichten. „Datum Mlmo CC LII (1252) dominica ante festum Bonefacii (am Sonntag vor dem Feste des Bonifatius) super castro in Frangenstein (in der Burg auf dem Frankenstein)".

Die Urkunde wird von einigen Zeugen bestätigt, die bereits Burgmannen des Burgherren gewesen sind, z. B. „Dominus Cunradus Wambold, Sifridus de Griesheim, Hen de Rengershusen, Hartlebus de Cymbere und Emgo de Glatbach".

Die Burg bestand in der ersten Zeit nur aus den, den engen innersten Burghof umgebenden Gebäuden. Für ihre Anlage war, wie bei allen auf Bergen gelegenen Burgen, lediglich die Zweckmäßigkeit und die Sicherheit maßgebend, während die Bequemlichkeit der Bewohner erst in zweiter Linie in Betracht kam.

Ein Mantel von hohen starken Mauern mit Zinnen und Wehrgang umschloß diesen schmalen länglichen Hof, in dem die Wohngebäude und nötigsten Wirtschaftsbauten (meist wohl in Fachwerk errichtet) an die dicken Ringmauern angelehnt waren. Heute noch zeigen die West- und die Südmauer nahezu die ursprüngliche Höhe und Stärke. Letztere stellte sich, ohne Fensteröffnungen, wie ein Schild dem Angriff von der Bergseite her entgegen. An der Ost- und Nordseite ist kaum etwas über der Erdoberfläche noch zu erkennen.
Einen Bergfried, wie die benachbarten Burgen Tannenberg, Alsbacher und Auerbacher Schloß, hatte der Frankenstein offenbar nicht. Dafür war der Burghof mit den Gebäuden darin viel zu eng. An der allein für eine solche letzte Zuflucht möglichen Stelle befand sich der alte Burgbrunnen, der inzwischen zugeschüttet wurde. Was auf alten Stichen als Turm zu sehen und heute (nach der unglücklichen Renovierung 1835), mit einem hohen steilen Schieferdach bekrönt, die Westmauer überragt, war kein eigentlicher Bergfried, sondern ein Wohnturm (vgl. die Rekonstruktion).
Ein Wall mit Palisaden umgab diese älteste kleine Burganlage, und ein an der Südseite tief in den Felsen gehauener sogenannter Halsgraben, aus dem das Baumaterial für die Burg gewonnen wurde, sicherte sie noch besonders gegen Angriffe von dieser Seite (LV 28).
In der Regel weisen die Wohngebäude einer mittelalterlichen Burg den „Palas", das Herrenhaus und die „Kemenate", das heizbare Frauenhaus, auf nebst den Unterkünften der Reisigen, Knechte und Mägde. Vorratshaus, Backhaus und Kapelle fehlen nicht. In der Burg Frankenstein standen Pferdestall und Kuhstall außerhalb der Mauer.
Da sich die Burg zum Teil selbst versorgen mußte, lagen um sie herum gerodetes Ackerland, ein Würzgärtlein, ein Erbsengärtlein und, zur Vergnügung der Herren, zwei Vogelherde.
Das Leben in einer solchen Burg ist alles andere als behaglich oder gar romantisch. Wie es in der Mitte des 13. Jahrhunderts, da die Burg Frankenstein erbaut wurde, hier etwa zuging, zeigt eine Schilderung von der *Wartburg*, in der die heilige Elisabeth zu Anfang gewohnt hat.
„Das Leben war streng geregelt. Die Frauen standen früh auf, wuschen sich in Badekufen, die von den Mägden in die Kemenate getragen wurden. Dienerinnen halfen den Frauen beim Ankleiden und flochten den Verheirateten die Zöpfe mit Bändern. Die jungen Mädchen trugen das Haar offen, nur von einem Stirnreifen gehalten.

Der Tag nach der Morgenmesse war häuslichen Obliegenheiten gewidmet. Die Bedürfnisse des Haushaltes wurden alle in der Burg befriedigt vom Gießen der Unschlittkerzen bis zum Weben und Nähen der Kleider, nicht nur der Herrschaft, sondern auch des Burggesindes. Die Männer gingen auf die Jagd oder begleiteten den Landgrafen zu den Verwaltungsgeschäften des Landes.
Besonders im Winter war das Leben auf der Burg manchen Unbequemlichkeiten ausgesetzt. Beim Einbruch der Winterstürme wurden die Fenster mit hölzernen Läden verschlossen, die erst im Frühling wieder entfernt wurden. Die Mauern strömten eisige Kälte aus. Die offenen Kamine gaben nur ungenügende Wärme.
Die großen Räume wurden mit Kienfackeln beleuchtet. In den Kemenaten standen eiserne, dreifüßige Leuchter, die oben in einen Dorn ausliefen, auf dem Kerzen aufgespießt wurden.
Die Kemenaten waren denkbar einfach möbliert. In der Mitte stand eine Liegestatt mit Lederkissen, über die bei Tag ein Teppich ausgebreitet wurde. Hierauf saßen die Frauen bei ihren Arbeiten, dem Spinnen, Sticken und Nähen. An den Wänden standen die Truhen, in denen das Gewand aufbewahrt wurde. Im Sommer fiel das Licht durch die hoch angebrachten Fenster, die gegen den Regen mit dünnen Tierhäuten geschützt waren, auf die arbeitenden Frauen. Zur Nacht wurden Leintücher über die Liegestatt gebreitet, auf denen Kinder und Frauen schliefen.
Die Mahlzeiten wurden von den Frauen und Männern getrennt eingenommen. Die Speiseräume hatten Bänke den Wänden entlang. Die Tische waren einfache, lange Bretter, die von Knechten vor den Sitzenden auf Böcken aufgestellt wurden. Große Suppenschüsseln wurden in die Mitte der Tafel gestellt und jeder löffelte sich seinen Teil in eine Zinnschüssel. Fleisch und Gemüse wurden mit den Händen gegessen. Das Fleisch schnitten die Diener vor. Nach der Mahlzeit wurden Schüsseln mit Wasser herumgereicht zum Waschen der Hände. Dann trugen die Knechte die Tafel mit den Überresten wieder hinaus, während Frauen und Ritter zu ihren Beschäftigungen zurückkehrten (LV 42)."
Wenn es aber am Hofe eines großmächtigen Landgrafen so zuging, wie einfach und primitiv mag sich das Leben in der Burg Frankenstein zu jener Zeit abgespielt haben. Und immer wieder droht noch Gefahr von außen!
Vom persönlichen Leben und Erleben der ersten Burgbewohner wissen wir kaum etwas, da die Quellen in jener Zeit noch spärlich fließen. In einer Urkunde vom Jahre 1257 erfahren wir, daß Graf

Dieter von Katzenelnbogen seinem Getreuen Herbord Womelin wegen treuer Dienste die Summe von 60 Mark (die Mark = 1/2 Pfund oder = 128 Silberpfennig) anweist und dafür die Hälfte des Arheilger Zehnten zu Lehen gibt. Interessant ist die große Menge von Zeugen bei diesem Vorgang, angeführt von *„Konrad (2.) Edlem von Breuberg, Ritter".* Es folgen u. a. Reinhard von Hanau, Gerlach von Bickenbach, Peregrin von Oppenheim und Siegfried von Griesheim, den wir schon in der 1. Burgurkunde von 1252 als Burgmann auf dem Frankenstein kennengelernt.

Herr Konrad und Frau Elisabeth werden in den Eberstädter „Seelbüchern" (von denen wir später berichten) als Stifter von 13 s h (Schilling = 156 Heller) für ein „Jahrgedächtnis", d. h. eine jährlich zu haltende Totenmesse aufgeführt.

Im Jahre 1264 urkundet Frau Elisabeth erstmals als „vidua Conradi de Bruberc", als Witwe des Herrn Konrad. Die Urkunde ist auf der Burg („apud Frankenstein") ausgestellt. Im Jahre 1266 verkauft sie Güter zu Bibinchen und zeichnet dabei als „Elyzabeth relicta illius quondam de Franchinstein", zurückgelassene Witwe jenes Herren von Frankenstein. Herr Konrad ist demnach vor 1264 verstorben. Der Todestag seiner Frau Elisabeth, geb. von Weiterstadt, blieb unbekannt.

Das königliche Privileg

Unter dem 2. Juni 1402, auf den Tag 150 Jahre nach der ältesten Urkunde vom Frankenstein, übergibt König Ruprecht dem Herrn Konrad (IV.) die Burg, das Dorf Nieder-Beerbach und die Dörrenbach, einen Walddistrikt bei Malchen, zum Reichslehen. Eine weitere Bestätigung darüber empfängt Philipp (II.) von Frankenstein im Jahre 1442 durch Kaiser Friedrich III.

Durch das Reichslehen ist die Burg Frankenstein „mit allem Zugehör" reichsunmittelbar. Sie untersteht keinem Landesherren oder sonstigen Fürsten, sondern allein dem Kaiser. Niemand darf sie antasten. Umgekehrt muß der Burgherr sie für „Kaiser und Reich" offenhalten.

Was dieses königliche Privileg zu allen Zeiten für die Herren von Frankenstein bedeutet hat, kann man wohl ermessen. Nur einige Beispiele: im Jahre 1647 nahmen die Junker 2 Schutzjuden auf, für die jedoch der Landgraf in Darmstadt ein Kopfgeld verlangte, da nur er das Recht habe, ,,Juden zu halten". Als der Landgraf, um die Forderung einzutreiben, die Juden mit Gewalt aus der Burg herausholen wollte, rieten die Räte dringend ab. Sie befürchteten Schwierigkeiten mit dem Kaiser. Zum Verkauf der Burg 1662 bedurfte es der Zustimmung des Kaisers. Und noch 20 Jahre später ließ sich die Landgräfin Elisabeth Dorothea das alte Reichslehen durch Kaiser Leopold I. aufs neue übertragen. So wichtig war es ihr.

Die Fachwelt ist sich inzwischen darüber einig, daß die Belehnung durch König Ruprecht 1402 nur die Bestätigung eines längst auf der Burg Frankenstein ruhenden Reichslehens gewesen sein kann. Um so stärker aber ist das Interesse an dem ,,Woher" und ,,Wann" dieses Lehens mit der Frage: Welchem Edlen oder Grafen ist es zuerst verliehen worden? Die Anfänge scheinen, wie auch die des Namens Frankenstein selbst, in der Karolingerzeit (um das Jahr 800) zu liegen, doch muß die Lösung dieser Fragen im einzelnen der gelehrten Forschung überlassen bleiben. Wir können hier nur den Rahmen ungefähr abstecken.

In der Urkunde von 1252, die Konrad II. Reiz von Breuberg auf dem Frankenstein ausstellt, ist ,,Elisabeth" als seine Gemahlin genannt. Man hat lange gerätselt, wer das wohl war. Scriba hält sie z. B. für eine von Breuberg. Heute weiß man, daß sie dem edelfreien Geschlecht der ,,von Weiterstadt" entstammt. Darüber hat H. Gensicke eingehend berichtet. Er stellt Verwandtschaften mit den Herren von Steinach (Neckarsteinach) und denen von Eschollbrücken fest. Die Herren von Frankenstein besitzen schließlich den Herrschaftsbereich an der Bergstraße als Erben des Hauses Weiterstadt, deren Letzte Frau Elisabeth war.

Unter Hinweis auf die Eheverbindungen mit den Edelfreien von Magenheim (im Zabergäu), denen von Weinsberg, von Jossa, von Rodenstein und von Bickenbach (auf Schloß Alsbach) vermerkt H. Gensicke abschließend, daß ,,die Herren von Frankenstein damals noch zu dem Kreis der kleineren dynastischen Herrengeschlechter zählten. Sie gehören, ebenso wie die Grafengeschlechter jener Tage, zu den Nachkommen des Reichsadels der Karolingerzeit" (LV 16).

Der erste Mann, der eine zuverlässige Stammtafel des Hauses Frankenstein erstellte, Walter Möller (Darmstadt 1922), bemerkt dazu im Blick auf vorausgegangene schmeichlerisch-verzierte Tafeln: ,,Was die von Frankenstein betrifft, so haben diese noch

Älteste Urkunde vom Frankenstein 1252

nicht einmal nötig, ihre Herkunft von einem für vornehmer gehaltenen Geschlechte abzuleiten; denn sie zählen zu unsrem besten und ältesten Adel und gehören zu den wenigen Geschlechtern, die ihre Stammtafel bis ins 12. Jahrhundert zurückführen und urkundlich belegen können. Sie sind ein echtes Odenwälder Geschlecht, hervorgegangen aus fränkischem Uradel" (LV 29).

Alle solche Feststellungen unterstützen die Annahme, daß die Wurzeln des Reichslehens auf dem Frankenstein ebenfalls in der Karolingerzeit liegen. Es muß aber noch nach den Zwischengliedern gesucht werden, wiewohl die lange und urkundenarme Zeit vom Jahre 800 an bis etwa 1100 schwer zu ergründen ist.

Beginnen wir noch einmal bei der Verleihungsurkunde von 1402 durch König Ruprecht (s. oben). Darin fällt auf, daß sich das Reichslehen, neben der Burg Frankenstein, nur auf Nieder-Beerbach erstreckt, und die anderen Dörfer der Herrschaft (Eberstadt, Ober-Beerbach, Allertshofen usw.) nicht genannt sind. Dazu fügen wir eine Bemerkung von H. E. Scriba, der selbst Pfarrer in Nieder-Beerbach war, hinsichtlich des Standortes der Burg „Frankenstein": „Der Sage nach soll übrigens die Burg sich früher auf dem sogenannten alten Burgberg im Niederbeerbacher Thale befunden haben." Er meint schließlich, daß der ganze Komplex ursprünglich ein Kammergut der fränkischen Kaiser gewesen sein möchte.

Unter diesen Umständen sind einige Forscher, allein schon durch die auffallende Namensgleichheit ermuntert, zu der Meinung gekommen, daß im Gebiet Frankenstein die Stammburg der Grafen „von Berbach" zu suchen sei (LV 37).

Diese Grafen sind für das 11. und 12. Jahrhundert im Maingau nachgewiesen. Meistens wird angenommen, daß sie aus dem Orte „Bernbach" bei Somborn im Freigericht stammten, was jedoch durch keine ortsnahe Überlieferung gestützt wird. Deshalb kann mit dem gleichen Recht am Frankenstein unser „Berbach", wie man es früher schrieb, als Stammsitz der Grafen von Berbach angesprochen werden. Diese wären dann auch als die ursprünglichen Träger des alten Reichslehens anzusehen.

Das Mittelstück in dieser Konstruktion bilden, einmal mehr, die Breuberger. Es besteht nämlich weithin Einigkeit darüber, daß die Herren von Lützelbach-Breuberg und die mit ihnen verwandten Grafen von Wertheim einst im Bachgau (südwestlich Aschaffenburg) Besitz und landesherrliche Rechte von den Grafen von „Berbach" ererbt haben. Es könnte also durchaus sein, daß sich ein zweites Erbstück auf den Komplex Frankenstein erstreckt.

Damit wäre schließlich recht einleuchtend erklärt, warum Konrad II. Reiz von Breuberg seine Burg ausgerechnet auf dem Frankenstein erbaute, und warum diese Burg (offenbar von Anfang an) die Reichsunmittelbarkeit innehatte.
Übrigens betreffen die Urkunden, die nächst der ersten von 1252 auf dem Frankenstein ausgestellt wurden, fast sämtlich Besitztümer im besagten Bachgau. Elisabeth überläßt als Witwe Konrads II. 1264 „apud Frankenstein" einen Besitz in Biebigheim bei Wenigumstadt der Johanniterkommende zu Mosbach. 1268 übergeben sie und ihre Söhne denselben Johannitern Höfe in Raibach und Eisenbach. Eberhard von Breuberg, der Bruder Konrads II., verkauft 1274 zwei Höfe zu Eisenbach und im obigen Biebigheim dem Stift Aschaffenburg.
Ein sicherlich nicht unwichtiges Glied in der Kette ist schließlich das Dorf Eberstadt, einst der Vorort der Herrschaft Frankenstein, dessen Geschichte wiederum in die Karolingerzeit zurückweist. Dies ist durch eine Schenkungsurkunde aus dem berühmten Lorscher Kodex vom 1. September 782 verbürgt, in der es heißt: „Wir, Walther und meine Gemahlin Williswind, schenken (der Abtei) unseren Grundbesitz im Ober-Rheingau und zwar in Eberstat, das heißt alles, was wir dort haben. Wir übergeben Hofreiten, Felder, Wiesen, Wälder, Wasserstellen und Wasserläufe". Der Besitz war mit mehreren Höfen höchst ansehnlich. Wer die beiden Stifter waren – ein fränkischer Edler, ein königlicher Ministeriale, ein begüterter Freier? – wird nicht mehr feststellbar sein.
Ebenso aus jener Zeit dürfte die alte Kirche in Eberstadt stammen, die an der gleichen Stelle stand wie die heutige, und das Patrozinium (Schutzherrschaft) des hl. Laurentius besaß. Sie war ursprünglich (weit entfernt vom alten Dorfkern) keine Ortskirche, sondern entstammte ebenfalls einer Stiftung. Die fränkischen Kaiser errichteten gern solche Stiftungskirchen zu Gottes Ehre und zu ihrem Seelenheil, und die fränkischen Edlen folgten ihnen darin fleißig nach.
Der Eberstädter Besitz, dessen Kern wohl auf die obige Schenkung zurückzuführen ist, findet sich später in der Hand der Herren von Frankenstein. Die nördliche Hälfte ist Eigengut, die größere südliche Mainzisches Lehen, das eindeutig auf früheren Lorscher Besitz hinweist. Kaiser Friedrich II. hatte das Kloster mit allen Rechten und Besitztümern 1232 dem Erzbistum Mainz geschenkt. Vielleicht ist das Dorf auch über einen Klostervogt, der es dem Kloster in den Niedergangszeiten entfremdet hatte, an die von

Weiterstadt oder von Eschollbrücken oder auch von Breuberg und von da schließlich an das Haus Frankenstein gelangt.

Sieben Dörfer bilden eine Herrschaft

Die Entstehung der selbständigen, freien und souveränen „Herrschaft Frankenstein" ist im einzelnen noch ebensowenig durchsichtig wie die des Reichslehens auf der Burg. Wahrscheinlich greift beides eng ineinander. Zum mindesten spricht vieles dafür, daß auch die Souveränitätsrechte in diesem Gebiet aus uralter (fränkischer) Zeit über Breuberg, Weiterstadt, Lorsch oder auch die „Grafen von Berbach" auf die Herren von Frankenstein überkommen sind.
Solcher kleiner, politisch mehr oder weniger unbedeutender Territorien – weswegen sie auch stets den Landesherren ein Dorn im Auge waren – gibt es in dieser Zeit viele. Wir nennen hier nur Rodenstein, Bickenbach und Jossa, Klingenberg am Main und Steinach am Neckar. Zu ihnen allen bestehen vom Frankenstein her verwandtschaftliche Beziehungen. Die vielgelästerte „deutsche Kleinstaaterei" hat gewiß manches Ungute an sich, man muß aber auch dafür Verständnis haben, daß die Inhaber dieser „Herrschaften" sich nicht ohne weiteres aus ihren nachweisbar uralten Rechten vertreiben lassen wollten. Außerdem ging es ihnen dabei um ihre ritterliche „Ehre" und nicht zuletzt auch um die wirtschaftliche Existenz.
Die Rechte der „gepietenden gestrengen Junker" auf dem Frankenstein in ihrer Herrschaft sind vor allem folgende: die Vogtei und das (kleine) Gericht – Steuerrecht – Zollrecht – freie Jagd, Fischerei und Weide – Verfügung über die Leibeigenen und nicht zuletzt: die kirchlichen Rechte. Diese sind: die Kollatur oder freie Besetzung der drei Pfarreien der Herrschaft, geistliches Aufsichtsrecht = Visitation, Aufsicht über die Verwaltung der Pfarreien = „Abhörung" der Kirchenrechnung, Entscheidung in Ehesachen, kirchliche Gerichtsbarkeit. Das ist nicht wenig!
Die 7 Dörfer und Dörfchen der Herrschaft stellen wir nunmehr vor.

Eberstadt (heute Darmstadt-Eberstadt)
Die *herrschaftliche Verwaltung* liegt in der Hand des „Kellers",

der in Eberstadt seinen Sitz hat. An der Stelle der ehemaligen Amtskellerei wurde später das Rathaus errichtet. Die Vielfältigkeit der Aufgaben, die ein Keller zu erfüllen hat, geben zugleich einen interessanten Einblick in das Dorfleben jener Zeit.
Die herrschaftlichen Äcker, Wiesen und Weingärten waren zu bestellen oder zu verpachten, Saatgut bereitzustellen, die Frondienste festzulegen und zu kontrollieren. Die Weingärten waren zu richten, Pfähle zu hauen und zu setzen; es war zu schneiden, zu binden, zu hacken und schließlich zu lesen. Der Weinbau war schon im 14. Jahrhundert durch die Grafen von Katzenelnbogen vom Rheine her in der Darmstädter Gegend und an der Bergstraße eingeführt worden.
An den Frontagen mußten die Leibeigenen, die „Fröhner", mit Brot und Suppe versorgt werden, ebenso die Schnitter in der Ernte, die Kelterknechte im Herbst, die Traubenleser und die „Bender" (= Küfer). Die Schultheißen, die Wächter und die Büttel erhielten jährlich einen neuen Rock.
Allerlei war zu kaufen: Fässer, Zuber, Wagen, Karren, Seile, Geschirre, Sättel für Pferde und Maulesel, Pflüge, Ketten, auch Ziegel, „gebacken Stein", Kalk, Stroh zum Decken der Häuser und Scheunen, „Wied" (Gerten) zum Flechten der Zäune.
Auf den Grundstücken und Häusern, die den Herren dienstbar waren, ruhten allerlei Abgaben oder Beeden, die teils in barem Geld oder (da dieses auf dem Lande immer knapp war) in Naturalien abgeliefert wurden. Das waren hauptsächlich Hühner, Gänse, Kapaunen, Eier, Wachs und Öl. Alles dies mußte durch den Keller eingesammelt und zum großen Teil auch verkauft werden.
Die Leibeigenschaft, Fron = Herrendienst, war keine Sklaverei, sondern bestand in Hand- oder Fuhrdiensten, die an bestimmten Tagen von den Untertanen zu leisten waren. Man konnte sich auch von gewissen Diensten durch eine Abstandssumme freikaufen. Zu dem Wort Fron gibt es einen aufschlußreichen Vergleich in dem „Fronleichnamsfest", an dem der Leib des Herren getragen wird.
In den Dörfern waren Recht und Ordnung durch die Dorfverfassung geregelt, die durch lange Zeiten mündlich weitergegeben wurde. Die erste geschriebene Dorfordnung in Eberstadt wird erst 1557 beraten und angenommen. An der Spitze des Dorfes steht der Schultheiß, der von der Herrschaft eingesetzt wird. Ihm zur Seite waltet das Ortsgericht, das von 8–12 Schöffen beschickt wird. Diese Schöffen bestätigen immer wieder einmal mit ihrem Eid, was „von alters Recht und Brauch" ist. Man nannte das ein

„Weistum". Viermal im Jahr beruft der Schultheiß das Haingericht, die Versammlung der Ortsbürger (ein Thing), die über Wohl und Wehe des Dorfes beraten.
Die Dorfordnungen der Herrschaft Frankenstein zeigen noch im 16. Jahrhundert nur einen kleinen Einfluß der „gnädigen Junker" auf die Rechts- und Wirtschaftsordnung des dörflichen Lebenskreises. In früherer Zeit mag er noch geringer gewesen sein. Das hängt (nach R. Kunz a. a. O.) „damit zusammen, daß es sich um eine sehr kleine Herrschaft handelt, die um ein gutes Verhältnis zu ihren Untertanen besorgt war und kein starkes Machtstreben entwickelte". So hat man glücklicherweise auch nichts davon gehört, daß die Herren von Frankenstein jemals einen Krieg geführt hätten (LV 23 u. 24).

Nieder-Beerbach
Als nächstes Dorf unter dem Frankenstein erblicken wir nach Osten zu Nieder-Beerbach im Beerbachtal. Seine Kirche wird 1385 erstmals erwähnt, und zwar aus einem bösen Anlaß heraus. Unter dem 26. November trug das Mainzer geistliche Gericht dem Archipresbyter (Dekan) zu Bensheim und den Plebanen (Leutpriestern und Inhabern der Pfarrstellen) zu Zwingenberg und Bickenbach auf, den Ritter Schenk Eberhard zu Erbach und die Gebrüder Wilhelm und Gerhard genannt Rauch wegen ihrer an dem Pleban Johannes Montze zu Niedernbeerbach begangenen Gewalttätigkeiten und Verbrennung seiner Kirche mit einer Entschädigungssumme von 60 Goldgulden zu belegen und solche im Weigerungsfalle vor das Gericht zu laden.
Die Herren von Frankenstein besaßen hier neben vielen Zinsen und Beeden (Steuern) ein großes Hofgut mit 110 Morgen Ackerland, 10 Morgen Wiesen, einer Schäferei für 400 Schafe und einer in Erbleihe vergebenen Mühle.

Ober-Beerbach
Am Oberlauf des Beer-Baches liegt Ober-Beerbach, von dem die Frankensteiner allerdings nur eine Hälfte besaßen, während die 2. Hälfte der Familie Forstmeister von Gelnhausen und nach dieser der Familie von Schrautenbach gehörte. Dementsprechend war die Vogteigerichtsbarkeit ebenfalls geteilt. Die Schäferei betrieb man gemeinsam. Die Kollatur über die Kirche hatten allein die Frankensteiner inne. Lange Zeit hindurch war die Pfarrei mit

der von Nieder-Beerbach vereinigt, obwohl Ober-Beerbach seine eigene Kirche hatte.
Die beiden nahegelegenen Filialen *Stettbach* und *Schmal-Beerbach* gehörten den Frankensteinern ganz, wahrscheinlich als Ganerben der Burg Tannenberg.

Allertshofen
Dieses Dörfchen bestand früher nur aus 5 Hubegütern. Im Jahre 1600 zählte man dort 14 Gemeinsleute, d. h. stimmberechtigte Hausväter, zu denen noch die Familienmitglieder zu rechnen sind.
Die Frankensteiner trugen das Dörfchen als Lehen der Grafen von Katzenelnbogen. Kirchlich gehörte es zu der uralten weitgedehnten Pfarrei Neunkirchen, deren hochgelegenes Gotteshaus einst an Stelle eines germanischen Quellenheiligtums erbaut wurde. Die Quelle fließt im Pfarrhof noch heute.

Bobstadt
Ziemlich weitab von der Herrschaft liegt das Dorf Bobstadt bei Bürstadt nahe des Rheins. Im Jahre 1443 wurde Konrad von Frankenstein durch den Bischof von Worms mit ihm belehnt, und zwar als Burglehen zum Stein. Die alte Burg Stein lag bei Biblis am Rhein. Bobstadt gehörte 1662 nicht zu den Besitztümern, die an Hessen verkauft wurden, sondern blieb in der Familie.

Man nennt sich jetzt von Frankenstein

Aus der Ehe des Herrn Konrad II. Reiz von Breuberg auf Frankenstein mit Frau Elisabeth, geb. von Weiterstadt, gingen drei Söhne hervor: Konrad, Friedrich und Ludwig. Von etwa 1265 an nennen sie sich — indem sie den alten Namen von Breuberg ablegen — *Herren von und zu Frankenstein.* Unter diesem Namen lebt und blüht das Geschlecht bis zum heutigen Tage.
Der älteste ist *Konrad I.* von und zu Frankenstein, von dem wir im nächsten Abschnitt mehr berichten.
Nach Konrads Tod im Jahre 1292 wird sein Bruder *Friedrich* von Frankenstein Senior der Familie, der die Verträge abschließt, die

Schultheißen in den Dörfern beruft und die Familie nach außen zu vertreten hat. Er begründet eine Nebenlinie, die sogenannten „Engelharde", die wir aber hier ausklammern wollen, da sie ohne Bedeutung für die Entwicklung der Gesamtfamilie geblieben ist. Sie stirbt im Mannesstamm bereits 1424 aus.

Der dritte Bruder *Ludwig* ist urkundenmäßig so unbekannt geblieben, daß nichts von ihm zu berichten ist.

Die erste politische Entscheidung auf dem Frankenstein fällt im Jahre 1292 mit einer sogenannten Burgöffnung. Dabei macht ein kleinerer Herr seine Burg zugunsten eines mächtigeren dergestalt „offen", daß dieser sie im Kriegsfall besetzen und in seine Verteidigungsfront einbeziehen kann. Dafür empfängt er ein Burglehen, eine Art jährlicher Rente, und wird Vasall des Größeren. Solche Lehensverhältnisse sind auch unter den Großen gang und gäbe.

In dieser Weise öffnen unterm 20. Februar Konrad I. und seine Frau „Yrmengard" ihre Burg für den Edlen *Ulrich I. von Hanau* gegen 6 Pfund Heller jährlich. Die Herren von Hanau konnten eine bedeutende territoriale Basis als Miterben der 1255 ausgestorbenen Herren von Münzenberg erwerben. Diese glückliche Ehepolitik hatte Ulrich I. durch Verbindung mit dem Grafenhaus Rieneck-Rothenfels (Main), die ihm den Spessart öffnete, fortgesetzt. Mit der Burgöffnung an ihn schien also auch die Zukunft des Frankenstein gesichert.

Doch plötzlich, knapp fünf Monate später, öffnet Konrads Bruder Friedrich die Burg den *Grafen Wilhelm (I.) und Diether (VI.) von Katzenelnbogen.* Die darüber ausgestellte Urkunde vom 23. Juli hat folgenden Inhalt:

„Friedrich von Frankenstein bekundet, Burgmann der Grafen Wilhelm (I.) und Diether (VI.) von Katzenelnbogen geworden zu sein. Als Burglehen erhält er 10 Pfd. Heller jährlicher Einkünfte, die jederzeit gegen 100 Pfd. ablösbar sind. Friedrich leistet den Lehnseid und verspricht, seine Burg den Grafen gegen jedermann zu öffnen.

Unter dem gleichen Eid verpflichtet er sich, falls er seine Burg verkaufen will, diese den Grafen einen Monat zuvor anzubieten. Geraten sie wegen dieses evtl. Ver- und Ankaufs in Streitigkeiten, sollen der Edle von Weinsberg und der Edle Erkenger von Magenheim Schiedsleute sein.

Jede der beiden Seiten stellt ihre Zeugen, darunter Hermann von Katzenelnbogen, Heinrich von Allendorf, Heinrich von Ebertshausen usw. Von der Frankensteiner Seite sind es Ritter Heinrich

Wambold, Hartmut von Rohrbach, Johann von Ramstadt usw., sowie der Schultheiß und die Schöffen des Dorfes Eberstadt.
An das Pergament angehängt wurden die Siegel Friedrichs von Frankenstein, des Edlen von Weinsberg (vermutl. Konrad III., des Schwagers der Grafen) und Erkengers von Magenheim, des Schwagers von Konrad I., Irmengards Bruder von der Schauenburg.
Der Ort des bedeutsamen Geschehens war sicherlich die Burg Frankenstein, wo in diesen Tagen ein geschäftiges Treiben geherrscht haben mag. Daß neben den vielen auswärtigen hohen und niederen Zeugen die Schöffen mit dem Schultheißen von Eberstadt hinzugezogen waren, unterstreicht die Bedeutung des Vertrages auch für die umliegenden Dörfer" (LV 6, Reg. 335).
Aufzuklären ist noch der Wechsel dieser Burgöffnungen. Daß Friedrich den 2. Vertrag unterschreibt, hat seinen Grund darin, daß sein Bruder Konrad I. kurz nach dem 20. Februar gestorben war. Das schnelle Hinüberwechseln zu den *Grafen von Katzenelnbogen* mag dem besseren politischen Instinkt Friedrichs entsprechen.
Die Grafen sind seit 1222 als würzburgische Lehensträger der Obergrafschaft mit dem Kern Bessungen-Gerau (später Darmstadt) sicher bezeugt. Ein Blick auf die Landkarte zeigt, daß der Frankenstein ringsum von der Obergrafschaft eingeschlossen ist. Deshalb mußte man sich mit den Herren von Katzenelnbogen halten. Das hat denn auch, mit dieser Burgöffnung vom 23. Juli 1292 beginnend, durch fast 200 Jahre hindurch im großen und ganzen geklappt. — Anlaß genug für uns, die Geschichte des gräflichen Hauses in einigen wenigen Strichen zu zeichnen.
Die namengebende Burg Katzenelnbogen (im Taunus) wird etwa 1095 von Heinrich I. als Vogt des Klosters Bleidenstadt erbaut. Im Jahre 1138 erhebt König Konrad III. auf Grund naher politischer und verwandtschaftlicher Beziehung Heinrich II. in den Grafenstand. Kaiser Friedrich I. ernennt 1174 Hermann von Katz. zum Bischof von Münster, der sich im Laufe der Zeit als fähigster Diplomat Barbarossas erweist. Hermanns Bruder Diether ist kaiserlicher Rat unter Friedrich I. und Heinrich VI. Beider Neffe, Berthold II., erlangte auf dem Balkan und im Vorderen Orient höchstes politisches Ansehen. Er verbindet sich hier mit Margarethe, der Witwe des byzantinischen Königs Bonifatius, Schwester des Königs von Ungarn.
Graf Diether V. erbaut 1245 die mächtige *Burg Rheinfels* bei St. Goar am Rhein, als Residenz der Niedergrafschaft sowie aller

katzenelnbogischen Besitzungen. Hier wird auch deren Haupthofhaltung mit einer einmalig großartigen Wirtschaftsführung eingerichtet. Die Rheinzollpolitik bringt den Grafen einen Zollbesitz, der von Gernsheim über Mainz, St. Goar, Boppard, Koblenz, Bonn und Düsseldorf bis nach Lobith an der holländischen Grenze reicht. Die Söhne des eben genannten Diethers V. sind die Grafen Wilhelm I. und Diether VI., denen Friedrich von Frankenstein 1292 seine Burg öffnet. Zwischen ihnen bestehen sicherlich auch mancherlei persönliche Beziehungen.
Graf Wilhelm I. (1276–1331) ist in 1. Ehe verheiratet mit Irmgard von Isenburg-Büdingen, die ihm den reichen Besitz um St. Goarshausen zubringt, und in 2. Ehe mit Gräfin Adelheid von Waldeck. Er stirbt 1331 und liegt in Eberbach, dem „Hauskloster" der Katzenelnbogener, begraben. Er regiert 55 Jahre lang und ist ein genauer und guter Verwalter seines Besitzes. Unter ihm wird die Finanzverwaltung des Hauses geradezu mustergültig ausgebaut.
Sein Bruder *Diether VI.* ist mit Gräfin Katharina von Klere verheiratet. Er begleitet Kaiser Heinrich VII. auf seinem Romzug, leistet ihm in dessen engster Umgebung wertvolle Dienste und erhält dafür außer Stadtprivilegien das kaiserliche Geschenk von 12 Judenfamilien. Nach Heinrichs Tod dient er Friedrich dem Schönen von Oesterreich, ist 1314 bei dessen Krönung in Bonn zugegen und geleitet den König auch zum Hoftag nach Basel. Hier fällt er am 11. Mai 1315 im Turnier. Er ist im Klarissenkloster zu Mainz beigesetzt.

Das Fräulein aus dem Zabergäu

Herr *Konrad I.* von und zu Frankenstein holt sich seine Frau aus dem weit entfernten Zabergäu, wie die Landschaft westlich von Lauffen am Neckar auf gut schwäbisch heißt. Sie wird vom Zaberflüßchen durchströmt.
Über den Feldern und Wäldern erhebt sich, von allen Seiten sichtbar, der *Michelsberg* (394 m), den eine Kapelle mit spätromanischem Turme krönt. Daneben ist man auf Reste einer karolingischen Basilika gestoßen. Die Michaelskirche kommt im Jahre 793 als Schenkung in den Besitz des Klosters Lorsch.
Auf der Höhe des Berges wie auch auf dessen Nordseite liegen die Burgen des edelfreien Geschlechtes *von Magenheim*. Als dessen

Michelsberg im Zabergäu

Ältester erscheint um 1100 ein Zeisolf von Brackenheim (dem heutigen Hauptort des Zabergäus), der dem Kloster Hirsau eine Schenkung macht. Dessen Sohn Erkinger nennt sich Herr von Magenheim. In der Mitte des 13. Jahrhunderts teilt sich die Familie in zwei Linien, die aber beide kurz nach 1400 im Mannesstamme erlöschen.

In der unteren Burg nahe bei Cleebronn ist nun das „Fräulein aus dem Zabergäu", *Irmingard von Magenheim,* aufgewachsen, die Konrad I. von Frankenstein zu seiner Gemahlin kürt. Ihr Vater ist Erkinger IV. von Magenheim, urkundlich 1231 erstmals genannt, verstorben 1287, und ihre Mutter Frau Guta, geborene von Rietberg.

Nun mag man fragen: wie kommt der junge Ritter von der Bergstraße nach diesem Magenheim?, aber: einmal war (wie man zu sagen pflegt) die Welt auch damals schon klein. Vor allem aber haben wir es auch hier mit einer der überlegten und geplanten weiträumigen Eheverbindungen zu tun, die das Haus Frankenstein fleißig zu knüpfen verstand.

Zudem gab es schon eine Linie, die von Magenhein an die Bergstraße führte. Irmingards Bruder, Erkinger V. von Magenheim, saß bereits auf der *Schauenburg,* deren Ruine auf der Höhe zwischen Schriesheim und Dossenheim (vor Heidelberg) noch heute von der Größe und Mächtigkeit der einstigen Veste zeugt. Nachdem der Letzte der Schauenburger 1281 gestorben war, hatten sich in das Erbe geteilt: Erkinger V. von Magenheim, dessen Frau eine Schauenburg war, sowie Konrad von Strahlenberg von der benachbarten Strahlenburg. Der Dritte im Bunde war der Schwager Rudolf von Neuffen.

Eine zweite und besonders interessante Verbindungslinie läuft *vom Breuberg her* in das Zabergäu. Der Vetter unsres Konrad I. von Frankenstein, *Gerlach von Breuberg,* knüpfte diese Verbindung. Seine Gemahlin *Luccardis,* die mit Sicherheit aus dem Zabergäu stammte, dürfte in dem Städtchen Bönnigheim oder gar in der Burg Obermagenheim ihre Heimat gehabt haben. Um das Jahr 1296 finden wir den Edelknecht Ulrich von Magenheim, den Sohn Erkingers V. und Neffen Irmingards von Frankenstein, als Breubergischen Vogt im Amt Bönnigheim vor.

Dieses Amt mit der Burg Obermagenheim war Mainzisches Lehen. König Rudolf tauscht den Besitz gegen andere Güter ein und übergibt ihn 1293 seinem Sohne Albrecht von Löwenstein. Der aber verpfändet ihn alsbald an den Edlen Gerlach von Breuberg.

Schauen wir uns noch ein wenig auf dem *Michelsberg* um. Da der heilige Michael im Mittelalter hier eine große Verehrung genoß, bildete sich am Fuß des Berges bald eine Siedlung (vielleicht sogar mit einem Markt), die den Namen Treffentrill trug. Daraus ist dann das ulkige *„Tripstrill"* geworden, dessen Altweibermühle, samt Kinderspielplatz, Zoo und einer freundlichen Gaststätte, ein beliebtes Ausflugsziel von nah und fern geworden ist.
Nicht weit davon liegt ein Gutshof, den das amtliche Ortsschild als *„Katharinen-Pläsir"* ausweist. Wer aber denkt, hier habe einst ein hoher Fürst inkognito mit einem Jüngferlein sein Pläsir gehabt, sieht sich durch die folgende Tafel enttäuscht: „Zu deiner Freude, Katharina, erbaute Georg dieses gediegene Landhaus". Der Georg war ein biederer Amtmann mit Geld, der es seiner ehelichen Hausfrau geschenkt.
Von der Höhe des Michelsbergs hat man eine großartige Rundschau in das Neckarland, den Fruchtgarten des Zabergäus, über den Heuchelberg zum Odenwald, wie auch hinüber zu den Löwensteiner und Welzheimer Bergen und schließlich zum blauen Felsenrand der Schwäbischen Alb (LV 46).

Erkinger und seine Geschwister

Konrad I. von Frankenstein und seine Frau Irmingard von Magenheim hatten vier Kinder. Der Älteste, Erkinger, führt das Geschlecht fort. Er ist von 1309 bis 1321 als (latein.) „armiger" bekannt, d. h. Edelknecht oder Knappe.
Unter dem 5. März 1309 bezeugt Erkinger, daß er nicht mehr Burgmann des Grafen Eberhard (I.) von Katzenelnbogen bleiben wolle, wenn Graf Wilhelm (I.) es durchsetze, daß das Haus oder die Burg Frankenstein von ihm zu Lehen ginge. Die Urkunde ist „gegeben an der mitwuchen nach deme daz der merze waß angangen", also am Mittwoch, nachdem der März angegangen war. Die Angelegenheit wurde geklärt und bereinigt, worauf die Burg weiterhin den Grafen Wilhelm I. und Diether VI. geöffnet bleibt.
Politisch stellt sich Erkinger im Jahre 1314 in den Dienst des Königs Ludwig V. von Wittelsbach, der in einer Doppelwahl neben seinem Gegenspieler Friedrich III. dem Schönen gewählt worden war. Auf des letzteren Seite stand Graf Diether von

Katzenelnbogen. So seltsam laufen die Fäden der Politik zuweilen durcheinander.

Ansonsten passiert auf dem Frankenstein in dieser Zeit nicht weiter viel. Um so interessanter sind die geistlichen und weltlichen Verbindungen, die in dieser Generation geknüpft werden.

Erkinger vermählt sich mit Euphemia von Erbach-Reichenberg. Damit wird die 1. Verbindung mit dem nachmaligen Grafenhaus aufgenommen, von dem im nächsten Kapitel berichtet werden soll. Hier bleiben wir bei der Linie, die sich nach dem festen Schloß Reichenberg über dem Städtchen Reichelsheim nennt. Die Burg ist in wesentlichen Teilen noch erhalten. Stattlich ragt der Palas empor, der zeitweise als Residenz bzw. Wittumssitz diente. Nach den Erbacher Rechnungen hat der berühmte Maler Matthias Grünewald in seinen alten Tagen hier gearbeitet. „Meister Mathis der Moler", wie er gut hessisch genannt wird, malte seinem Herren die Badstube aus!

Euphemia von Reichenberg wird in den Eberstädter „Seelbüchern" Femula genannt. Sie ist die Tochter Johannes I., der diese Linie begründete. Die Großeltern waren Schenk Eberhard III. (gestorben 1269) und dessen Frau Anna von Bickenbach.

Erkingers Bruder, Konrad „clericus", erscheint erstmals in einer Urkunde von 1321. Drei Jahre später dürfte er mit einiger Sicherheit Johanniter-Komtur zu Mainz gewesen sein. Der Orden nennt seine Verwaltungsbezirke Kommenden und deren Vorsteher Komture. Angehörige der Gemeinschaft sind Ritter, Priester und dienende Brüder. Sie tragen den bekannten schwarzem Mantel mit dem achteckigen weißen Kreuz.

Der Johanniterorden ist einer der großen Ritterorden, die zur Zeit der Kreuzzüge entstanden. Er übernahm 1098 ein Hospital in Jerusalem, das um 1150 von Kaufleuten aus Analfi gestiftet worden war und widmete sich zunächst ausschließlich der Krankenpflege. Später entwickelte sich mehr und mehr eine militärische Tätigkeit nach dem Vorbild des Templerordens. Jedoch wurde die karitative Arbeit fortgeführt.

In unserer Gegend entstehen, außer in Mainz, eine Kommende zu Ober-Mossau, durch die Schenken von Erbach begründet, und die andere in Mosbach im Bachgau (südwestl. Aschaffenburg), deren Stifter die Grafen von Wertheim sind. Zu den Johannitern in Mosbach bestehen enge Verbindungen seitens der Herren von Frankenstein (vgl. oben Kap. I., Abschn. 4).

Die *ältere Schwester von Erkinger,* deren Vorname nicht bekannt

Burg Reichenberg bei Reichelsheim

ist, war mit dem Edlen Konrad I. *von Rodenstein* verheiratet. Damit beginnen die mehrfachen Eheverbindungen des Hauses Frankenstein mit diesem berühmten Odenwälder Geschlecht, das sich zu Anfang von Crumbach nannte. Stammsitz ist das Dorf Fränkisch-Crumbach im Gersprenztal. Hier finden wir das Schloß der Nacherben, der Freiherrn von Gemmingen-Hornberg, nebst der Kirche von 1484 mit wertvollen Grabdenkmälern der Familie von Rodenstein.

Südwestlich, am Ostrand der Neunkirchner Höhe verstecken sich die Mauerreste der Burg Rodenstein in tiefer Waldeinsamkeit. Sie wurde in der 2. Hälfte des 13. Jahrhunderts als Schutzburg gegen die Schenken von Erbach errichtet, nachdem diese Reichelsheim gewonnen und Schloß Reichenberg erbaut hatten.

Fränkisch-Crumbach war Mittelpunkt einer bereits seit dem 7./8. Jahrhundert bestehenden *freien Herrschaft,* die sogar die Hochgerichtsbarkeit besaß. Noch stärker ausgeprägt, als in der Herrschaft Frankenstein, tritt uns hier eine verfassungsgeschichtlich seltene Dynastie entgegen; die Herren von Crumbach-Rodenstein sind weder Reichsritter noch Landsassen, sondern „Freie" in einem sonst nicht mehr vorhandenen Sinn. Dank der Rivalitäten zwischen ihren Nachbarn Erbach, Katzenelnbogen-Hessen und den Pfalzgrafen konnten sie sich erstaunlich lange behaupten. Das Geschlecht stirbt 1671 aus.

Der obengenannte Konrad I. von Rodenstein hat zwei geistliche Brüder, deren einer Domherr zu Würzburg, der andere zu Mainz ist. Die Tochter Uta ist mit Schenk Eberhard Rauch von Erbach verheiratet. Ein Enkel Konrads ist der hochangesehene Hermann II. von Rodenstein, nacheinander Vogt zu Heidelberg, Landvogt der Wetterau, Burggraf zu Alzey und pfälzischer Rat. Seine Frau ist eine Berlichingen.

Nicht weit vom Rodenstein stand einst die Burg Schnellerts, an die sich allerlei Sagen binden. Von Wotans gewaltigem Auszug, der unruhvoll in der Nacht über die Odenwaldberge dahinbraust und kommende Kriege voraussagt. Davon erzählt auch der Dichter Werner Bergengruen in seinem „Buch Rodenstein".

Die jüngere Schwester Erkingers, *Frau Hedwig von Frankenstein,* heiratet auf die Burg Jossa, die auf einer Anhöhe zwischen Jugenheim und Alsbach an der Bergstraße stand. Sie ist um das Jahr 1300 von den Brüdern Giso und Gerhard von Jossa erbaut worden, war aber schon 1356 nicht mehr bewohnt und zerfiel schließlich. Zu der kleinen Herrschaft gehörte Jugenheim.

In einer Urkunde vom 4. August 1312 schenken die Brüder die Burg dem Erzbischof Peter zu Mainz und empfangen sie als Lehen zurück. Die Burg steht dem Erzbischof jederzeit offen, allerdings nicht in einem etwaigen Kampf gegen das Reich und gegen Ulrich und Gottfried von Bickenbach, Erkinger von Frankenstein und Schenk Konrad von Erbach. Die Einwilligung zu dem Vertrag geben Lukardis, Gemahlin Gerhards, und Hedwig, Gemahlin Gisos, denen die Einkünfte aus der Burg als Wittum verschrieben waren. Dieser Vertrag spiegelt eine ganze Familiengeschichte wider.

1. Jossa

Das ursprünglich edelfreie Geschlecht hat seinen Stammsitz in Burg Joß bei Salmünster im Spessart. Reinhard I. erwirbt durch seine Heirat mit Agnes von Bickenbach die Besitzungen an der Bergstraße. Die Burg, 1 Kilometer von der Burg Bickenbach, dem Alsbacher Schloß entfernt, haben vermutlich die Brüder Gerhard und Giso erbaut, die darüber aber bald in Geldnöte gerieten. Deshalb verkaufen schon vor 1335 die Söhne Gerhards ihre Anteile an den Bruder ihrer Mutter, Schenk Konrad III. von Erbach. Ihnen folgt Gisos Frau Hedwig, die das halbe Dorf Jugenheim für 230 Pfund Heller an Konrad verkauft. 1356 befindet sich das ganze Amt Jossa in Erbacher Besitz. Frau Hedwig vom Frankenstein scheint kein ganz leichtes Los gehabt zu haben (LV 25).

2. Bickenbach

Die Herren von Bickenbach residieren seit 1241 auf ihrer neuerbauten Burg über Alsbach. Es wird über sie ausführlicher im nächsten Kapitel zu reden sein. Hier fügen wir zur Erläuterung der Urkunde von 1312 nur einige Notizen an. Der hier genannte Ulrich (I.) von Bickenbach war ein Vetter von Frau Agnes, verehelichten Jossa, während Gottfried (II.) deren Bruder war.

3. Erbach – Breuberg

Gerhard II. von Jossa hatte Lukardis, Tochter Eberhards von Erbach, zur Frau. Wer bei diesem Vornamen „Zabergäu" mithört, hört richtig. Lukardis hat ihren Namen von der Frau Patin und Tante überkommen, die die Gemahlin Gerlachs von Breuberg, Feldzugmeister König Adolfs war. Seine Schwester Agnes ist mit Eberhard V. von Erbach vermählt. Wir befinden uns also wieder auf bereits vertrauten genealogischen Gefilden (LV 24).

II.
Im großen Burgfrieden

7.–8. Generation
<u>Konrad II.</u> *von Frankenstein (1321–1366), verh. 1. mit Elisabeth, Tochter des Wigand von Dienheim und Elisabeth von St. Elben; 2. mit Magdalene, Tochter des Konrad IV. von Erbach und Ida von Steinach. Kinder: Konrad III., Johann I. und Elisabeth.*
Die Familie teilt sich in zwei Stämme

Älterer Stamm
<u>Konrad III.</u> *(1361–1397), verh. mit Ida, Tochter des Konrad III. von Bickenbach und Agnes von Erbach. Kinder: Konrad IV., Elisabeth, Philipp I., Ida und Katharina.*

Jüngerer Stamm
<u>Johann I.</u> *(1363, gest. 1401), verh. mit Anna, Tochter des Dieter I. Kämmerer von Worms und Katharina von Scharpenstein. Kinder: Philipp II., Johannes, Erkinger, Anna, Juliana und Katharina.*
Elisabeth (gest. 1344), verh. mit Sifrit von Strahlenberg.

Konrad II., Burgmann zu Auerberg

Erkinger von Frankenstein und seine Frau Euphemia hatten nur einen Sohn, Konrad II., der 1321 erstmals genannt wird. Im Jahre 1328 bestätigt er in einer Urkunde, daß ihn Erzbischof Matthias von Mainz mit einem Burglehen zu Starkenburg belehnt hat. Die stolze Veste über Heppenheim an der Bergstraße war einst (1065) vom Kloster Lorsch gegen seine Bedränger errichtet worden. Sie kam 1232 mit dem ganzen Klosterbesitz an das Erzbistum Mainz.

Konrad heiratet in erster Ehe ein Fräulein überm Rhein, Elisabeth von Dienheim nahe Oppenheim am Rhein. Ihre Eltern sind der Ritter Wigand und dessen Frau Elisabeth von St. Elben oder Albino. Herr Wigand erwirbt 1294 das Schloß Schwabsburg zu Lehen. Weitere Besitzungen der Familie liegen in Bad Kreuznach und Oppenheim.
Im Jahre 1316 bestätigt Graf Bertold von Katzenelnbogen dem Ritter Wigand von Dienheim besondere Dienste und nimmt ihn dafür als „Ledig-Burgmann" (castrensem absolutum qoud ledich burgman dicitur) zu Burg Stadecken auf. Ledig heißt hier nicht unverheiratet, sondern frei: er hat keine Residenzpflicht auf der Burg. Nur in Fehdezeiten muß er einen Knappen oder Edelknecht (honestum famulum) dorthin entsenden.
Als Burglehen erhält Wigand „5 Mk KPf, 3 H. d. Pf. zu rechnen".
Das sind 5 Mark in Kölner Währung (KPf), die Mark gleich 128 Silberpfennig. Dieser Pfennig gilt 3 Heller.
Konrads Frau Elisabeth ist wohl nach kurzer Ehe verstorben; denn die von Dienheim spielen später in der Familiengeschichte keine Rolle mehr.
Konrad heiratet darauf (1340) eine Tochter aus dem Hause Erbach, mit dem bereits engere Verbindungen bestehen. Es ist Magdalene, die Tochter Konrads III. von Erbach und dessen Frau Ida von Steinach. Konrads III. Schwester ist Lukardis, die Gattin Gerhards von Jossa und damit Schwägerin der Hedwig von Frankenstein. Die 2. Schwester, Agnes von Erbach, hat Herr Konrad III. von Bickenbach zur Frau. Wir kommen also erneut auf die bekannten genealogischen Gefilde.
Die hochansehnliche Verwandtschaft und Freundschaft begegnet uns denn auch bald in einer Urkunde, die für den Frankenstein von besonderer Bedeutung ist, wie man an den vielen angehängten

Siegeln sehen kann. Sie betrifft eine weitere Öffnung der Burg Frankenstein an die Grafen von Katzenelnbogen.
Konrad bekundet, „geben 1340 an dem fridage nach dem Osterdag",
1. daß er Ledig-Burgmann der Grafen Johann und Eberhard auf dem Urberg (Auerberg, Auerbacher Schloß) geworden ist, wofür sie ihm 200 Pfund Heller gegeben haben. Er soll hierfür den Grafen eine jährliche Gülte (Zins, Rente) aus dem Dorfe Eberstadt anweisen und diese von den Grafen als Auerbacher Ledig-Burglehen empfangen.
2. gelobt Konrad, in sein Haus Frankenstein niemanden aufzunehmen, ausgenommen den König, die Pfalzgrafen, den von Weinsberg, die Herren von Bickenbach und die von Erbach.
Dem Pergament sind zur Beglaubigung die Siegel der folgenden Zeugen angehängt:

> Erzbischof Matthias von Mainz
> Pfalzgraf Ruprecht bei Rhein
> Engelhard von Weinsberg
> Konrad (III.) von Bickenbach
> Konrad (III.), Schenk von Erbach
> Eberhard (VI.), genannt Rauch von Erbach

(Der Letztgenannte ist Konrads Oheim, Bruder seiner Mutter Euphemia.)
Bei den genannten Grafen handelt es sich um Johann II. und dessen Neffen Eberhard IV. von Katzenelnbogen. Eberhards Eltern sind Graf Eberhard III. und seine Frau Agnes von Bickenbach. Diese wieder ist die Tante der Agnes von Jossa und Schwiegermutter der obigen Hedwig von Frankenstein. So klein ist die Welt, besonders was die Großfamilie Frankenstein anlangt!
Nach dem Tode der Grafen Johann und Eberhard steht Konrad von Frankenstein offenbar im Dienste *Graf Wilhelms II. von Katzenelnbogen*. In vielen Urkunden erweist er sich als dessen vertrauter Freund.
Ein in mancher Hinsicht interessantes Zeugnis hierfür sind die *Eheverträge* des Grafen Wilhelm. Nach dem Tode seiner ersten Frau heiratet er 1355 Else, Tochter des Edlen Ulrich von Hanau. Da solche Urkunden einem breiteren Leserkreis kaum einmal zu Gesicht kommen, seien sie hier wenigstens in Auszügen mitgeteilt.

1. *Ulrich, Herr zu Hanau, gelobt,* seine Tochter Else dem Grafen Wilhelm von Katzenelnbogen zur Frau zu geben. Dazu wird er ihm seinen Teil an der *Burg Tannenberg* übertragen.
Ferner will er dem Grafen 4000 Pfund Heller zahlen oder ihm dafür 400 Pfund Gülte auf sein (Ulrichs) halbes *Dorf Schaafheim* anweisen, und zwar auf Dorf, Leute und Gericht. Solange der Graf dieses halbe Dorf innehat, darf er die Eigenleute nicht höher als herkömmlich schatzen, und wenn er dort Herberge und Dienste benötigt, soll er sie ohne Schaden für die Eigenleute nehmen. Was Ulrich an Eigen und Erbe in diesem Dorfe hat — es sei Erbes- (Erbsen-), Wein-, Korn- oder Pfenniggülte, soll er dem Grafen ebenfalls anweisen, alles nach seinem landesüblichen Wert. Diesen Wert sollen der Ritter Gottfried von Stockheim und die Edelknechte Emicho zu Hayne und Thielmann zu Boxberg feststellen. Wenn Wilhelm und Else die Ehe vollzogen haben („biigelegint und die brutlouft vollenfurt haben"), soll die Wittumsanweisung in den beiden nächsten Monaten erfolgen.
„Geben an sante Marien Magdalenen dag". Siegel des Ausstellers, Ulrich von Hanau, und des Ritters Gottfried von Stockheim.

2. *Graf Wilhelm von Katzenelnbogen gelobt,* Else, die Tochter des Edlen Ulrich, Herrn zu Hanau, zum Weibe zu nehmen und ihr als Wittum 400 Pfund Heller FrW (Frankfurter Währung) in Korngülten und Pfennigzinsen nach Landesgewohnheit anzuweisen, nach Erkenntnis (Feststellung) des Ritters Gottfried von Stockheim (usw., wie oben).
Graf Wilhelm will Else fernerhin *Burg und Stadt Zwingenberg* als Wittum übergeben, jedoch mit dem Vorbehalt, daß Zwingenberg von dieser Verpflichtung befreit ist, sobald für Else *in Darmstadt eine Wohnung* eingerichtet ist, in der sie standesgemäß („bit eren", mit Ehren) wohnen kann. Die Anweisung von Wittum und Mitgift soll zwei Monate nach Vollziehung der Ehe erfolgen.
„Geben 1355 an sante Marien Magdalenen dag." Siegel des Ausstellers, Graf Wilhelm, und *Konrads, Herrn zu Frankenstein.*
Man sieht, es wird alles nach Recht und Brauch geordnet. Die Schiedsleute müssen nach ihrem Rittereid gerecht urteilen, damit auch der kleine Mann, die Hörigen in Schaafheim, keinen späteren Schaden erleiden.
Die „Wohnung in Darmstadt" wird der Gräfin Else allerdings erst 20 Jahre später eingeräumt. Da der Herr Gemahl aber so lange lebte, wohnte sie ohnehin in dessen Residenz Rheinfels oder wo er gerade weilte (LV 6).

Skizze zur obigen Verwandtschaft
Konrad II. von Frankenstein und seine Frau Magdalene von Erbach haben einen gemeinsamen Ururgroßvater:

Konrad I. Reiz von Breuberg

Sohn:
Konrad II. Reiz von Breuberg zu Frankenstein, verheiratet mit Elisabeth von Weiterstadt
Sohn:
Konrad I. von Frankenstein, verheiratet mit Irmingard von Magenheim
Sohn:
Erkinger von Frankenstein, verheiratet mit Euphemia von Erbach-Reichenberg
Sohn Erkingers:
Konrad von Frankenstein, verheiratet mit.............

Sohn:
Eberhard Reiz von Breuberg verheiratet mit Mechthild von Büdingen
Tochter:
Agnes von Breuberg, verheiratet mit Eberhard V. von Erbach

Sohn:
Konrad III. von Erbach, verheiratet mit Ida von Steinach

Tochter Konrads III.:

Magdalene von Erbach

Die wiederentdeckten Pastoren

Es ist erstaunlich, was alles an geschichtlichen Begebenheiten behalten wird, und was alles im Gedächtnis der Nachfahren spurlos verschwinden kann. So ging es auch der alten Kirche in Eberstadt, die allem Vermuten nach in fränkisch-karolingischer Zeit (um das Jahr 800) erbaut wurde, später aber in der Literatur nur noch als „kleine Kapelle", von der man weiter nichts wußte, ihr Dasein fristete.

Inzwischen ist, dank der neueren Forschungen, die Laurentiuskirche mitsamt den dazugehörigen Pastoren aus der Vergessenheit wieder aufgetaucht. Von der Kirche berichten wir später. Hier aber stellen wir die ältesten bekannten Pastoren vor, da sie sämtlich von Konrad II. von Frankenstein als dem Kirchenpatron eingestellt wurden. Die aufschlußreichen Urkunden über sie haben bislang im Archiv zu Ullstadt geschlummert.

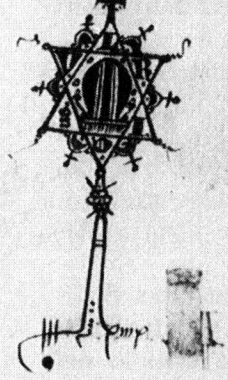

Notariatsurkunde 1333

Herr Bercht (old?), Pastor, 1333

Die Urkunde ist lateinisch verfaßt, siehe die beistehende Abbildung. Die wörtliche Übersetzung lautet: Im Namen des Herren. Amen. Durch dieses gegenwärtige öffentliche Instrument (notarielle Urkunde) sei allen und vor allem denen, die es angeht oder angehen könnte, offenkundig, daß im Jahre von der Geburt des Herren 1333, in der 1. Indiktion (mittelalterliches Jahreszeichen), am 7. Tage des Monats Juni, im 17. Jahr des Papsttums des allerheiligsten Vaters in Christus und Herrn Papst Johannes XXII., vor mir, dem öffentlichen Notar und den nachbenannten Zeugen, erschienen ist der ehrbare Mann (Titel eines Geistlichen oder Adligen) Herr *Bercht(old),* vordem Pleban (Leutpriester) der Kirche St. Stephan in Mainz, nun, wie er angibt, *Pastor der Pfarrkirche in Eberstad,* der sagte, vortrug und öffentlich erklärte, daß der Edelmann (nobilis vir) Herr *Konrad von Frankenstein,* Ritter und Patron derselben Pfarrkirche, ihm dieselbe Kirche einfach um Gottes willen derart und unter der Bedingung übertragen habe, und auch, daß er sie so von ihm empfangen habe, daß derselbe Pastor in dieser Kirche *ständige persönliche Residenz* (Anwesenheit) leisten müsse, und daß er *mit sich einen Genossen* (socium) ebendort gleichermaßen *ständig unterhalten müsse,* und daß er überdies *in derselben Kirche zwei Messen,* eine durch sich selbst morgens bei Tagesanbruch zum *Gedenken und Seelenheil* des vorgenannten Ritters, seiner Eltern und Vorfahren und seines weiland Oheims Konrad – die andre aber durch seinen Genossen pünktlich zur gewohnten Stunde feiern und halten lassen müsse, ohne List und Betrug.
Und wenn der Pastor selbst oder sein Genosse bei derartiger Feier der Messen zu irgendeiner Zeit ohne vernünftigen Grund oder legitimen Hinderungsgrund offenkundig *nachlässig* erfunden würden, daß dann der vorgenannte Ritter oder seine Nachfolger im Patronat den vorgenannten Pastor wegen dieser Nachlässigkeit vor Gericht oder außerhalb davon fordern und belangen könnte oder könnten, so wie es der Vernunft entspreche.
Wenn aber der vorgenannte Pastor nicht in der genannten Pfarrkirche residieren oder einen Genossen dort mit sich unterhalten wolle, wie er dies müßte, und dies ohne Grund und legitime und vernünftige Entschuldigung verweigere, dann können der vorgenannte Ritter und seine Nachfolger, wie ausgeführt, den genannten Pastor von der vorgenannten Pfarrei entfernen und diese einem anderen ohne dessen Widerspruch übertragen.

Geschehen ist dies im Jahr, im Monat, in der Indiktion, im Papstjahr und am Tage, wie angegeben, um die 6. Stunde in der Gasse „imme Loche" nahe der Außenmauer in Mainz, in Gegenwart der ehrbaren Männer, der Herren Gernod von Ramstadt, Stiftsherr, Werner Glöckner und Henrich von Wonsheim, Vikar der vorgenannten Kirche St. Stephan, die als Zeugen hierzu gerufen und gebeten waren.

Und ich, Ulrich, (Sohn) weiland Marquards von Freising, von kaiserlicher Vollmacht öffentlicher Notar, habe allem und jedem, wie ausgeführt, zusammen mit den vorgenannten Zeugen beigewohnt und dies, so geschehen, gehört und gesehen, daher dieses gegenwärtige öffentliche Instrument (Urkunde) darüber gefertigt und in öffentlicher Form abgefaßt und auf Bitten mit meinem üblichen und gewohnten Signet (Notariatszeichen, s. Abbildung) unterzeichnet.

Wir aber, Henrich, Scholaster (Leiter der Schule) des Stifts St. Stephan zu Mainz, und Gernod von Ramstadt und Bercht(old), Pastor, wie vorgenannt, bestätigen hiermit, daß wir zum besseren Beweis der vorgenannten (Dinge) und größerer Sicherheit unsre Siegel an dieses öffentliche Instrument haben hängen lassen.

Herr Konrad von Bickenbach, Pastor, 1334

(Urkunde in deutsch:) Ich, *Gotfrit von Byckenbach*, bekenne uffenlich an disem brieve, daz ich globit (gelobt) und gesprochin han vor (für) minen sun (Sohn) *Conraden, den paffen* (Pfaffen), gein (gegenüber) mime oheime *Conrade von Franckenstein*, daz Cunrat min sun dy kyrchen (Kirche) zu Ebirstat, dy yme (ihm) min oheim Conrat, der vorgenanter, luterlich (lauter) durch got (Gott) unde durch unsir bede willen (um unserer Bitte willen) hat gegebin, sal besinget oder tun besingen *mit zwein messen* sin lebetagen mit siner kosten (d. h. er muß zwei Messen singen bzw. singen lassen auf seine Kosten).

Der byschof, unser here von Menze (Herr von Mainz), neme die pastorie (Pastorei Eberstadt) dise dru iar (drei Jahre) oder nemer er nit; so sollin *zwene prister* (zwei Priester) zwo messen da stedts unde allewege haldin von der vicarie (Vikarstelle) also lange, byz yme (ihm) dy pastorie darzu ledigliche vellet (d. h. bis die Pfarrei freigeworden ist und ihm zufällt).

Und ich, Cunrat, der vorgenanter pherrer (Pfarrer) zu Ebirstat, globin (gelobe) oych (auch) mit gudin truwen (in guter Treue),

der pharre und den pharluten (Pfarrleuten) recht zu tun uf mine sele (Seele) als verre (fernerhin), als ich ummer mich verstan (wie ich immer mich verstehe), und waz darvor gereth (geredet) ist, stete unde ganz zu haltene, recht als iz min vorfar (Vorgänger) uf mich bracht hat.
Ich versprechin oych (auch), daz ich keinen zehinden vordern (Zehnten fordern) sol von allen den schafin (Schafen), dy mins *herrin von Franckenstein* sin oder miner vrouwen seiner muter (meiner Frau Herrin ihrer Mutter gehören) in alle miner pharre.
By disen redden (Reden) ist gewest her (Herr) *Ulrich, here zu Byckenbach,* her Henzchin Stumph, ein ritter, Heinrich Sure und Bernoyt sin bruder, unde Rabenolt, edelknechte (Knappen), unde anders gudir lute vil (viele andre guten Leute).
Daz dise vorwort veste und stete bliben (fest und stet bleiben), des henkin (hängen) ich, Gotfrit von Byckenbach vor mich unde minen sun Cunraden myn yngesigel (Siegel) an disen brif und biden samenthaft (bitten zusammen), ich unde min sun, minen vetern (Vetter) Ulriche von Byckenbach vorgenanten, daz her (er) sin yngesigel zu gezugnisse (zum Zeugnis) oych henke an disen brif.
Datum anno domini M CCC XXXIV (1334) dominica qua cantabatur cantate (an dem Sonntag, da im Gottesdienst gesungen wurde „Cantate").

Herr Konrad von Rohrbach, Pastor, 1354

Diese Urkunde ist ein Revers, dem vorstehenden ähnlich, den der Adlige Konrad von Rohrbach gegenüber Konrad II. von Frankenstein ausstellt. Die Bedingungen sind die gleichen, vor allem verspricht auch er, *„zwo messen of der pharre zu Ebirstat zu halden".*
Zeugen sind Diemar von Rohrbach, Vater des Pastors, Hartmann von Rohrbach, sein Bruder und Dielon Halsteyn von Twingenburg (Zwingenberg an der Bergstraße), die, nebst dem Pastor selbst, ihre Siegel an die Urkunde hängen.
Zwei Jahre später erscheint Konrad von Rohrbach als Pastor zu Bickenbach und Eschollbrücken und 1363 noch einmal als Pastor zu Bickenbach. Damit werden die engen Verbindungen zwischen den Häusern Frankenstein und Bickenbach, wie auch Eschollbrücken und im Hintergrund dazu auch Weiterstadt ziemlich deutlich.

Konrad von Frankenstein, Kirchenpatron

Nach den obigen Urkunden ist der jeweils „regierende" Herr von Frankenstein auch der Patron der Pfarrkirche zu Eberstadt, wahrscheinlich seit der Erbauung der Burg durch Konrad II. Reiz von Breuberg. Er beruft die Pfarrer, setzt sie ein, verpflichtet sie und entläßt sie auch wieder, wenn die Umstände es erfordern, wie aus der Urkunde von 1333 zu ersehen ist.

In der Eberstädter Pfarrkirche sind regelmäßig zwei Messen zu lesen, deren erste bei Tagesanbruch dem Seelenheil der Herren von Frankenstein und deren Vorfahren gilt. Hierfür sind entsprechende Stiftungen eingesetzt. Offenbar waren auch schon in der frühen Zeit (1333, 1334 usf.) zwei Priester an der Kirche, meist wohl ein Pfarrer und ein Vikar oder Kaplan. Der letztere wird später „Frühmesser" genannt.

Die Besoldung der Pfarrer trägt die sogenannte Pfründe (Präbende), bestehend aus Stiftungen, Zehnten (Abgaben) und Pachten von den zur Pfarre gehörigen Grundstücken. In der Urkunde von 1334 sehen wir, daß der Zehnte von den Schafen der adligen Verwandtschaft ausgeklammert ist.

Die Urkunden sind auf Pergament geschrieben. Der Notar setzt sein Notariatszeichen daneben, die Zeugen hängen ihr persönliches Siegel an. Eine Unterschrift gibt es in dieser Zeit noch nicht.

Landschaft Odenwald

Die Einhardsbasilika in Steinbach

Die Geschichte der Herren von Erbach, die mit dem Hause Frankenstein vielfältig verbunden sind, beginnt (sozusagen anonym) schon in der Karolingerzeit. König Ludwig der Fromme schenkt im Jahre 815 die Mark „Michlinstat" (Michelstadt) dem Geschichtsschreiber seines Vaters, Einhard, und dessen Gemahlin Imma, Tochter Karls des Großen, die den Besitz aber wenig später dem Reichskloster Lorsch vermachen. Um das Jahr 1150 treten die Herren von Erbach als Klostervögte auf. Schließlich besitzen sie Michelstadt und Reichenberg „als usurpiertes Eigen, das sie dem Kloster Lorsch entfremdet hatten".

In Steinbach bei Michelstadt steht inmitten von Gärten und Wiesen eines der eindrucksvollsten Baudenkmäler der Karolingerzeit. Es ist die Basilika, die Einhard um 827 selbst entworfen hatte und erbauen ließ. Die Krypta darin sollte als Grablege für ihn und seine Frau Imma dienen. Diese Pläne wurden dann wieder umgeworfen, aber die Einhardsbasilika steht noch bis heute.
Einhard war aus Fulda an den Hof Kaiser Karls nach Aachen gekommen. Dort hatte er neben den klassischen Wissenschaften auch Architektur studiert. Als „Minister für öffentliche Angelegenheiten" war er für den Bau von Klöstern und Kirchen, Straßen und Brücken verantwortlich. Seine Freunde schätzten ihn als kenntnisreichen Zimmermann und Steinmetzen sowie als geschickten Gold- und Silberschmied. Unvergänglichen Ruhm aber erwarb dieses Genie des Fleißes und der Vielseitigkeit als Autor der berühmten Biographie über Karl den Großen.
Ein Schwerenöter war Einhard freilich nicht. Wenn selbst neuere Odenwaldbücher verbreiten, er sei eines Nachts in der Kemenate Immas gelegen, und als am Morgen Schnee gefallen war, habe diese ihn huckepack in sein Quartier gebracht (der Spuren wegen), so ist das eine Verwechslung. In Wirklichkeit war ein anderes Mitglied des kaiserlichen Hofes, Herr Anglibert, bei der Prinzessin Bertha, die ihn nach nächtlicher Zweisamkeit auf dem Rücken davontrug. Ob dies im übrigen auch nur Aachener Hofklatsch war, mag dahingestellt bleiben.
Die Basilika Einhards ist ein einmaliges Zeugnis für die reiche Entfaltung der Baukunst seiner Zeit. Während aber die Architektur verwandter Bauten meist bis auf den Grundriß verlorenging, steht in Steinbach der ursprüngliche Baukern noch in voller Höhe. Das Mittelschiff der Kirche, ihr nördlicher Nebenchor und die kreuzförmige Krypta behielten ihre originale Substanz. Das sorgfältig ausgeführte karolingische Mauerwerk, Rundbogenöffnungen, Sandsteinprofile und Wandmalereireste sind vorhanden und sichtbar geblieben. Es sind seltene Bestandteile von Bau- und Raumformen, deren Schönheit schon Einhard selbst in einer Schrift über die Anfänge seines Werkes hervorhob.
Die Einhardsbasilika hat die Stürme der Zeit, trotz manchmal nichtswürdiger Fahrlässigkeit und Zerstörung, überstanden. Im Jahre 1073 wurde eine Propstei eingerichtet. Um 1230 ersetzten Benediktinerinnen den Mönchskonvent. Die Klosterkirche war lange Zeit die Begräbnisstätte der Fürstenauer Linie Erbach. In der Reformationszeit verlor das Kloster seine Insassen, Wohnge-

Schloß Fürstenau

bäude und Seitenschiffe verfielen, und die Kirche wurde zu einem Jagdzeughaus degradiert. Im Dreißigjährigen Kriege hausten die Landsknechte hier. Ende des letzten Krieges blieb es einer Kraftfahrabteilung der deutschen Wehrmacht noch vorbehalten, sich in der Kirche einzurichten. Ein durchlöchertes Dach und klaffende Löcher im Gestein blieben zurück.

Und trotz alldem steht der Besucher heute im Innersten ergriffen, dankbaren Herzens und still vor dem nunmehr wiederhergestellten Denkmal aus dem hohen Mittelalter. Dies ist neben den Zuschüssen des Landes Hessen besonders der unermüdlichen Opferfreude und Tatkraft der „Einhard-Arbeitsgemeinschaft e. V." (612 Michelstadt-Steinbach, Schloß Fürstenau) zu verdanken!

Schloß Fürstenau liegt nicht weit von der Basilika entfernt. Es ist ursprünglich eine Wasserburg gewesen. Der schön geschwungene Schwibbogen, der größte in deutschen Landen, entzückt immer wieder den Besucher.

Michelstadt und Erbach

Hauptanziehungspunkt des Städtchens Michelstadt ist das 1484 erbaute Rathaus mit seiner Erdgeschoßlaube, einer der originellsten Fachwerkbauten überhaupt. Der Marktbrunnen trug ursprünglich den Namensheiligen des Ortes, St. Michael. Er wurde aber im 18. Jahrhundert zu einer weniger heiligen „Justitia" umfunktioniert.

Die Pfarrkirche, schon 815 als hölzerne Kirche erwähnt, ist in ihrer heutigen Gestalt (1461–1507) eine Sehenswürdigkeit von hohem Rang. Sie enthält u. a. bedeutende Grabmäler der Familie von Erbach, seit 1387.

In Erbach steht neben dem weiträumigen Schloß als Zeuge früher Vergangenheit nur noch der Bergfried des 12. Jahrhunderts. Das Schloß birgt eine der größten Sammlungen von Ritter-Rüstungen aus allen Zeiten. Wenn man sich heute aber unter einem Ritter vielleicht einen großen stattlichen gepanzerten Recken vorstellen sollte, wird man hier enttäuscht. Keiner unserer durchschnittlich gewachsenen Oberschüler ginge in eine solche Rüstung mehr hinein. Die Ritter des Mittelalters waren kleine Männer. Der Größe der Leute entsprechend waren auch in den Häusern und Kirchen die Pforten und Türen ziemlich niedrig.

Neben den Rüstungen finden wir in den Schloßräumen reiche Schätze aus der Antike, vor allem aus der Gegend von Rom:

marmorne Götter und Helden, Kaiser und Kaiserinnen, etruskische Reiter und reichverzierte Vasen aller Art und Größe.
Der unermüdliche Sammler dieser Herrlichkeiten war der letzte regierende Herr zu Erbach, Graf Franz (gestorben 1823). Er hatte lange Jahre hindurch in der Hadriansville in Tivoli bei Rom Ausgrabungen geleitet. Was er fand, ließ er auf Ochsenwagen in den Odenwald transportieren.

Das Haus Erbach

Seit etwa 1225 waren die Herren von Erbach pfälzische Erbschenken. In der Mitte des 13. Jahrhunderts bildeten die Schenken zwei Linien: der seit 1251 genannte Konrad I. die Erbacher und sein Bruder Eberhard III. die Reichenberger Hauptlinie. Nach verschiedenen Abspaltungen vereinigte die Fürstenauer Linie 1532 wieder das ganze Haus. Im Jahre 1532 erfolgte die Erhebung in den Grafenstand. 1539 führte Graf Eberhard XIV. die Reformation ein. Bekannt ist die erste lutherische Kirchenordnung von 1560.
Das Haus teilte sich zuletzt 1748 in die noch heute bestehenden Linien Erbach–Erbach, Erbach–Fürstenau und Erbach–Schönberg (LV 18).

Zwei Stämme Frankenstein

Konrad II. von Frankenstein hatte eine Tochter, Elisabeth, vermählt mit Sifrit von Strahlenberg, und die beiden Söhne Konrad (III.) und Johann (I.), die vermutlich Stiefbrüder waren. Damit wäre die um 1360 erfolgende Teilung der Familien in zwei Stämme erklärt. Konrad, der ältere aus der 1. Ehe des Vaters, begründet den älteren Stamm und Johann aus der 2. Ehe den jüngeren. Der ältere hat jedoch zumeist größere Rechte besessen. In die Teilung fallen die Wohnrechte in der Burg und die Rechte in der Herrschaft Frankenstein.
Das Zusammenleben auf der Burg Frankenstein regelt ein *„Burgfriede"*, der am St. Margarethentag 1363 feierlich zwischen den beiden Brüdern geschlossen wird. Er enthält in der Hauptsache die folgenden Punkte (Worterklärung: am Schluß!).

1. Erstlich, daß keiner binnen dißem Burgfrieden an des andern Leib oder Gesinde nicht freventlich greifen soll, in welcher Weisse

das sey, und welcher under Uns das Thäte, der soll treuloß, ehrloß und meinaidig sein.

2. Geschähe es, daß Unser einer an des andern Gut greife, der soll es zur Stundt binnen acht Tagen kehren, so balt es von dem andern gemahnt wird. Thäte er das nicht, so soll er gleicherweiß meinaidig, treuloß und ehrloß seyn, und soll es doch kehren.

3. Auch soll Unser keiner, noch niemandt von Unsertwegen dem andern keinen Schaden thun an derselben Burgk Frankenstein, welcher das aber thäte, der soll es binnen acht Tagen ohnverzüglich kehren.

4. Auch sollen unsre Ambtleuthe und Diener jedweder Seit' des andern Leib, Gut und Gesinde binnen dißem Burgfrieden schirmen, scheuren und behüten, als ob es sein selbs wehre, wieder allermänniglich, niemandt ausgenommen.

5. Wehre es auch, daß Unsereins Ambtmann oder Diener den Burgkfrieden überführen, der soll es kehren inner Monathsfrist, daß es Uns und dem Cläger benuglich sey, und dazu soll ihn *der* halten und zwingen, dessen Ambtmann und Diener er ist.

6. Wehre es auch, daß Unser eins Diener sich mit des andern Diener rauffet oder zweyend werden, soll er dareilen und lauffen, sie zu scheiden und gütlich miteinander zu richten.

7. Wehre es, daß Unsereiner jemandts zu Frankenstein enthalten wolle, der soll es den andern lassen wissen, ob er ihn haben mag. Kann er jehen aber nicht gehaben, so soll er es seinem Ambtmann daselbst kunden und seinem Pfortemer.

8. Welcher Fürst, Graf oder Herr, der da enthalten wird, des Hauptmann soll den Burgkfrieden schweren und soll seinen offenen Brief für sich und seine Helfer zeigen und Burgkfrieden halten als vorgeschrieben, als lang der Krieg wehret und sie da liegen.

Und soll man niemandt darin enthalten, er gebe denn vorerst das Enthaltsgeld, das zu einem gemeinen Bau daselbst zu Frankenstein fallen soll.

Der Fürst soll geben 100 kleine Gülden und 4 Stegreuffe, Armbrost und 4 Gewappnete legen auf die Burgk, als lange er enthalten ist und der Krieg wehret.

Der Graf und Herr soll geben 30 kleine Gülden und 2 Stegreuffe, Armbrost und 2 Gewappnete legen.

Der Ritter und Knecht soll geben 10 kleine Gülden, ein Stegreuff, Armbrost und 1 Gewappneten.

9. Soll Unser keiner die Burgk Frankenstein verkauffen, versetzen, veräußern, auch niemandts ein offen Haus machen ohne des andern Willen, Wissen und Verhängniß.

10. Auch sollen wir Unsern Wald, der under Frankenstein gelegen ist, nicht anders hauen, nießen und brauchen, denn zur Urbar und Nutz Unsrer Burgk Frankenstein ist.

11. Auch soll keiner Unsrer Erben und Nachkommen in die Burgk Frankenstein nach Uns jemandts insetzen, noch inlassen, er habe denn den versprochenen Burgkfrieden gesichert und gelobt" (LV 37).

Wort- und Sacherklärung zum obigen „Burgfrieden"

benuglich: genügend
dareilen: hinzueilen
enthalten: aufnehmen
gemein: gemeinsam
hauen: Bäume schlagen
kehren: wieder gutmachen
Krieg: Fehde
Offener Brief: Beglaubigung
Offenes Haus: Die Burg einem andern einräumen
Pfortemer: Torwächter

scheiden: trennen
scheuren: sichern
schweren: schwören
überfahren: übertreten
Urbar: Einträglichkeit
Verhängniß: Zustimmung
versetzen: verpfänden
wenn es wehre: wäre
solange es wehre: währe, dauere
zweyend: entzweit

Burgfriede, Dorffriede u. a. bedeutete sowohl die äußere Ein-Friedigung, wie vor allem die Rechtssatzung zur Erhaltung des Friedens.
Enthaltsgeld ist die Gebühr für die Aufnahme eines Verbündeten in Fehdezeiten, „als lang der Krieg wehret".
Graf und Herr: hier wird der „Herr", der Edelfreie noch mit dem Grafen im gleichen sozialen Rang gesehen.
Offenes Haus ist die Öffnung einer Burg auf Grund eines entsprechenden Vertrages.

Die *wichtigsten Artikel des Burgfriedens* von 1363 waren, auf die Dauer gesehen, die drei letzten. Artikel 9 zwingt beide Stämme selbst im Falle von Streitigkeiten miteinander zu verhandeln und

gütlich einig zu werden. Der ausgedehnte Waldbesitz, der zum größten Teil noch heute als hessischer Staatswald weiterbesteht, soll laut Artikel 10 vernünftigerweise gemeinsam besessen und genutzt werden. Die „Enthaltsgelder" bei einer Burgöffnung und die Erlöse aus dem Wald sollen der Erhaltung und dem Ausbau der Burg, Mauern und Tore dienen. Im letzten Artikel schließlich werden auch die Erben und Nachkommen ausdrücklich und für alle Zeiten an diesen Burgfrieden gebunden.
Dadurch wurde das Haus Frankenstein vor dem Schicksal bewahrt, wie es manches andere Geschlecht getroffen hat, nämlich sich durch ständige Erbteilungen schließlich totzuteilen oder auch durch fortwährende Verpfändungen langsam und sicher an den Bettelstab zu kommen. Die Burg Frankenstein war bis zum Erlöschen beider Linien im Mannesstamm (1602, bzw. 1606) niemals verpfändet noch durch Erbteilung auseinandergerissen. Auch unter den Nacherben blieb der gemeinsame Burgbesitz unangetastet bis zum endgültigen Verkauf an Hessen 1661/62 bestehen.
Die Teilung der Herrschaft Frankenstein läßt sich am Beispiel des *Hauptortes Eberstadt* nach dem Salbuch von 1542 erkennen, das in seinen Wurzeln weit zurückreicht. Da heißt es:
„Das Dorf ist beeder Stämme Frankenstein, wie dann solches von ihren Voreltern auf sie gekommen, nemblich das halbe Teil der jungen Junkern, Georg Oswalds Söhnen (älterer Stamm), und ist ihr Teil das Lehen von dem Kurfürstlichen Stift Maynz – das ander halbe Teil aber des Junkers Philipsen (jüngerer Stamm) und ist sein Theil eigenthumb (Eigentum der Familie, kein Lehen).
Scheidet beede Stämme im Dorff die Straße, so vom Eschel herein an die Straß, so von Benßheimb uf Darmstatt zu gehet bis an die Reutersbach (Modau) und forthin durchs Dorff uf Ramstatt zu. Und ist das Theil an der Seite gegen Franckenstein zu an der Straße den Söhnen Georg Oswald (älterer Stamm), und das ander Theil jenseits der Straße naher (nach) Pungstatt und der Eberstädter Danne zu, soweit das Dorff Zehenden (den Zehnten) hat, des Junkers Philipsen (jüngerer Stamm)." (LV 2.)

Ich hör des Minnesängers Lied

Konrad III. von Frankenstein ist vermählt mit Ida von Bickenbach. Damit ist die Großfamilie Frankenstein–Erbach–Breuberg um ein bedeutendes Glied verstärkt worden. Die *Herren von Bickenbach,* ein edelfreies Geschlecht, saßen ursprünglich auf dem Weilerhügel bei dem Dorf Bickenbach an der Bergstraße. Um das Jahr 1240 erbaute vermutlich Gottfried I. die Burg Bickenbach über Alsbach, später Alsbacher Schloß genannt, heute eine noch immer ansehnliche Ruine. Gottfried war Vertrauter des Pfalzgrafen und König Heinrichs VII. und verheiratet mit Agnes, der Tocher des mächtigen Wildgrafen Konrad von Daun, deren Bruder Erzbischof Gerhard zu Mainz war.

Dessen Sohn *Konrad II. von Bickenbach* hat sich als Minnesänger einen Namen gemacht. Leider ist nur eines seiner Lieder erhalten geblieben. Ein Vers lautet:

>   Swig ich zuo der liebe guot,
>   hei, so waer ich gar ein helt.
>   Sie kumt mir selten uz dem muot,
>   die ich ze trost hab uz erwelt.
>   Sie ist bi reinen wiben kluok,
>   die ich mit ganzen triuwen minn,
>   mins herzens trut, min keiserin,
>   waer si mir holt, ich het genuok.

>   (Kehrreim)
>   Wer sich well lieben reinen wiben,
>   der habe si in steter huot,
>   beschieht eim man dan iht zu guot,
>   daz kan im leit vertriben.

Wir versuchen eine einigermaßen gleichlautende Übertragung.
>   Schwieg ich zu der Liebe Gut,
>   hei, so wär ich gar ein Held.
>   Sie kommt mir selten aus dem Mut
>   (aus dem Sinn),
>   die ich zum Trost hab auserwählt.
>   Sie ist bei reinen Frauen klug
>   (eine Zierde unter vollkommenen Frauen),
>   die ich mit ganzer Treue minn'
>   (liebe und verehre),
>   meins Herzens Traut, mein Kaiserin,
>   wär sie mir hold, mir wärs genug.

(Kehrreim)
Wer lieben will die reinen Weiben
(die untadeligen Frauen),
der habe sie in steter Hut
(bemühe sich sehr um sie),
empfängt ein Mann etwas zu gut
(der Frauen Gunst),
das kann ihm Leid vertreiben.

(LV 24).

Damit soll noch einmal der längstvergangenen Zeiten der hohen Minne und ritterlichen Kultur gedacht werden. Ob Herr Konrad sein Lied auf der Burg Bickenbach oder auf der Burg Klingenberg am Main gesungen hat, wissen wir nicht. Diese hatte ihm seine Gemahlin Guda von Falkenstein zugebracht, die vorher mit Schenk Konrad von Klingenberg verheiratet war. Der Sitz dieses älteren Zweiges der Familie Bickenbach wurde jedenfalls die schöne Burg an den vollen Rebenhängen des Mains („Klingenberger Roter"!) zwischen Obernburg und Miltenberg.

Die Tochter des Minnesängers, Agnes, hat sich mit Reinhard von Jossa vermählt und wurde damit auch die Schwiegermutter der Hedwig von Frankenstein, wovon schon berichtet wurde.

Konrads Sohn Gottfried II. hatte ebenfalls eine Frankensteinerin zur Frau, aber aus der *pfälzischen* Linie von der Burg Frankenstein bei Dürkheim. Die beiden Familien wurden in früheren Stammtafeln oft durcheinandergebracht, haben jedoch nicht das geringste miteinander zu tun.

Des Minnesängers Sohn Philipp behielt seinen Wohnsitz in Klingenberg.

Dessen Sohn Konrad III. war der Vater von Ida von Bickenbach, der Frau Konrads III. von Frankenstein. Er war ein beliebter Schiedsrichter und Sachverständiger und ein friedlicher Mann, der nie in eine Fehde verwickelt war. Er ist im Kloster Himmeltal im Spessart beigesetzt, das zu einer Art Hauskloster der Familie Bickenbach-Klingenberg geworden war. Konrads III. vortreffliches Porträt zeigt ihn dort in Haustracht, Schwert und Wappenschild in den Händen.

Von Konrad III. von Frankenstein wäre noch zu erwähnen, daß er Burgmann auf der Burg Auerberg (Auerbach an der Bergstraße) war. Sein Lehnsherr bessert das Burglehen zweimal auf. 1369 werden die „armen lude" (die Hörigen) in Griesheim bei Darm-

Burg Bickenbach (Alsbacher Schloß), Rekonstruktion Peter Bohn

stadt verpflichtet, all ihr Getreide in der frankensteinischen Mühle in Eberstadt mahlen zu lassen: „sulln malen zue Ebirstatt in dem dorffe und zu malin tun zu dez selbin von Frankenstein mulen (Mühle)". Das bedeutet eine Gewinnvermehrung für den Frankensteiner.

1379 verleiht Graf Dieter seinem Burgmann noch die Mühle zu Pfungstadt, zu deren „Bann" Pfungstadt und Büttelborn gehören. Das heißt, ebenso wie in Griesheim: die dortigen Hörigen dürfen nur in dieser Mühle mahlen lassen.

Bei der Eberstädter Mühle handelt es sich zweifellos um die Unter-Wiesenmühle, die inzwischen frankensteinisch geworden war. Die Mühle in *Pfungstadt* könnte mit derjenigen identisch sein, die schon 804 in einer Schenkungsurkunde an das Kloster Lorsch genannt wird: „In Christi Namen schenken wir, Zeizo und seine Gattin Helmswint . . . unsern Besitz in Phungestat, nämlich jene beiden Huben mit Zubehör, auf denen Wolfgin und Hanno ihren Wohnsitz haben, und jene Hofreite, die eine am Fluße Muotdaha (Modau) gelegene Mühle mit Mahlgang und Beutelwerk besitzt. Wir schenken auch den Müller Balduin . . ." (LV 17).

*

Elisabeth von Frankenstein, die Tochter Konrads II., ist mit dem Ritter Sifrit von *Strahlenberg* auf der Strahlenburg über Schriesheim an der badischen Bergstraße verheiratet. Wie schon oben mitgeteilt, bestehen zwischen der Strahlenburg und der benachbarten Schauenburg allerlei verwandtschaftliche Beziehungen.

Sifrits Vater Rennewart verpfändet später die Burg mitsamt dem Dorf Schriesheim an den Ritter Hartmut von Kronberg. Gleichzeitig verkauft er seine Güter zu Sickingen sowie die Burg Waldeck bei Heiligkreuzsteinach im Steinachtal (Odenwald) an den Pfalzgrafen. Sifrit von Strahlenberg stirbt nach 1368 und wird im Kloster Schönau im Steinachtal begraben.

Frau Elisabeth von Frankenstein war schon 1344 gestorben. Sie hat den offenbaren Niedergang der Strahlenberger, der mit der zunehmenden Verarmung des Ritterstandes zusammenhängt, nicht mehr erlebt.

Auf der Strahlenburg spielt die Sage vom Käthchen von Heilbronn, das hier dem Ritter Wetter von Strahl im Schlaf seine Liebe gesteht. Näheres darüber ist bei Heinrich von Kleist zu erfahren.

Die Kämmerer von Worms

Der Sohn Konrads II. aus dessen 2. Ehe mit Magdalene von Erbach, *Johann (I.) von Frankenstein,* ist mit Anna Kämmerer von Worms verheiratet und eröffnet damit wiederum eine vielseitige und lang andauernde Verbindung mit einem berühmten Hause.
Der Kämmerer war im Mittelalter Leiter der Finanzverwaltung eines Fürstenhofes, einer Stadt oder eines großen Grundbesitzes. Die ersten bekannten Mitglieder der Familie waren wirklich Kämmerer: Gerardus von 1208 ab als „vicedominus" (Statthalter) und dessen gleichnamiger Sohn als „camerarius" zu Worms am Rhein. Nachher wurde aus der Berufsbezeichnung, wie in vielen ähnlichen Fällen, der Familienname „Kämmerer von Worms".
Als Ritter erscheint seit 1299 Johann II. Kämmerer, auch genannt von Waldeck. Er kommt in Verbindung mit einer Familie von Dalberg, die ihren Stammsitz auf der Burg Dalberg nordwestlich von Bad Kreuznach hat. Der letzte dieses Geschlechtes nimmt ihn 1315 in die Lehensgemeinschaft (vom Hochstift Speyer her) auf. Johann erbt dann die Herrschaft Dalberg. Ein zweites Speyrer Lehen, die Kropsburg bei Landau (Pfalz), kommt 1349 in seine Hand. Das Schloß Herrnsheim bei Worms wird schließlich zum Hauptsitz der Familie, die ihn bis zur Französischen Revolution innehat.
Der Enkel des obigen Johann II., Ritter Johann X., führt seit 1375 offiziell den Adelstitel mit dem Beinamen *„gen. von Dalberg".*
Er ist ein Vetter der Anna Kämmerer aus Worms, der Gemahlin Johanns I. von Frankenstein, bleibt aber auch von der andern Seite her sozusagen in der Familie: seine 2. Frau ist Anna, Tochter Konrads V. von Bickenbach.
Für Worms beginnt unter den Staufern eine hohe Blütezeit. Hier feiert Kaiser Friedrich II. 1235 seine prunkvolle Hochzeit mit Isabella von England. 1273 reitet Kaiser Rudolf von Habsburg in feierlichem Zuge in die Stadt ein, der er — neben sechs anderen Städten — die Reichsfreiheit verleiht.
Von großer Ausstrahlung zeugt schließlich die Tätigkeit des Bischofs Dr. iuris Johann Kämmerer, genannt von Dalberg als eines bedeutenden Vertreters des Humanismus. Er hat den berühmten Reichstag von 1495 zu Worms miterlebt, auf dem Kaiser Maximilian eine umfassende Reichsreform begann. Der Reichstag erließ den „Ewigen Landfrieden" und die Reichskam-

mergerichtsordnung. Gleichzeitig wird hier die erste direkte Steuer, der sogenannte gemeine Pfennig, eingeführt. Bei dem nächsten, nicht weniger bedeutsamen Wormser Reichstag von 1521, vor dem Martin Luther sein epochemachendes Bekenntnis ablegte, war Bischof Johann von Dalberg nicht mehr unter den Lebenden. Er starb 1503.

Von einem ebenso bekannten Dalberg, der sogar für kurze Zeit *Großherzog von Frankfurt* war, sei bei dieser Gelegenheit vorausgreifend ebenfalls noch berichtet. Es ist Karl Theodor von Dalberg (1744–1817), ein Mann der „alten Schule", wenn auch gleichzeitig der Aufklärung. Nach juristischem Studium widmet er sich dem geistlichen Stande und beginnt einen schnellen Aufstieg: 1772 mainzischer Statthalter in Erfurt, wo er Beziehungen zu Carl August und dem Weimarer Dichterkreis anknüpft; nach Erhalt der Priester- und Bischofsweihe 1800 Fürstbischof zu Konstanz und 1802 Erzbischof zu Mainz. Als weltliche Ausstattung erhält von Dalberg die Fürstentümer Aschaffenburg, Regensburg und die Reichsstadt Wetzlar. Die Auflösung des Deutschen Reiches 1806 führt ihn, den Napoleonverehrer, an die Spitze des Rheinbundes mit Amtssitz in Frankfurt. 1810 verleiht ihm Napoleon den Titel eines Großherzogs von Frankfurt.

Hier gelingt es ihm u. a. die zerrütteten Finanzen in Ordnung zu bringen, indem er durch die großzügige Behandlung der Judenemanzipation die Gunst und Hilfe des aufstrebenden Hauses Rothschild erwirbt.

Das alles war jedoch nur von kurzer Dauer. Mit dem Sturz Napoleons verschwindet das Großherzogtum Frankfurt, von Dalbergs Stern geht unter.

Doch kehren wir noch einmal zum Ausgangspunkt dieses Abschnittes, in die Zeit um 1400 zurück. Für die zahlreichen verwandten Familien bildet sich allmählich in der schönen Stadt Oppenheim am Rhein eine Art persönliches Zentrum heraus. Die am großen Verkehrsstrom gelegene, durch die berühmte Katharinenkirche ausgezeichnete, geistig sehr wendige Stadt zieht die Frankensteins an, die Dalbergs, Rodensteins, Dienheims, Gemmingens, Wolfskehls und andere. In der heutigen Dalberger Straße standen einige dieser Adelshöfe.

Junker Johann I. stirbt im Jahre 1401. Er ist der erste, der nachweisbar in der alten Eberstädter Kirche begraben wurde, da dort noch sein Grabmal vorhanden ist. Im nächsten Abschnitt fügen wir einen Exkurs darüber an.

Vom Umgang mit Grabmälern

Herr Johann I. von Frankenstein ist im Jahre 1401 verstorben und in der alten Laurentiuskirche in Eberstadt beigesetzt worden. Die Angehörigen ließen vom Steinmetzen eine Grabplatte anfertigen, um die Grabstätte in der Kirche zu bezeichnen. Sie zeigt einen Ritter in Rüstung ohne Helm unter einem gotischen Spitzbogen auf einem liegenden Hund stehend. In den Zwickeln des Bogens sind der Helm und das Wappen des Verstorbenen zu sehen. Die Umschrift des Grabmals in gotischen Minuskeln (Kleinbuchstaben) ist durch Verstümmelung und allmähliche Verwitterung nur noch teilweise lesbar.
Unterkante: *Uf sant . . .*).
Links fortlaufend: . . . *s dag in dem jar als man zalt nach crist geburt M CCCC primo*
Oberkante: . . . *johan*
Rechts fortlaufend: *her zu Franckenstein vo dodes wegen abegange.*
Im heutigen Deutsch heißt das: Auf Sankt . . . s Tag, als man zählt nach Christ Geburt 1401 . . . Johann, Herr zu Frankenstein, von Todes wegen abgegangen.
Nun schaut der Ritter noch immer auf die in der Kirche seiner Familie versammelte Gemeinde herunter. Mancher der Konfirmanden, die gerade unter ihm sitzen, mag schon überlegt haben: 1401–1975, das sind 574 Jahre. Welch eine Zeit!
Da das Grabmal das älteste der Frankensteiner ist und außerdem noch einige Rätsel birgt, sei der folgende Exkurs dazu gestattet.
Niemand weiß mehr, wo das Grab ursprünglich lag. Bei einem Kirchenumbau 1912 wurde die Platte in die Nordwand der Kirche eingelassen und – verstümmelt. Mit roher Hand schlug man in den oberen Teil ein Loch, um eine Tafel mit der sinnigen Inschrift „Letzter Stein der Frankensteiner" einzufügen. Dabei wurde die Umschrift der Oberkante bis auf den Namen „johan" zerstört. Gemeint ist nun, daß vordem eine ganze Anzahl von Grabmälern in der Kirche vorhanden war, die aber alle entfernt wurden. Die beiden großen von Hans IV. und seiner Frau Irmela (von 1533) und Ludwig von Frankenstein und seiner Frau Katharina (von 1606) sind wenigstens erhalten geblieben. Sie befinden sich in der Kapelle der Burg Frankenstein.
Bei Haupt „*Baudenkmäler*" 1952 (LV 19) lesen wir von einer frankensteinischen Gruft, die aber ebenfalls 1912 „beseitigt"

Grabplatte Hans I. gest. 1401, Eberstädter Kirche

wurde. Weiter wird von 5 Grabplatten berichtet, die 1851 zum Bau eines neuen Altars verwendet worden waren, 1912 aber „zu Grunde gingen".

Die ominöse Tafel in der Grabplatte Johanns I. ist 1961 entfernt, und das Grabmal nach dem alten Vorbild wieder hergestellt worden. Was aber im Umgang mit Grabmälern noch bis in unser Jahrhundert hinein alles möglich war, ist doch erstaunlich. *Möchten die Nachkommen über das steinerne oder schriftlich hinterlassene Erbe aus vergangener Zeit mit Respekt, Aufmerksamkeit und äußerster Behutsamkeit wachen!*

Das Geheimnis der noch vorhandenen Grabplatte liegt im Namen des Heiligen, auf dessen Tag der Ritter einst verstarb, von dem aber nur dieses winzige „s" übrigblieb. Wir befragen vier Experten danach, die die Kirche gut gekannt haben müssen.

Dr. H. E. Scriba, Pfarrer im benachbarten Nieder-Beerbach, hat das Grabmal nie gesehen. Er weiß nur zu sagen, daß Johann von Frankenstein „1400 noch lebte", und zwar nach einem Urkundenbefund. Vermutlich war die Platte mit den vier anderen 1851 in dem neuen Altar eingemauert worden und damit verschwunden. Wenigstens wurde sie dann 1912 gerettet (LV 37).

Walter Möller in Darmstadt, der 1922 die erste brauchbare Stammtafel des Hauses Frankenstein herausgab, hatte auf der Grabplatte offenbar zuerst „uf sant Michaels dag" gelesen; denn er gibt als Sterbetag des Ritters den 29. September an. Kurz danach korrigierte er sich ausdrücklich selbst: Johann I. starb am 26. August, nicht 29. September 1401, denn seine Grabschrift besagt: „Uf sant Samuels dag (anno) MCCCC primo ist der edel her Johann her von Frankenstein von dodes wegen abgegange" (LV 29).

Prof. Haupt teilt den Text in „Baudenkmäler" 1952 wie folgt mit: „Uf sandt samuels Dag in dem jar als man zalt nach Christ Geburt MCCCC primo ist junker johan her zu Franckenstein vo dodes wegen abgegange."

Beide Herren haben vor dem Grabmal in der Eberstädter Kirche gestanden, daran buchstabiert und die infolge der Verstümmelung 1912 herausgebrochenen Worte nach eigenem Ermessen ergänzt. Daraus erklären sich die kleinen Unterschiede, übrigens auch in der Schreibweise.

Aus dem gesamten Beitrag von Haupt geht übrigens klar hervor, daß er Möllers Stammtafeln, die 40 Jahre vorher erschienen waren, nicht gekannt oder zum mindesten nicht benutzt hat. Er verwendet nämlich eine Reihe von Daten aus Scribas Genealogie von 1853, die Möller längst richtiggestellt hatte.

Der vierte Sachkenner, der zudem in Eberstadt selbst gewohnt hat, Oberbaurat *K. Krauß,* gibt in seinem 1925 erschienenen Frankensteinbüchlein die Inschrift auf der Grabplatte wie folgt an:

> uf · sant · samuels · dag · in · dem · jare · als · man · zalt · nach · krist · geburt · m · cccc · primo † [ist · der · edel · he]r · johan · her · vō · Frankenstein · von · dodes · wegen · abegangen ·

An diesen nunmehr vorliegenden Ergänzungen im verstümmelten bzw. unleserlich gewordenen Teil der Grabplatte ist das Auffälligste, daß drei Experten übereinstimmend als Todestag des Ritters „sant Samuelis dag" gelesen haben, wiewohl es im offiziellen kirchlichen Heiligenkalender keinen Samuel gibt! Dieser war ein alttestamentlicher Prophet, während unter den Heiligen nur Apostel und Märtyrer aus dem Neuen Testament und aus späteren Zeiten zu finden sind.

Trotzdem fand der Verfasser in einem Offenbacher Volkskalender nach Art des „Lahrer Hinkenden Boten" vom Jahre 1794 im Kalendarium unter dem 26. August: „*Samuel*" eingetragen. Das ist der Tag, den auch Möller als Samuelstag eingesetzt hat. Wer löst das Rätsel?

Das Raubnest geht in Flammen auf

Gegen Ende des Jahrhunderts hat sich in der Burg Tannenberg über Seeheim ein Raubritter festgesetzt, der die Bergstraße unsicher macht. Es ist Hartmut von Kronberg, dessen Vater selbst Mitbesitzer der Burg ist.

Die Tannenburg wurde um 1250 von den Herren von Münzenberg erbaut. Infolge permanenter Erbteilung hatten schließlich 18 Ganerben an ihr Anteil. Die Anteile betrugen zwischen 1/24 und 10/24. Aus einem „Burgfrieden" von 1379 gehen die Namen der „Teilhaber" hervor. Ein großer Teil ist uns bereits aus den vorstehenden Kapiteln bekannt: Graf Wilhelm von Katzenelnbogen, Ulrich von Hanau, Johann Schenk zu Erbach, Domherr in Mainz, die Schenken Konrad und Eberhard zu Erbach, Dieter Kämmerer von Worms, Grete Kämmerer, Wwe. Hartmanns von Beyer, und

nicht zuletzt Herr Johann I. von Frankenstein. Später kommt noch Johann von Kronberg hinzu.
Hartmut von Kronberg, dessen Sohn, unternimmt mit etlichen Spießgesellen seine räuberischen Überfälle auf Kaufmannszüge, plündert sie aus, macht die Begleitmannschaften nieder und setzt die Kaufherren, sofern sie mit im Zuge sind, auf der Burg gefangen, bis die Angehörigen das erpreßte Lösegeld bezahlt haben.
Gegen dieses Treiben bringt im Jahre 1399 Graf Philipp von Nassau, Landvogt des Rheinischen Landfriedens, eine stattliche Heermacht zusammen. Es beteiligen sich an dem Unternehmen Graf Philipp selbst, der Pfalzgraf Ruprecht, die Erzbischöfe von Mainz und Trier, die Bischöfe von Speyer und Worms und außerdem die Städter, die ein eigenes Interesse daran haben, dem Raubritter das Handwerk zu legen. Es sind die Fähnlein von Mainz, Worms, Speyer, Frankfurt, Friedberg, Gelnhausen und Wetzlar, die gegen Tannenburg zu Felde ziehen. Die Frankfurter nehmen ihre große Steinkugelkanone mit, deren Rohr einen Durchmesser von 50 cm aufweist.
Hartmut von Kronberg versucht, sich entsprechend zu rüsten. Unter Hinweis auf die gemeinsamen Interessen und auf „ritterliche Treue und Ehre" will er die Mitbesitzer der Burg gewinnen. Ein Teil von ihnen schickt etliche Knechte hin. Die Herren selbst dürften klüglicherweise zu Hause geblieben sein. Die Verteidiger häufen Pulver, Steinkugeln, Öl und Pech und Lebensmittel in der Burg auf, soviel nur hineingeht.
Von der Belagerung im Juli 1399 hat Friedrich Kirschner eine farbige Schilderung geschrieben. Hier einige Auszüge:
„Ruprecht von der Pfalz ließ die Frankfurter Kanone sofort in Tätigkeit setzen, um eine Bresche in die Mauer zu schlagen. Einige Abteilungen wurden mit Mauerbrechern abkommandiert. Sie sollten versuchen, die Zugbrücke und das Tor aus den Angeln zu heben. Im Schutze der Nacht wurden die Widder bis dicht an die Mauer herangebracht. Es war trotzdem keine leichte Arbeit: Pechfackeln, die die Verteidiger auf die Mauer aufgesteckt hatten, erhellten die Nacht. Dort schlugen die schweren Steine, die von der Mauer herabgeschleudert wurden, ein Schutzdach zusammen und begruben die Mannschaft.
Nach zwei Tagen angestrengter Arbeit gelang es den Belagerern, die Mauerbrecher in Tätigkeit zu setzen. Dumpf dröhnten die an Ketten waagrecht hängenden schweren Balken mit ihren eisernen Stirnen gegen die Mauer, die in ihren Grundfesten erzitterte. Die

Ritter, die wußten, was auf dem Spiele stand, sahen nicht untätig zu. Steinkugeln auf Steinkugeln schleuderten sie auf die Anstürmenden und versuchten diese mit kochendem Pech und heißem Öl unschädlich zu machen. Doch umsonst, der Sturm ließ sich nicht aufhalten, zumal die große Kanone inzwischen ganze Arbeit gemacht hatte.
Die Eingeschlossenen hatten sich an den drei Angriffsstellen postiert und kämpften wie die Löwen. Aber die Bresche, welche die Kanone gerissen, war zu breit, und die Zahl der Verteidiger war zu gering. Bald gelang es den Angreifern, Herr der Lage zu werden. Mit lautem Gejohle drangen sie in die Burg ein. Eiligst zogen sich die Ritter in den Bergfried zurück, bis auf fünf waren alle verwundet.
Hartmut von Kronberg schickte einen Unterhändler zu dem Pfalzgrafen und ließ um freien Abzug bitten. Er wurde ihm nicht gewährt. Nach kurzer Beratung mit den Getreuen streckten alle die Waffen.
Unbändiger Jubel herrschte bei den Siegern. Schonungslos verfuhren sie mit der Burg. Sie wurde eingeäschert und dem Erdboden gleichgemacht bis auf die Burgkapelle und die Wohnung des Burgkaplans. Eine Explosion des aufgespeicherten Pulvers im Bergfried unterstützte noch das Werk der Zerstörung. Die letzten Strahlen der untergehenden Sonne sahen auf ein Trümmerfeld ..."
Die nunmehr fälligen Verhandlungen unter den Siegern ziehen sich bis in das Jahr 1400 hin. Man kommt schließlich überein, daß die Gefangenen von Tannenberg freigelassen werden, sobald sie Urfehde geschworen und auf alle Forderungen und Ansprüche verzichtet haben. Ein Teil der Ganerben soll sich vor dem Landgericht in Mainz verantworten. Die Ritter Hartmut von Kronberg, Peter Rabenold, Heinrich von Kochendorf und Bechtolf von Geißmar, die bei der Eroberung gefangengenommen wurden, schwören Urfehde und kommen frei. Dasselbe geschieht mit den gefangenen Knechten und Dienern, nachdem sie geschworen. Damit erhalten folgende Herren ihre Leute wieder zurück, sofern diese nicht gefallen waren: Konrad Schenk von Erbach, Dieter Kämmerer von Worms, Johann von Frankenstein, Werner Kalb von Reinheim, die Junker Heinrich und Johann von Thann u. a. Schließlich gelobt Johann von Kronberg als „Gemeiner" (Teilhaber am gemeinsamen Burgbesitz), keine Ansprüche an die Eroberer geltend zu machen.
Man fragt sich, was diese Ritter (nicht alle!) zu ihren Überfällen und Räubereien trieb. Wir zitieren K. Demandt (LV 7).
„Der Gegensatz zwischen der Ritterschaft und dem städtischen

Großbürger- und Händlertum war vor allem darin begründet, daß die Kaufleuteschicht immer reicher zu werden schien und dazu diesen Reichtum noch vor den Burgen des Adels in langen Wagenkolonnen vorüberführte, während sich die Ritterschaft in steigendem Maße der Verarmung und damit dem sozialen Abstieg ausgesetzt sah. Infolge der Umgestaltung des Heerwesens durch Feuerwaffen und Söldner, die der ursprünglichen Bestimmung des Ritters keinen Raum mehr ließen, seiner existenzbegründenden und existenzsichernden Aufgabe damit beraubt und vorerst ohne Aussicht auf eine neue angemessene Tätigkeit und Verdienstmöglichkeit, zudem durch die überlieferten sozialen Ansprüche gehemmt, weniger ritterlichen Betätigungen sich zuzuwenden –, verfiel das Rittertum auf den unglücklichen, zeit- und rechtswidrigen Ausweg, sich an den „Pfeffersäcken" schadlos zu halten und sie unter dem Deckmantel ihres alten Vor-Rechts, der Fehde, auszurauben."

Anmerkung: Es kann versichert werden, daß in der Burg Frankenstein niemals ein Raubritter saß, wie das manchmal behauptet wird. Ebenso wird man dort den „Horror-Frankenstein", wie er im Kino herumspukt, samt Gruselkabinett vergeblich suchen.

III. Hochmögende Herren, geistliche Damen

9. Generation
Älterer Stamm
(Eltern: Konrad III. von Frankenstein und Ida von Bickenbach. Kinder:)
<u>Konrad IV.</u> *(1402, gest. vor 1441), verh. mit Anna, Tochter des Wyprecht von Helmstadt und Elisabeth von Handschuhsheim. Kinder: Konrad V., Wyprecht und Hans II.*
Elisabeth, verh. mit Dieter IV. von Gemmingen.
Philipp I. (gest. 1433), verh. mit Gertrud, Tochter des Frank von Kronberg und Gertrud von Hatzfeld, kinderlos.
Ida (gest. um 1440), verh. mit 1. Peter Kämmerer von Worms, 2. mit Johann Boos von Waldeck.
Katharina, verh. 1405 mit Johann v. Schöneck

Jüngerer Stamm
(Eltern: Johann I. von Frankenstein und Anna Kämmerer. Kinder:)
<u>Philipp II.</u> *(1399–1448), verh. mit Elisabeth, Tochter des Eberhard Rüdt von Collenberg und Elsa von Werberg. Kinder: Philipp III., Anna und Hans III.*
Johannes (1404–1444), Deutschordenskomtur.
Erkinger (gest. vor 1444), Domherr.
Anna (1410 Wwe.), verh. mit Albrecht von Hirschhorn.
Juliana und Katharina, Nonnen.

Die Reichsschultheißen zu Frankfurt

Das frankensteinische Archiv in Schloß Ullstadt birgt eine ganze Anzahl von Urkunden der Herren von Praunheim-Sachsenhausen, der Reichsschultheißen zu Frankfurt. Diese Dokumente sind mitsamt reichlichem Besitz durch doppelten Erbfall an das Haus Frankenstein gekommen.
Die Reichsschultheißen starben 1426 im Mannesstamm aus. Deren Erbin war *Irmela von Sachsenhausen,* Ehefrau des Schultheißen Wenzel von Cleen, Herrn zu Ockstadt. Das Haus Cleen starb 1522 in der männlichen Linie aus. Erbin war wieder eine Irmela, diesmal *von Cleen,* vermählt mit *Hans IV. von Frankenstein.* Durch diese Verbindung gelangten die Besitztümer in Sachsenhausen und Ockstadt an das Haus Frankenstein.
Das alles legt einen Bericht über die Reichserbschultheißen von Frankfurt nahe.
Kern der ältesten Grundherrschaft dieser Familie ist die königliche „villa" in Praunheim (heute Stadtteil von Frankfurt am Main), ein Reichslehen, das sich aus drei ehemaligen Königshufen zusammensetzt. Später finden wir die Herren von Praunheim in Sachsenhausen, südlich von Frankfurt auf der linken Mainseite. Sie residieren im Praunheimer Hof in der Nähe des Deutschordensspitals, das einst von Kuno von Münzenberg gestiftet wurde. Später heißt er der Cleener und schließlich der Frankensteiner Hof, ein großes schloßartiges Gebäude mit einem hohen Treppenturm.
Die Geschicke und der Glanz des Hauses Sachsenhausen sind mit der *Reichsstadt Frankfurt* aufs engste verknüpft, zumal die Stadt von den Staufern besonders gefördert wurde. Schon 1150 ist die berühmte Frankfurter Herbstmesse nachweisbar. Um 1170 wurde der Kaiserpalas vollendet. Im Jahre 1356 bestätigt die „Goldene Bulle" Frankfurt als Wahlort der deutschen Könige.
Die im Jahre 1330 von König Ludwig gestiftete zweite Handelsmesse, die Fastenmesse, erhebt die Stadt in wenigen Jahren zum Rang einer *europäischen Handelsmetropole.* Sie bildet nunmehr das Zentrum des rheinischen Tuchhandels und vermittelt den Austausch von Fischen aus der Nord- und Ostsee, von Vieh, Pelzwerk und Wachs aus den slawischen Reichen, von Geweben und Metallen aus Oberdeutschland, sowie von Luxuswaren, Gewürzen und Früchten aus den Mittelmeerländern und dem Orient.

In Verbindung mit den Messen ist Frankfurt auch Abrechnungsstelle für Geldgeschäfte aller Art. Hier konnte man in den Währungen fast aller Länder bezahlen. 1555 kam das volle Münzrecht der Gold- und Silberprägung hinzu. Luther nannte die Stadt das „Silber- und Goldloch, dadurch aus deutschen Landen fleußt, was nur quillt, wächst, gemüntzet und geschlagen wird" (LV 7).
Frankfurt ist Reichsstadt, der König ihr oberster Richter und Herr. Kaiser Friedrich II. überträgt dann um 1220 seine Befugnisse auf die Schultheißen, und damit sind wir wieder bei unseren Herren von Praunheim-Sachsenhausen. Seit 1311 ist ihr Amt, das Reichsschultheißenamt, praktisch reichsunmittelbar. Sie haben es über 200 Jahre innegehabt, weshalb man sie auch die *Reichserbschultheißen* nennt.
Der erste ist Wolfram, „scultetus imperii" (Schultheiß des Imperiums), geb. 1159, gest. vor 1207. Die im Ullstädter Archiv aufbewahrte älteste Urkunde von 1250 bestätigt den Enkel in diesem Amt. Ein bedeutender und reicher Mann ist Heinrich III., Ritter (1279–1303), der in besonderer Gunst bei Kaiser Rudolf von Habsburg steht. Nach diesem nennt er seinen Sohn „Rudolf".
Dieser Rudolf I., Ritter, nennt sich als erster offiziell „*von Sachsenhausen*"; der seitherige Name Praunheim entfällt. Auch er steht bei den Kaisern in hoher Gunst. Nach einem Verzeichnis seiner liegenden Güter von 1339 besitzt er in Sachsenhausen für sich allein 129 Morgen Land, in Frankfurt 78 Morgen, und in 12 Dörfern weitere 1200 Morgen Ackerland, Wiesen, Gärten und Weinberge. Davon liegen in Kriftel 255, in Wachenbuchen 182 und in Sossenheim 135 Morgen.
Rudolf ist in erster Ehe mit Klara N. und in zweiter Ehe mit Christine von (Bellersheim?) verheiratet. Zur Sicherstellung der letzteren setzt er ein „Wittum" von 1000 Gulden aus, mit denen ein großes Hofgut zu Sachsenhausen belastet wird. Da das Gut aber Reichslehen ist, bedarf er der Zustimmung des Kaisers Karl IV., die ihm in einer schön geschriebenen Urkunde im Jahre 1360 erteilt wird. *Siehe Abbildung.* Darin lesen wir u. a.
Wir Karl, von Gottes Gnaden römischer Kaiser zu allen Zeiten, Mehrer des Reiches und König zu Böhmen, bekennen und tun öffentlich kund mit diesem Briefe (Urkunde) allen denen, die ihn sehen oder vorlesen hören, daß vor uns gekommen ist der edle Rudolf von Sachsenhausen, unser und des Reiches lieber Getreuer, und hat uns fleißig gebeten, daß wir unsre Einwilligung und Erlaubnis dazu geben, daß er Christinen, seiner ehelichen Frau, und ihrer

Wir Karl von gots gnaden Romischer keiser zu allen zeiten merer des reichs vnd kunig zu Beheim bekennen vnd tun kunt
offenlich mit disem brieue allen, den die ij gezaigt oder gelesen wirdet, Daz vor vns ist komen der erbere Hannß von Essingen
Burger vnser vnd des heiligen reichs liebir getruer vnd hat offenlich gelaten Daz er phflicht wider vns kunftzeklich
dienen geleisten wollen Daz er erstmen mer schaffen sinnen vnd zu bester Haber rosten vnd zwen die er mitenande
lasse Die in gueten zeiten zu einemme Sturmee gesehon uff dem nachgeschriben Zinn Burgerdienen vnd bekennen möge Die ers vnd
vnd dem beslagen statt zu lasten kunnen mit namen Daz zelt das heurs zu Passenheim Daz genant ze Hohenberg
ist von Stapp Bruchen Am Rein Brunlsgarten zum Rempsen Suria über Zinn Suria luthiß uff essensuß kost Der
Burgerdien in die zwei großen zu morgan vnd wogen Stuchet Suria vssß man Stuchet Finske Suria uff alle onculff Bernhelin zum Brunsßuegensuß zuum Betze
unangezegst der getten Studelß feinsie mag Semphen Die er vns Vnd Von Tag vß des Brumßurgerun eschen Betley Vnd vorßugenstrigen Burger
nach dem sin vnd mag in Brunlsstopp gareu Vnd sine fitizig Burger Ersitmann mer etichen Grecen zu bester Ernderen
gelon Vnd zwen an dritten zegenanstan Burnn Tag zu dien Burger alß Burgerstehrl hat off der syn zwen Tichen gulßen
Scherung Vnd Surren Die ße menowenten haben Die yemenomg ul Basem Burnhigmeyen yn Busem yegunhong vnd unser brieben Burghes Vnd somen het
Burnelcmung noggen Vnd reden auch in Basem Burhug Besanderen men Busem Schulyn nach ir bucher volle uff vns friche kehrer Vnd
Luden gemeth, Vnd wellen Daz die Burger Sußane gulden Burg nach ui ulsd Bi Shrlurg Vnd zehang husud alley futzuug gelt
ße minerzamn Burhen zu gelten Ersitman erbarß bassen futten und aller die pfrunder. Eß alloy min Burg vnssur vnd des richs zu wen
bohoren vnd wullen behören Daz für die Bingei vendorff, Erssitmey une Ersitß bossam. Vnd des nutes hmen Bunganshe beslem yuseluduy, oas Berissuß
schirm Daz für die Burnge zu lasen nach sirrey sullen in omenomuos als Viep ße Eniße frucen Burganshe ayneckse suffun Sehen zu gunge nach Ersitms gebruet Benosenhende
Daz Biscuus Durburß mit Brunß Burgarchessen ajuuks ar suffun Sehen zu gunge nach Ersitms gebruet Benosenhende
Der Durmehfly dem Bußvirgusbom Jane ij Bory nechßten Dinstag nach pere genrisius uug Jore vnssen Fury
funftzehen, Vnd des driezensten iin dem Ersitman Jare.

Kaiserurkunde 1360

beider Kindern . . . tausend Gulden auf den nachgeschriebenen Gütern „bewidemen und bewisen muge", d. h. als Pfand sicherstellen möge.

Es handelt sich um den Teil des Hofes zu Sachsenhausen, das Heinrich von Urberg gehörte, den „dripp dorneben hin, den baumbgarten gein demselben hove uber", d. h. den Baumgarten gegenüber dem Hofe, sowie den „dirgarten", den Tiergarten, sowie zwei Huben Landes. Das Reichslehen hatte Herr Rudolf im Jahre 1345 erworben.

Dieses Hofgut, östlich von Sachsenhausen am Main gelegen, umfaßte zwei Häuser, darunter ein steinernes, den oben genannten Baumgarten, den Tiergarten und 60 Morgen Land. Die ganze Gegend behielt von daher noch lange Zeit den Namen „Im Tiergarten" als Fortsetzung der Großen Rittergasse.

Rudolf I. ist am 26. August 1371 gestorben und wurde (eine große Ehre!) im Frankfurter Dom beigesetzt. Sein großes Grabmahl befindet sich unweit dem seines langjährigen Freundes, des Grafen Günter von Schwarzburg.

Nun folgt Rudolfs gleichnamiger Sohn, der zweite, Ritter (gen. 1366, gest. 1414), vermählt mit Irmela von Erligheim am Neckar. Deren Vater war Viztum, d. h. vicedominus oder Statthalter, in Heidelberg.

Rudolfs II. Sohn Friedrich II., Edelknecht (gen. 1405, gest. vor 1422), hat Else von Bellersheim zu Rockenberg in der Wetterau zur Frau. Deren Tochter Irmela, nach der schwäbischen Großmutter genannt, wird Erbin des Hauses Sachsenhausen, nachdem dieses in der männlichen Linie 1426 ausgestorben war. Miterbe ist Irmelas Gatte, Wenzel IV. von Cleen, Herr zu Ockstadt bei Friedberg in der Wetterau, 1450 Schultheiß zu Frankfurt, 1470 Burggraf zu Bonames (heute in Frankfurt eingemeindet). Im Jahre 1440 belehnt Kaiser Friedrich III. die Herren Wenzel von Cleen und Wilhelm von Ingelheim mit den Lehen derer von Sachsenhausen.

Gott liebt die Esel

Ein Buch des Theologen und Historikers G. H. Mohr (Diederichs 1972) trägt diesen sonderbaren Titel: „Gott liebt die Esel", aber er ist durchaus ernsthaft gemeint. Ebenso ernsthaft meinten es vor etwa 500 Jahren jene Ritter, die einen stilisierten Esel an

einer goldenen Kette um den Hals trugen. Sie hatten sich um 1360 zu einer Ritter- und Turniergesellschaft „mit dem Esel" zusammengeschlossen.
Im Frankensteinischen Archiv in Ullstadt befindet sich ein Rechnungs- und Protokollbuch dieser Gesellschaft, sowie ein großes, wunderschönes Pergament mit 17 anhängenden Siegeln: der „Bundesbrief" mit den Statuten vom Jahre 1425 (LV 15).
In jenen Zeiten florierten die Rittergesellschaften unter allerlei Namen: „Vom Horne", „Von der alten Minne", „Löwengesellschaft" u. dergl. mehr. Sie hatten meist politische Ziele. Die „Rittergesellschaft mit dem Esel" bemühte sich dagegen hauptsächlich um die moralische und kulturelle Hebung der Ritterschaft. Die Statuten haben weithin die Regeln der geistlichen Ritterorden zum Vorbild.
Der Esel spielt dabei die Rolle einer Symbolfigur, wenn auch nicht im Sinne der alten Mythologien. Man denkt mehr an das Grautier, das im Alten Testament den verblendeten Bileam vor dem Tode rettet und im Neuen Testament mit dem Öchslein zusammen an der Krippe zu Bethlehem steht. Der Esel trägt Maria auf der Flucht nach Ägypten, und beim Einzug in Jerusalem hat ihn sich Jesus (anstelle des Rappen als Statusfigur der Macht) zum Reittier erwählt.
Die Gesellen der Rittergesellschaft tragen einen stilisierten Esel an einer goldenen Kette um den Hals. Gleichzeitig spielt auch eine starke Marienverehrung in die Feiern der Gemeinschaft hinein. Ihre Gewandung ist dementsprechend nach Schnitt und Farbe eigenartig und mit allegorischen Stickereien versehen. Die Statuten geben wieder, was darüber „ubirkomen", d. h. überkommen ist. Wir versuchen ein wenig darin zu lesen.
„der gesellen rock sal (soll) sin rot und sal uff der linketen siten (Seite) *ein jungfrauw und ein esel* gein einander (gegen einander) und ein ambusz (Amboß) zuschen ynn sten (zwischen ihnen stehen) und die jungfrauw sal uff dem ambusz mit eynem hamer smyden (mit dem Hammer schmieden). Und saln (sollen) uff dem Ambusz zwo wisz jungfrauwe hende ligen (zwei weiße Jungfrauenhände liegen: Zeichen der Treue „Hand in Hand") und saln uff beede siten die ritter gulden und die knechte silbern sin."
An der Spitze der Rittergesellschaft steht der jährlich neu zu wählende Hauptmann, dem alle Gesellen zu unbedingtem Gehorsam verpflichtet sind. Ihm zur Seite steht das Bundesgericht, das für Frieden und Ordnung unter den Gesellen sorgt und damit

gleichzeitig dem Landfrieden dient. Anstelle der bisher üblichen Fehde, bei der einem Ritter das Schwert gar leicht aus der Scheide fliegen kann, bemüht sich das Friedensgericht um Ausgleich und Versöhnung.
Bevorzugter Kapitelsitz der Eselsritter ist die große und reiche Stadt Frankfurt. Reichsschultheißen der freien Stadt sind zur Zeit die Herren von Sachsenhausen, die großen Einfluß haben.
Frankfurt zieht selbst großen Nutzen aus der Verbindung. Die Rittergesellschaft hat ein eigenes Absteigequartier gemietet, um die vielen Gesellen, Frauen und Gäste unterzubringen, wenn eine Kapiteltagung und vor allem ein Turnier gehalten werden sollen. Die Turnier- und Stechbahn auf dem Römerberg wird durch ihre Kampfspiele zu einem der schönsten Turnierplätze Deutschlands. Schon den ersten Abend einer Zusammenkunft beschließt ein Tanz, für den eine Unmenge Kerzen und Fackeln bestellt sind, wie die noch vorhandenen Abrechnungen u. a. zeigen. Zum Waffenspiel finden sich die Frauen und Töchter der Gesellen in großer Zahl ein. Die Pracht der Farben und Gewänder, der goldenen Ringe und Ketten kann man ungefähr erahnen, wenn man die Namen der Beteiligten liest, unter denen bedeutende Männer zu finden sind.
Mit solcherlei Lustbarkeiten und Turnieren scheint der religiösmystische Zug der Rittergesellschaft irgendwie im Widerspruch zu stehen mitsamt dem Schild des einfältigen, anspruchslosen und geduldigen Esels. Aber wer löst die mancherlei scheinbaren oder auch tatsächlichen Widersprüche in der Seele des mittelalterlichen Menschen? Die unbedingte Verpflichtung zur gegenseitigen Hilfeleistung der Gesellen untereinander bedeutet für jene Zeit jedoch gewiß etwas Großes!
Aus der Mitgliederliste der Eselsritter seien zum Beschluß einige Namen mitgeteilt, die an der Bergstraße, im Odenwald, am Main und in der Wetterau heute noch Klang haben. Zum großen Teil sind auch die Burgen und Höfe, in denen sie einst gewohnt, jedermann bekannt.
Wir nennen die Reichserbschultheißen zu Frankfurt Rudolf von Sachsenhausen, der im Dom begraben liegt, und seinen Bruder Friedrich, den kurtrierischen Geheimrat — Hermann von Rodenstein, Landvogt des Landfriedens in der Wetterau — Dietrich von Handschuhsheim, pfälzischen Hofmarschall — Eberhard von Hirschhorn, Hofrichter des Königs Ruprecht von der Pfalz — Reinhard von Sickingen, Vogt zu Heidelberg.
Des weiteren finden sich folgende Familien in der Liste: Berli-

Frankensteiner Hof in Sachsenhausen

chingen, Bickenbach, Brendel von Homburg, Cleen, Flörsheim, Hanau, Isenburg, Nassau-Saarbrücken (Grafen), Schenk zu Schweinsberg, Collenberg (deren Schloß man in dem Dorf Eberstadt in Baden betrachten kann, das heute durch seine Tropfsteinhöhle bekannt ist), Grafen von Sponheim und viele andere.

Die Herren von Frankenstein haben der Rittergesellschaft nicht angehört. Sie waren aber mit dem größten Teil der oben aufgeführten Familien verwandt oder verschwägert. In den Besitz der Statuten der Gesellschaft kamen sie zweifellos durch die Herren von Cleen, als der Junker Hans von Frankenstein 1508 die Cleensche Erbtochter Irmela ehelichte.

Bald gras' ich am Neckar, bald gras' ich am Rhein

Diese 9. Generation des Hauses Frankenstein präsentiert sich mit zahlreichen interessanten Persönlichkeiten in einer „breit gefächerten Palette". Man ist versucht, das alte schwäbische Liedlein ein wenig weiterzudichten. Dann lautet es so, wie es ein junger Gesell einst gesungen haben könnte.

Bald gras' ich am Neckar, bald gras' ich am Rhein,
heut bin ich im Spessart und morgen am Main.
Der Pfarrer von Hofheim, aus Worms die Frau Tant',
die Wittib von Hirschhorn genau so verwandt,
die Gemmingen, Kronberg, die Boos und die Rüdt,
der Deutschherr auf Hornegg von hohem Geblüt,
die Geistlichen Schwestern im strengen Habit —
jetzt trabe, mein Rößlein: wir machen Visit!

Diese Reiseroute ist allerdings nur des Reimes wegen so verlaufen. Wir selbst ziehen unsere Straße nach den geographischen Gegebenheiten, also von Nord nach Süd.

Burg Schöneck bei Boppard

In dem schon mehrfach genannten frankensteinischen Archiv in Ullstadt konnte der Verfasser eine bis dahin unbekannte Tochter Konrads III. aus einer Lade heraus „ans Licht ziehen": *Katharina von Frankenstein.*

Die hier entdeckte Urkunde bestätigt einen Ehevertrag zwischen Katharinas Brüdern Konrad (IV.) und Philipp (I.) mit ihrem Verlobten *Johann von Schöneck,* ausgestellt am 5. Tag nach Estomihi 1405. Der Bräutigam weist als Heiratsgeld und Wittum den namhaften Betrag von 1 200 fl (Gulden) an, der durch seine Güter in Boppard gesichert wird.
Am St. Vincenztag des gleichen Jahres wird eine Urkunde über das von Katharina ihrem Gemahl „Zugebrachte" ausgestellt. Auf einem zweiten Pergament verzichtet die junge Frau, hier „Kelnethin" (Käthchen) genannt auf alle väterliche und mütterliche Erbschaft.
Der obige Hinweis auf Güter in Boppard weist eindeutig auf die Burg Schöneck hin, die südwestlich von Boppard liegt. Die Burg wird als Reichsgut an den Reichsministerialen Friedrich von Schöneck 1222 erwähnt. Später fällt sie dem Erzbistum Trier zu, wird aber als Lehen an die Besitzer zurückgegeben. Das Rittergeschlecht derer von Schöneck stirbt um das Jahr 1500 aus.

Zu Rüdesheim am Rheine

Hier versuchen wir Frau *Ida von Frankenstein,* die Gemahlin des Ritters *Johann Boos von Waldeck* zu erreichen. Sie hat in kurzen Jahren mancherlei erlebt. Zuerst war sie verehelicht mit dem Ritter Peter II. Kämmerer von Worms aus der Dalbergischen Hauptlinie, wobei wir das schon bekannte genealogische Labyrinth aufzuschlüsseln haben: Peters Tante aus der Dieterischen Nebenlinie der Dalberger ist Anna Kämmerer, Ehefrau Johannes I. von Frankenstein, während der Bruder dieses Johannes I., Konrad III. von Frankenstein, wiederum Frau Idas Vater ist.
Nach dem Heimgang Herrn Peters 1397 und einer siebenjährigen Witwenzeit heiratete Frau Ida den trierischen Marschall Johann Boos von Waldeck. Stammsitz der Familie ist die Burg Waldeck nicht weit von der oben genannten Burg Schöneck. Später hat die Familie die Oberburg in Rüdesheim, die „Boosenburg" inne. Ritter Johann besitzt einträgliche Lehen von den Grafen von Katzenelnbogen, darunter ein Braubacher Burglehen (von der Marxburg am Rhein) und den Gutshof zu Wiewers. 1420 verleiht Graf Johann v. K. ihm und seiner Frau Ida „getreuer Dienste wegen" als Auerbacher Burglehen 6 Mark jährlich vom Zoll zu Boppard.
In den Streitigkeiten zwischen dem Mainzer Erzbischof und den Grafen von Katzenelnbogen um die in der Mark Bensheim gelegene Wiese und Allmende werden 1422 der Erzbischof von Trier und

der Pfalzgraf bei Rhein als Schiedsrichter eingesetzt. Als Beauftragter des ersteren fungiert Johann Boos, sein Marschall.

Abstecher in den Taunus

Zunächst liegt wieder ein Ehevertrag in Ullstadt, besiegelt im Jahre 1421 von Philipp d. Ä. (I.) von Frankenstein, worin dieser als Wittum für seine Frau Gertrud (oder auch Gela) *von Kronberg* den Betrag von 2000 fl. (Gulden) ansetzt. Man scheint hier keine schlechte Partie geschlossen zu haben.
Die Herren von Kronberg im Taunus bilden eine weit auseinandergezogene Familie mit 3 Stämmen, dem „Kronen-", „Ohren-" und „Flügelstamm". Die Namen entsprechen den verschiedenen Wappenbildern. Gertruds Vater ist Frank X. Sein Grabstein in der Burgkapelle zeigt im Wappen einen Flügelhelm, Zeichen des Flügelstammes.
Fährt man von Königstein im Taunus, dem herrlichen Luftkurort „nahe" Frankfurt, einen Kilometer weiter, kommt man nach Falkenstein und berührt dabei eine der schönsten Taunuslandschaften. Kommt man dann am Gebirgsrand hoch in den Waldesschatten, sieht man plötzlich tief unten im Tal die Häuser von Kronberg. „Dieses Panorama ist vielleicht das eindrucksvollste des Gebirges. Man sieht über Kronberg hinweg in die Mainebene, wo Frankfurt, zärtlich in Silberdunst gehüllt, sich ausstreckt. Hans Thoma hat diesen Blick auf Kronberg gemalt. Um den Ort herum wachsen Edelkastanien. Das Obst gedeiht köstlich in diesem westdeutschen Paradies." Edschmid (LV 11).
In welcher Art die Geldgeschäfte vermögender Ritter (die es also auch gibt) getätigt werden, zeigt die Urkunde vom 2. Februar 1412: Graf Johann von Katzenelnbogen bekundet, Philipp (I.) von Frankenstein d. Ä.
2800 Gulden zu schulden,
wofür er Philipp eine Gülte (Zins) von 190 fl. aus seiner Beede (Steueraufkommen) zu Pfungstadt verkauft hat, welche seine Amtleute jährlich in Frankenstein auszahlen sollen. Hierfür stellt Graf Johann folgende Bürgen: Schenk Eberhard d. Ä., Herrn zu Erbach, seinen Oheim — Schenk Konrad und Hans zu Eberbach — Frank von Kronberg, Ritter — Hermann von Rodenstein, Ritter — Hanmann Echter von Mespelbrunn — Konrad (IV.) von Frankenstein, Philipps Bruder u. a.
Bei säumiger Zahlung müssen diese Bürgen auf Mahnung je einen

Knecht mit einem Pferd in einer öffentlichen Herberge im Umkreis von 1 Meile um Frankenstein in ein Einlager schicken, bis der Graf den fälligen Zins bezahlt hat. Der Knecht ißt und trinkt derweilen in diesem Wirtshaus nach Herzenslust auf Kosten des Bürgen. Derartige, vermutlich gut wirkende Sicherungen, sind um diese Zeit gang und gäbe. Die Stellung und Zahl der obengenannten Bürgen zeigt außerdem, daß es sich bei den 2800 Gulden um keinen Pappenstiel handelt.

Scriba (LV 37) hat *das Testament* Philipps (I.) von Frankenstein gekannt, von dem er eine alte, im Staatsarchiv Darmstadt gelegene Abschrift wiedergibt: „In Gottes Namen, Amen, Kund sey allen Leuthen, die dießes offene Instrument (Beglaubigte Urkunde) sehen, hören oder lesen, daß in dem Jahr, als man zalte (zählte) nach Christus, Unßers Herren gebuhrt dausent vierhundert und ein und dreyßig, uf den freytag, der da war der 13. tag des Heumonaths, hat Juncker Philips von Franckenstein, Edelknecht (Knappe), seinen beeden Vettern (lies: Neffen) Konrad (V.) und Johan (II.) von Franckenstein, Edelknechte, seine güther vermacht und haben als Zeugen Ihre Siegel daran gehänget der Edelgraf Juncker Philips von Katzenelnbogen und die veste Junckern Hermann von Rodenstein und Kuntze von Hutten."

Das Original dieses Testamentes liegt im Ullstädter Archiv, datiert vom 13. Juli 1431. Junker Philipp starb kinderlos um 1432/33.

Mainz

In Mainz hat *Erkinger von Frankenstein,* Sohn Johann I., als Domherr sein Wirkungsfeld gefunden.

Wir betrachten die Stadt mit den Augen und Gedanken des Dichters:

„Alles, was Deutschland in Sorge oder Triumph bewegte, wird von dieser Stadt gespiegelt, die zur Römerzeit bereits eine Weltstadt war. Das Prunkstück unter den vielen alten Bauten von Kirchen und Häusern ist der Dom. Seine Schicksale, seine Brände, seine Verwüstungen, seine Auferstehungen sind auch die Schicksale von Mainz. Neben dem Würzburger Dom zeigt der von Mainz die gewaltigste Reihe von großen Bischofsgrabmälern, die unser Land besitzt.

Die Macht der Kirche und die Macht des alten Reiches erstehen mit feierlichem Ernst in diesem Dom, der von den monumentalen romanischen Teilen seiner Frühzeit bis in die Epoche der Gotik und das Zeitalter des Barocks reicht, ohne daß dadurch seine Geschlossenheit, seine stumme Majestät und die Schlichtheit seiner Raumwirkung auch nur das Geringste verlöre." (Edschmid, LV 11.)

Das Frauenkloster im Spessart

Von Mainz trabt unser Rößlein mainaufwärts, an Frankfurt, Hanau und Aschaffenburg vorbei nach Obernburg. Von hier wenden wir es zum Spessart hin und kommen bald an die Klosterpforte von Himmeltal im Elsavatal. In der Besuchsstube außerhalb der Klausur des Zisterzienser-Frauenklosters werden wir die Frau Priorin, Katharina von Frankenstein, und deren Schwester Juliana, die hier als Laienschwester lebt, sprechen können.
Die Klosterkirche diente mehreren Mitgliedern des Hauses Bickenbach zur Grablege. Die Töchter Ulrichs I. mögen oft hier am Grabe des Vaters gestanden haben. Die eine, Mene (Imagina), ist mit dem Grafen Gerhard von Rieneck verheiratet, die andere, Agnes von Bickenbach, mit dem Grafen Eberhard von Katzenelnbogen.

Deutschordensburgen

Johannes von Frankenstein, ältester Sohn Johanns I., ist wie sein Bruder Erkinger geistlich geworden. Er gehört dem berühmten deutschen Ritterorden an, trägt den weißen Mantel mit dem Balkenkreuz und nimmt die angesehene Stellung eines Ordenskomturs ein. Wir treffen ihn auf einer der Burgen des Ordens in der Main-Neckargegend sicherlich an.
Die *Henneburg,* meist einfach Prozelten genannt, liegt stolz und stattlich zwischen Wertheim und Miltenberg am Main. Die kleine Stadt am Ufer heißt heute Stadtprozelten.
Die Burg dürfte schon in der Stauferzeit gegründet worden sein. Im 14. und 15. Jahrhundert ist sie im Besitz des Ordens. Man kann an ihr die mittelalterliche Befestigungskunst gut studieren. Inmitten der späteren Teile steht der romanische Hauptturm.
Vom Main ziehen wir an den Neckar. Von Eberbach geht es flußaufwärts über Neckarelz und Neckarzimmern (mit der Götzenburg) nach dem Städtchen Gundelsheim, das heute als Gurkenstadt bekannt ist, wenigstens unter den Experten. Darüber, bzw. daneben liegt die *Burg Hornegg,* die in ihrer früheren Form ebenfalls dem Deutschen Orden gehörte, bis er 1525 nach Mergentheim (heute

Deutschritterhaus in Sachsenhausen

Bad Mergentheim) übersiedelte. Der Glanz jener Zeit muß groß gewesen sein; denn das Neckartal von hier bis hinauf nach Wimpfen heißt noch immer bei den Vertrauten die Deutschritterebene. Die Form der Türme könnte in der Bauweise aus der Erinnerung an lange vergangene Zeiten der Kreuzritterburgen in Syrien entstanden sein. Die hohe Zeit des Deutschritterordens in *Mergentheim*, von der das Schloß mit seinen Türmen, herrlichen Portalen, Höfen und Gebäuden noch heute zeugt, hat Herr Johannes von Frankenstein nicht mehr mitbekommen.

Gemmingen im Kraichgau

Immer wieder stoßen wir in den Stammtafeln, die uns über die Frauen der Frankensteiner näheren Aufschluß geben, auf allgemein bekannte Namen. Da sind die Berlichingen, die Sickingen, die Helmstadt und manche andere, aber nicht jeder wird auf Anhieb sagen können, wo nun eigentlich die namengebenden Stammsitze dieser Familien auf der Landkarte zu finden sind.

So geht es auch mit der Familie von Gemmingen, die sich im Laufe der Zeit in vielen Linien unwahrscheinlich weit verzweigt hat. Wir sind ihr auch schon im Odenwald begegnet: in Fränkisch-Crumbach, als Erben des Hauses Rodenstein. Die Stammburg des Geschlechtes aber liegt in Gemmingen im heutigen Kreis Sinsheim im Kraichgau, wo die Ritter von Gemmingen im Jahre 1274 erstmals in Erscheinung treten. Im heutigen Schloß kann man an 33 Grabsteinen ihre Geschichte zum Teil sehr plastisch nachlesen.

Weit ab von allen Grabsteinen aber sind die Zusammenhänge Gemmingen-Berlichingen-Gutenberg nachzulesen an der Wand der Burgschenke auf Schloß Gutenberg, gegenüber Gundelsheim am Neckar, die von den Schloßherren selbst aufs vorzüglichste betrieben wird. Die Burg ist niemals zerstört worden. Man kann also an ihr die Entwicklung von der ehemaligen Wehrburg zur späteren Wohnburg genau studieren. Vom Fenster der Schenke hat man einen herrlichen Blick über die große Neckarschleife hin, und nachdenklich-besinnlich kann man den im Römer schimmernden Neckarwein schlürfen, wohlverdient nach langer Reise.

Auf dem Heimweg, durch den Kraichgau nordwärts, kehren wir noch in Hirschhorn ein.

Hirschhorn am Neckar

Hier gilt unsre Visite der Frau Anna von Frankenstein, Wittib des Herrn Albrecht von Hirschhorn, Vizedom zu Aschaffenburg und zeitweise auch Burggraf auf Starkenburg, der früh im Jahre 1410 verstarb.

Der Großvater dieses Albrecht, Engelhard I., war ein umsichtiger und geschickter Haushalter, erwarb große Besitzungen und erweiterte die Herrschaft Hirschhorn auf bedeutende Weise. Damit konnte er auch zahlreichen Fürsten, ja sogar dem Kaiser finanziell unter die Arme greifen. Aber, wie es manchmal geht: der Reichtum bekommt den Nachkommen nicht gut. Engelhards Sohn und Vater des obigen Albrecht entwickelte sich zum Raufbold und Händelmacher und verspielte den Kredit in zahlreichen Fehden. Auf Betreiben seiner Stiefmutter wurde er sogar zeitweise in die Acht erklärt, kam aber 1383 wieder frei.

Unter den Söhnen dieses Engelhard II. erfolgte wieder ein Aufschwung, und eine neue schöne Blütezeit brach über Hirschhorn an.

Das „innere Bild" der Landschaft hat Kasimir Edschmid mit wenigen Sätzen gezeichnet: „Hirschhorn steht mit einer entzückenden Gebärde am Wasser und zeigt dem Fluß seine Türme und Mauern, auf denen alte Häuser mit Erkern und Söllern und vorgebauten Obergeschossen sich aufbauen. Aber der Raum am Ufer ist so schmal, daß der Ort den Berg hinaufklettern muß . . . und so ziehen die Gassen, die Mauern, die altertümlichen Häuser den Berg hinauf zu der Burg, die mit ihrem Giebel, mit Gräben und wehrhaften Mauern und dem starken Bergfried sich mächtig über dem stimmungsvollen Ort erhebt." (LV 11.)

Das Land Hessen, zu dem Hirschhorn eben noch gehört, hat hier einen Teil seines „Hotelplanes", wie wir meinen, gut verwirklicht. Auf der Terrasse neben dem behaglich eingerichteten Schloß genießt man einen hinreißend schönen Blick auf das Städtchen, den Neckar, die Schleuse mit den (von oben her) kleinen Schiffchen und die Wälder.

Der Truchseß des Grafen v. K.

Konrad III. und Johann I. *von Frankenstein* starben kurz hintereinander. *Konrad IV.* wird nunmehr der „Älteste" des Gesamthauses. Bald danach empfängt er die Belehnung über die Burg Frankenstein, das Dorf Niederbeerbach und die Dörrenbach von König Ruprecht, gegeben zu Mainz am 2. Juni 1402. Es dürfte sich

dabei aber nur um die Bestätigung eines längst gegebenen „königlichen Privilegs" handeln, worüber wir schon im I. Kapitel berichteten.
Konrad IV. ist Amtmann zu Auerberg (Schloß Auerbach a. d. Bergstraße), Vogt und Truchseß des Grafen Johann IV. von Katzenelnbogen von 1402 bis 1439. Er vertritt die Herrschaft in seinem Bezirk, ist außerdem Schiedsmann, Bürge oder Zeuge bei vielen Rechtshandlungen, ein angesehener, zuverlässiger Vertrauter des Grafen. Das Wort „Truchseß" übrigens enthält den Stamm „Truge", d. i. Truhe oder Kasse, auf der der Truchseß „sitzt". Es hat bis heute noch keinen Rechner gegeben, der nicht fest auf seiner Kasse säße, ausgenommen die wenigen, die mit ihr durchbrennen.
Wir nehmen eine kleine Auswahl aus dem umfangreichen Geschäftsgang jener Jahre vor.
(1407) Konrad v. Fr., Vogt zu Auerberg, bittet Bürgermeister u. Rat der Stadt Frankfurt im Namen Graf Johanns v. K. zu gestatten, daß er für den Grafen bei ihnen *Kalksteine* für die Bauten zu Darmstadt brechen lassen darf.
(1409) Hinsichtlich der Forderungen des Grafen Johann v. K. an das *Herzogtum Brabant:* Vorschlag eines gütlichen Tages in Bonn oder Köln. Es siegeln: Ritter Emicho v. Bürresheim und Konrad v. Frankenstein.
(1413) Lange Auseinandersetzungen mit der Stadt Frankfurt, wegen *Plünderungen in den beiden Modau,* Rohrbach und Eulbach durch Frankfurter Stadtknechte. Konrad v. Fr. schlägt gütlichen Tag vor.
(1419) Verhandlungen vor dem *Hofrichter* des Erzbischofs Dietrich von Köln in den Streitigkeiten zwischen Graf Johann und Dieter Kämmerer von Worms. Konrad v. Fr. ist zugegen.
Neben solchen Vorgängen enthalten die Urkunden mancherlei Interessantes aus der Zeit.
(29. 11. 1405) Ritter Eberhard von Hirschhorn, Hauptmann des Landfriedens in der Wetterau, ersucht den Grafen Johann v. K. die ihm (gemäß den Landfriedensbestimmungen) auferlegten *Gleven* nach Frankfurt zu schicken. „Gleven" heißt eigentlich Lanze. Hier: eine kleine Kavallerieeinheit von 1 Mann, 1 Knecht und 3 Pferden, voll gerüstet.
(1408) Königin Elisabeth schreibt dem Grafen Johann v. K., er möge den zur *Frankfurter Messe* reisenden Kaufleuten durch sein Land Geleit geben.

(1410) Gräfin Anna v. K., Frau des Grafen Johann, schreibt an die Frankfurter Bürgerin Grete Milius, daß sie Käthe, die Nichte der Bürgerin, *zu sich genommen,* um sie zu einer Magd zu erziehen. Sie möge ihr die, von der (gest.) Schwester hinterlassenen Kleider, Schleier u. dgl. schicken.

Frau Grete antwortet im vollen Bürgerstolz, daß das Mädchen eine geborene Frankfurter Bürgerin sei, für die durch des „reichs gericht" (Gericht der Reichsstadt) Vormünder bestellt seien, und daß man gräflicherseits das Kind ohne ihr und der Vormünder Wissen *nur einfach entführt* habe. Sie bitte daher auf das angelegentlichste, daß ihr das Kind wieder nach Frankfurt geschickt werde.

(1413) Gräfin Anna v. K. ersucht Bürgermeister und Rat der Stadt Frankfurt, ihr zu gestatten, mit ihren Frauen das Turnier, das dort stattfinden soll, *vom Rathaus aus* anzusehen.

Herr Konrad verheiratet sich 1405 mit Anna (oder Ennele) von Helmstadt aus (Neckar-)Bischofsheim. Die sogen. „Eheberedung" wird im Archiv Ullstadt aufbewahrt. Aus dem ziemlich umständlichen Dokument ersehen wir die Bedeutung eines solchen Vertrages. Der Anfang lautet:

„Es ist zu wißen, das bered und getedinget (beredet und vereinbart) worden ist, das Cunrad von Franckenstein hern Wyprechts von Helmstad, Ritter, des alten, Enckelin mit namen Jungfrauwe Ennelln, des jungen her (Herr) Wyprechts dochter, zu der heiligen Ee nemen (Ehe nehmen) und haben sol. Und her Wyprecht der alte sal (soll) Conrad von Franckenstein von sant Jorgen tag uber ein Jare funffzehenhundert gulden an bereytem gelde wegen Jungfrauw Ennelln geben, die sal er yr und yme (ihr und ihm) anlegen nach dem besten.

Darzu sal Cunrad von Franckenstein wegen Jungfraw Ennelln funffzehenhundert gulden wert guts bewisen (ein Gut mit Wert von 1500 Gulden sicherstellen), davon sie jerlich hundert und funff gulden geltes (als Zins) haben möge."

Es werden weiterhin Zahlungstermine festgelegt sowie Bestimmungen über das Erbe getroffen, falls „eins von dots (Todes) wegen abeginge, da got (Gott) vor sy (sei)".

Unter Zeugen werden die Vereinbarungen verbrieft und gesiegelt: „Dieser beredunge zur urkunde han ich, Wyprecht von Helmstad, Ritter, der alte, und Cunrad von Franckenstein unser iglicher (ein jeder) sin eygen ingesigel an diesen brieff gehangen. Und haben darzu gebeten die strengen vesten ritere, hern (Herrn) Johan von Hirßhorn und Herman von Rodenstein, die auch by dieser beredunge gewesen sint, daz ir iglicher (jeder) sin Ingesigel zu gezugniße (zum Zeugnis) an diesen brieff gehangen hat. Und diese beredunge und tedinge geschach zu Heidelberg uff den nechsten samßtag nach sant martins tag, des heiligen Bischoffs in dem jare, als man zalte (zählte) nach Cristus geburte vierzehenhundert und darnach in dem funfften Jare (1405)".

Die Urkunde zeigt, daß Enneles Großvater die Verhandlungen führte: Ritter Wyprecht der alte, Vogt zu Bretten und Pforzheim, vermählt mit Anna, Tochter Reinhards von Neipperg und Mechthild von Gemmingen. Er war der Begründer der Linie Helmstadt, die ihren Sitz in Neckar-Bischofsheim nahm, wo die junge Braut wohl auch aufwuchs. Vermutlich hatte der Großvater noch die Kasse! Die Eltern des Ennele waren Wyprecht von Helmstadt, Vogt zu Bretten, und dessen Frau Elisabeth, Tochter Heinrichs von Handschuhsheim und Gela von Sachsenhausen.

Die jungen Eheleute wußten ihr Geld gut anzulegen. Schon im Jahre 1407 leiht Konrad von Frankenstein an den Grafen Johann von Katzenelnbogen 2000 Gulden aus mit einem Zins von jährlich 166 Gulden und 8 Groschen. Der Graf verpfändet dafür die Dörfer Berkach und Wallerstädten.

Etliche Jahre später sind es sogar 3000 Gulden, die man dem Grafen leiht, zu einem Zins von 200 Gulden. Das Pfand hierfür ist das Dorf Biebesheim am Rhein mit Gericht, Zehnten, Zinsen, Höfen, Äckern, Wegen, Wald, Weiden und Gewässern.

Konrad selbst hatte einbringsame Burglehen von Zwingenberg, Dornberg, Stadecken und vom Bopparder Rheinzoll. Schließlich erhält er von dem Grafen von Katzenelnbogen die Mühle in Eberstadt, die heutige Unterwiesenmühle, zu Lehen.

Konrad IV. von Frankenstein ist um 1429/30 verstorben. Seine Witwe heiratet 1437 den Ritter Hans Nothafft, nachdem sie aus dem Erbe die im Ehevertrag ausgesetzten 3000 Gulden sowie Gefälle und Güter in Oppenheim, Nierstein und Poppenheim empfangen hatte.

Die Rüdt von Collenberg

Der „Älteste" des jüngeren Stammes, *Philipp II. von Frankenstein,* ist seit etwa 1420 mit Elisabeth Rüdt von Collenberg verehelicht. Sie stammt aus einem im Mittelalter weitverzweigten Ge-

schlecht, das mit fast allen Ritterfamilien des Baulandes, des Odenwaldes, des Spessarts, des Kraichgaues und Unterfrankens verschwägert ist. Der Stammsitz ist die Burg Collenberg (heute Ruine) bei Dorf-Prozelten am Main zwischen Wertheim und Miltenberg. Im Jahre 1197 erscheint als ältester bekannter Vorfahr Wibbertus de Amorbach, dessen Söhne Rüde de Bratselden (Prozelten) und Wipertus de Amorbach heißen. Die Burg Collenberg, schon lange im Besitze der Familie, wird 1342 als Lehen der Deutschordenskommende Prozelten (heute Stadtprozelten) genannt.
Der Ritter Wipertus senior, Rüde de Rüdenau (1268–1310), erbaut 1268 die Burg Bödigheim südlich von Buchen im badischen Odenwald. Danach wird die Familie, die sich bald in mehrere Linien spaltet, teils „von Bödigheim", teils „von Collenberg" genannt. Begründer des später auch „Eberstädter Linie" genannten Zweiges ist der Ritter Eberhard I., Vogt zu Buchen. Dessen Sohn Eberhard II., Edelknecht (Knappe), ist Amtmann zu Tauberbischofsheim. Der Enkel des ersten, Eberhard III., Mainzer Marschall, Edelknecht (gestorben vor 1401), erbaut zu Eberstadt, südöstlich von Buchen, nicht weit von Bödigheim entfernt, eine Wasserburg. Und dessen Enkelin Elisabeth von Collenberg ist es, die ihrem Gemahl Philipp von Frankenstein von dem einen Eberstadt auf die Burg über dem andern Eberstadt an der Bergstraße folgt.
Aus der ehemaligen Wasserburg der Collenberg ist längst ein schönes Schloß geworden, in dem eine Nachkommin der Familie, Juliana von Stockhausen – vielen durch ihre Bücher bekannt –, zu Hause ist. Einem freundlichen Zufall verdankt es der Verfasser, daß er in diesem Eberstadt das „Heimatheft" der Gemeinde fand und in ihm die nachfolgende Schilderung. Der Verfasserin sei für die freundliche Genehmigung zum Nachdruck gedankt!

Schloß Eberstadt

Im Jahre 1323 erwarb Eberhard Rüdt von Collenberg von dem Stift St. Julian in Mosbach Güter bei Eberstadt.
Das Geschlecht der Rüdt, ursprünglich am Main angesessen, nannte sich nach der bei Dorfprozelten gelegenen Stammburg Rüdt von Collenberg. Die ausgedehnten Besitzungen der Rüdts erstrecken sich teils mainaufwärts bis Wertheim, teils gingen sie über Amorbach hinaus in die Wingarteiba, das heutige Bauland. Den Urkunden zufolge spalteten sich um 1310 die Rüdts in zwei Linien auf,

die Collenberger und Bödigheimer Linie. Bei der Erbteilung erhielten die Brüder Wipert und Eberhard I. zusammen mit dem Hauptbesitz Bödigheim Güter und Rechte in zahlreichen Dörfern des Odenwaldes und des Baulandes.

Wir wissen nicht, ob *Eberstadt* damals bereits eine dörfliche Siedlung war oder nur ein dem Stift St. Julian zinsender Meierhof. Es scheint nicht ausgeschlossen, daß sich in früheren Zeiten hier ein fränkischer Herrensitz erhob. Zwei oder drei zerbrochene Armreifen, die sich bei Gartenarbeiten fanden, bilden den einzigen Beweis einer ins achte oder neunte Jahrhundert zu datierenden Besiedlung.

1386, sechzig Jahre nach dem Erwerb der Güter bei Eberstadt, errichtete Eberhard Rüdt III., mit dem bezeichnenden Namen „Der Dicke", eine Wasserburg, deren Grundmauern nach der Überlieferung auf einem Rost von Eichenbohlen, sogenannten Piloten ruhten, die in den Sumpf getrieben wurden. Eine Grabung anläßlich einer Mauerreparatur bestätigte die Richtigkeit der Überlieferung.

Wie nun diese Burg, von zwei ringförmig hintereinander liegenden Gräben geschützt, aussah, läßt sich nur vermuten. Die zeitgenössischen Schilderungen und die Forschungen der Historiker sagen einiges aus über die Härte und Primitivität des Lebens, das in diesen Burgen geführt wurde.

Dicke Mauern, lukenartige Fensteröffnungen, in die in Rahmen gespannte Tierhäute gesetzt waren und die durch schwere Holzläden gesichert wurden; offene Kamine, Kienspanbeleuchtung und als großen Luxus zu Feiertagen Kerzen, zu deren Dochte Binsen genommen wurden. Nicht umsonst waren im Mittelalter die Himmelbetten mit Ledervorhängen versehen, die einzige Möglichkeit, Kälte auszuschließen.

Im Laufe der Zeit veränderte sich die Burg durch allerhand An- und Vorbauten, die wie üblich in Fachwerk ausgeführt waren. Bedauerlicherweise gibt es keine Zeichnungen oder Abbildungen.

Ungefähr um 1500 wird die Burg in den Lehensbriefen als „Schloß" bezeichnet. Im Dreißigjährigen Krieg von durchziehenden kaiserlichen Truppen mehrfach in Mitleidenschaft gezogen und geplündert, wird das Schloß 1680 in einem Brief, der im Archiv in Bödigheim aufbewahrt wird, als ein „uralt und verfallen Gebäu" bezeichnet. Zwanzig Jahre später nahm Johann Ernst Rüdt von Collenberg, alleiniger Erbe und Herr sämtlicher Rüdtischer Güter im Odenwald und Bauland, eine völlige Umgestaltung des alten

Hauses vor und gab ihm damit die heutige Form. Das Grabmahl des Johann Ernst Rüdt, künstlerisch hervorragend gestaltet, befindet sich in der Sindolsheimer Kirche.
Von dem ursprünglichen Bauwerk blieben die Keller, der nördliche Turm, der sogenannte Wehrturm mit den drei Meter dicken Mauern, und der kleine Innenhof mit den beiden Türmen erhalten.
In der Anordnung der Innenräume dürften schon im Lauf des achtzehnten Jahrhunderts Veränderungen vorgenommen worden sein. Eine Tochter Johann Rüdts bittet in einem 1706 geschriebenen Brief ihren Vater, in Frankfurt warme Strümpfe und Röcke für sie und ihre Geschwister zu kaufen: „sintemalen es in dem Schloß zu Eberstadt so erschöcklich kalt ist". Es gab zwar keine offenen Kamine mehr, sondern Kachelöfen und schön verzierte eiserne Öfen, aber kalt waren und blieben die Schlösser bis zum heutigen Tag.
Die Wassergräben wurden um die Mitte des vorigen Jahrhunderts zugeschüttet und nur der kleine Teich im Garten ausgespart. Der an der Mauer eingelassene Wappenstein mit dem Rüdenkopf dürfte um 1400 entstanden sein. Er wurde 1921 vor dem Schloß ausgegraben, als die Wasserleitung gelegt wurde. Bis dahin hatte man das Trinkwasser vom „Guten Brunnen" außerhalb des Dorfes geholt, das Waschwasser aber von einem Brunnen im Hof. (LV 40.)
Kehren wir noch einmal zum *Frankenstein* zurück. Das Leben und Treiben in der 1. Hälfte des 15. Jahrhunderts schließt sich in einigen noch vorhandenen Urkunden auf.
Im Jahre 1403 werden die Mühle in Schneppenhausen (bei Darmstadt), sowie die Höfe in Griesheim und Weiterstadt als Besitz des Junkers Philipps II. genannt, eine ferne Erinnerung an die Erbauer der Burg Frankenstein, Konrad Reiz II. und seine Frau Elisabeth von Weiterstadt.
Daß auch der jüngere Stamm nicht eben unvermögend ist, davon zeugt ein Darlehen von 2800 Gulden, das Junker Philipp dem Grafen Johann von Katzenelnbogen gibt mit einer jährlichen Gülte (Zins) von 190 Gulden auf die Beede (Steuer) zu Pfungstadt. Sollte dieses Dorf einmal so arm werden, daß die Gülte hier nicht mehr einkommt, muß der Graf den Fehlbetrag aus anderen Gütern ausgleichen.
Im Jahre 1413 gibt es beinahe eine Fehde mit der Stadt Frankfurt. Frankfurter Stadtknechte nehmen in Gerau (heute Groß-Gerau) die Knechte Junker Philipps gefangen, die dort irgendeinen

Auftrag hatten. Sie halten sie für Straßenräuber! Die Gerauer Bauern ergreifen jedoch die Frankensteiner und die Frankfurter Knechte, weil der dortige Burgfriede von beiden Seiten verletzt worden war. Graf Johann von Katzenelnbogen setzt sie im Darmstädter Turm fest, entläßt sie aber wieder, nachdem sie Urfehde geschworen.
Im Jahre 1420 wird Philipp von Frankenstein Burgmann auf der Veste Starkenburg. Als Burglehen erhält er den Zoll zu Heppenheim am St. Andreastag, sowie an den Samstagen, an denen dort Wochenmarkt ist.
In dem Dorfe Neutsch (Odenwald) gibt es 1428 Streitigkeiten um die Hörigen zwischen Junker Philipp und dem Grafen Johann. Es wird dann ein Vergleich bereinbart, in dem die Parteien versichern, daß „alle Wegnahmen, Zugriffe, Schäden, *ungehörige Worte und Schreiben,* die sie einander zugefügt oder geschrieben haben, verziehen sein sollen".
In einem gewichtigen Reichsdokument vom 10. Juli 1442 belehnt Kaiser Friedrich III. den Junker Philipp zu Frankenstein (damals wohl „Ältester" des Hauses) und seine Vettern Konrad (V.) und Hans (II.) mit der Burg Frankenstein, sowie dem Dorfe Nieder-Beerbach. Mit dieser Neubelehnung wird die *Reichsunmittelbarkeit* von Burg und Dorf aufs neue festgestellt und bestätigt.

IV.
Glanz über Darmstadt

10. Generation

Älterer Stamm
(Eltern: Konrad IV. von Frankenstein und Anna von Helmstadt. Kinder:)
<u>Konrad V.</u> *(1431–1469), verh. mit Margarete, Tochter des Hermann von Rodenstein und Elisabeth von Hirschhorn. Kinder: Konrad VI. und Margarete.*
Wyprecht, doctor (gest. 1460), Domkantor.
Hans II. (1431–1489), verh. mit Amalie, Tochter des Engelhard von Rodenstein und Jutta von Erbach.

Jüngerer Stamm
(Eltern: Philipp II. von Frankenstein und Elisabeth Rüdt von Collenberg. Kinder:)
<u>Philipp III.</u> *(gest. vor 1483), verh. mit Else, Tochter des Konrad Krig von Altheim und Katharina von Heusenstamm. Kinder: Philipp IV., Katharina, Lisa.*
Anna (gest. 1443), verh. mit Hans von Wolfskehlen.
Hans III. (gest. vor 1471), verh. mit Anna, Tochter des Beringer von Berlichingen und Anna Lamprecht von Geroldshofen.

Die Prinzessin
mit der goldenen Kutsche

Das reiche und mächtige Geschlecht der *Grafen von Katzenelnbogen* erreicht zwischen (etwa) 1420–1450 seine höchste kulturelle Blütezeit. Mittelpunkt des höfischen Lebens ist, neben dem Schloß Rheinfels über St. Goar am Rhein, das Darmstädter Schloß. Gut nachbarliche Beziehungen dorthin bestehen auch vom Frankensteiner Hof an der Stadtmauer her, auf dessen Gelände 200 Jahre später das berühmte Pädagog errichtet wurde. In dieser Stadtherberge der Herren von Frankenstein lebt der „alte Hansen" (Hans II.), der leidenschaftlich gern mit dem Armbroster im Schloß „auf dem Brette", d. h. Schach spielt.

Das *Darmstädter Schloß* war um die Wende des 14. zum 15. Jahrhundert umgebaut worden und bildet nunmehr den angemessenen Rahmen für die „Hochzeit des Jahrhunderts" zwischen dem Grafen Philipp d. Ä. von Katzenelnbogen und der Gräfin Anna von Württemberg, die am 24. Februar 1422 gefeiert wird. Die illustre Braut bringt ihrem Gemahl die bis dahin unvorstellbare Mitgift von 32 000 fl. (Gulden) ein. Es ist das Achtfache der sonst üblichen Summe von 4000 fl.

Dem entspricht ihre *Brautausstattung:* Kleidung, Schmuck, Tafelsilber, Gespanne, Teppiche und Behänge, wie auch Wäsche und Bettwerk. Darunter sind Stücke wie ein auf Hermelin gefütterter goldener Brautmantel und ein mit Marder- und Zobelpelz ausgeschlagener goldener Samtrock. Dabei dürfen wir uns keineswegs Brokat unserer heutigen Art vorstellen, sondern schwere Seiden, die mit echten Goldfäden bestickt sind.

Weitere Kostbarkeiten sind gestickte rote, grüne und schwarze Samtkleider, deren Mieder und Ärmel mit Perlen besetzt sind, ein pelzbesetzter seidener Rock aus weißem Damast und ein mit Pelzwerk gefütterter Seidenmantel aus grünem Damast. Dazu gehören die jeweils passenden weißen und grünen, roten und schwarzen Kappen und Schleier. Es ist die ganze Pracht der Gewänder, wie sie auf den figurenreichen mittelalterlichen Altären noch heute zu bestaunen sind.

Sehr reich ist der Perlenschmuck der Braut. Sie bringt ein völlig mit Perlen besticktes Mieder (eine sogenannte Perlenbrust), einen hohen Perlenkranz, einen runden und einen dritten, eigens in Konstanz verfertigten Perlenkranz mit. Dazu gehören 4 Perlenhalsbänder, von denen einige goldene Anhänger tragen. Das Tafelsilber ist 20teilig und wird durch 4 vergoldete Pokale ergänzt. Die *Gespanne* der Braut bestehen aus zwei Zeltern, das sind Reitpferde für Damen (und Geistliche), die im Paßgang gehen mußten, sowie dem sechsspännigen Reisewagen, der mit goldenen Sitzkissen ausgelegt war und einen Umhang aus blauer Seide mit weißen Quasten hat. Ebenso beschaffen ist der begleitende Kammerwagen. Danach kann man sich die Pracht des Einzugs in die kleine Residenz ungefähr vorstellen. Die goldenen Wagen unsrer Märchen sind also wirklich einmal gefahren (Demandt, LV 8).

Als Graf Wilhelm II. v. K. seiner Frau Else *1375* das Darmstädter Schloß als Wittum (Witwensitz) anwies, hatte diese bereits für eine gediegene Ausstattung gesorgt. Sie erhielt dazu auf Lebenszeit alle hier vorhandenen *deutschen Bücher*. Darunter waren eine große deutsche Bibel, der Titurel (die Dichtung Wolframs von Eschenbach), das Lied von Troja.

Ein *Inventarverzeichnis vom Jahre 1444* läßt uns wiederum staunen über die prächtige Ausstattung im Darmstädter Schloß. Die ,,kisten (Truhen) off dem kornhuse (Kornhaus), zwischen dem dache, in der jungfrauwen kammer, vor dem bette" stecken voll von Kissen, Umhängen, Bezügen, Bettwerk und Schuhen. Zur Illustration eine kleine Blütenlese nach dem Original:
4 grunseidin geweben kossen mit wiisen rosegen
(grünseidene gewebte Kissen mit weißen Röschen)
4 kossen von gulden stucken mit menschen antlizern
(goldgestickte Kissen mit Menschenfiguren)
1 decke von gulden langen stucken mit Kattenelenbogen gewappent
(goldgestickte Decke mit dem Katzenelnbogener Wappen)
1 deppich von grunem garn gewebin mit blaen feldunge
(grüngewebter Teppich mit blauen Feldern)
1 rot ruckeduch und 5 bangducher
(1 rotes Rücktuch an der Wand und 5 Banktücher).

Auch das Tischzeug und Bettwerk, in vielen Truhen untergebracht, kann sich sehen lassen, darunter
17 handweln (Handtücher), 7 brotducher (Tischtücher)
1 rodes fußduch und 4 lilachen (Bettücher)
6 gedreden ducher rot und wiß
(gedrehte Tücher rot und weiß)
12 bewirkete pulbeczichen
(gewirkte Bezüge für 1 Pfühl oder Bettpolster)

2 bulczen linducher
(zwei Ballen Leintuch)

In der Truhe vor dem Bett der Gräfin befinden sich:
13 stucke baddehemde und kiddel
(Badehemden und Kittel)
2 sleyer
(Schleier)
2 rode sametarme mit perlin gesticket
(Samtärmel)
6 phar schowe
(6 Paar Schuhe).

Einen ungemessenen Wert stellen zahlreiche Bücher dar, die in einem *Bibliotheksverzeichnis* des Darmstädter Schlosses vom Jahre 1444 verzeichnet sind.
1 groß dutsch buch, hebet sich an von dem berebaum, der in dem paradis stet
(hier beginnt die Bibel also mit einem Birnbaum im Paradies)
1 gut psalter
1 Sanck Brandanus
(Lied auf die Hl. Elisabeth)
1 dutsch buch von der heiligen driefaltigkeyt unde als sanct Johannes unsern herren godt dauffte
(von der hl. Dreifaltigkeit und als Johannes unseren Herrn Gott taufte)
1 Lucidarius
(Christliche Heilslehre in Reimen)
1 dutsch beblic
(deutsche Bibel).

Nach den religiösen Büchern folgen die Anleitungen zum guten Benehmen und schließlich auch die Unterhaltungsliteratur, darunter
1 buch wie man den tufel ußiagen sal
(wie man den Teufel verjagt)
6 stucke, die einen guden menschen machen
2 sexstern von dem scholer von Pariß, der kunigin bad und der ehebracher mer
(Der Königin Bad und die Ehebrechermär)
1 buch hebet sich an von eime affen
1 buch von dem kunige von Spanien

Das bunte Leben im Darmstädter Schloß und wohl auch der Lärm im Schloßhof reißen kaum einmal ab. Das Pferdegetrappel der reitenden Boten, der ein- und ausfahrenden Kutschen, die Rufe der Knechte, die fröhliche Musik der „pifer, giger und trumbter" (Pfeifer, Geiger und Trompeter), das Lärmen der Reisigen und Kriegsknechte, das Getümmel bei einem neu eingetroffenen Besuch und der Hörnerklang der ausreitenden Jäger sind unüberhörbar (LV 6, 8).
Aber der schöne Glanz erlischt. Die Ehe des Grafen Philipp mit Anna von Württemberg bricht auseinander. Dann wird Darmstadt noch einmal für wenige Jahre Residenz und Mittelpunkt glänzender Feste. Graf Philipp d. J. veranstaltet sie mit seiner jungen Gemahlin Ottilie von Nassau, doch er stirbt 1453 an der Schwindsucht, nachdem sein Bruder vorher in Flandern erdolcht worden war. Als einziges Kind blieb dem alten Grafen die Tochter Anna, seit 1457 die Gemahlin des Landgrafen Heinrich III. von Hessen-Marburg. Nach dem Ableben des Grafen 1479 wird das Haus Katzenelnbogen von den hessischen Landgrafen beerbt.

Orientreise, Ritterschlag am Sinai

Im Jahre 1433 unternahm Graf Philipp von Katzenelnbogen eine Pilgerreise in den Orient, an der neben andern Gefährten auch Konrad (V.) von Frankenstein teilnahm. Das ergibt für uns die willkommene Gelegenheit, von dieser außerordentlichen Reise zu berichten. Wir entnehmen die folgenden Ausschnitte der Abhandlung von Karl E. Demandt „Die Orientfahrten der Katzenelnbogener Grafen" in AHG 1975, mit freundlicher Erlaubnis des Verfassers und des Herausgebers, wofür auch hier herzlich gedankt sei!
Über den Verlauf der Reise liegt die eigens dazu verfaßte Chronik eines Teilnehmers vor, was damals keineswegs üblich war. Graf Philipp nahm vermutlich einen seiner hohen Verwaltungsbeamten mit, der auch die Reisekasse führte. Daß er ein Mann vom Fach war, zeigt sich im wiederholten Unmut über die hohen Zölle, die man der Gesellschaft abnahm. Auf dem Mittelrhein, dem Zollgebiet der Grafen, wurde ein Personenzoll nur von den Juden erhoben und auch dieser betrug nicht mehr als 3 Albus für die Person, während man beispielsweise in Alexandria für jeden Mann

15 Golddukaten, also eine enorme Summe, forderte. Allein dieser Zoll belastete die Reisekasse mit 150 Golddukaten.
Am 14. Juli 1433 machte sich die Reisegesellschaft hoch zu Roß von Darmstadt aus auf den Weg. Die weite Strecke bis nach Venedig wurde zu Pferde zurückgelegt. Es ging über Zwingenberg nach Sinsheim, von dort über Marbach nach Stuttgart und weiter über Blaubeuren nach Ulm. Von hier verlief die Route über Memmingen und Kempten nach Vils im Lechtal und von dort über Lermoos und Telfs ins Inntal nach Innsbruck. Nun begann die Überquerung der Hochalpen, die über Matrei zum Brennerpaß und von dort hinab nach Bruneck und Toblach nach Ampezzo führte, und von hier über Martino Ospitale, San Crocce nach Conegliano, wo man die oberitalienische Ebene erreichte. Der letzte Abschnitt des Rittes verlief über Treviso, Mestro zum Zielort Venedig. Hier traf die Gesellschaft am 30. Juli, also nach gut zweiwöchigem Ritt, ein.
Die meisten Pilger quartierten sich in der Lagunenstadt ein, bis ein Pilgerschiff abging. Die Schiffe waren allerdings in der Regel schlecht ausgerüstet und meist völlig überbelegt, so daß man die Pilger förmlich auf ihnen zusammenpferchte. Jeder erhielt nichts weiter als einen knappen Platz für Gepäck und Lebensmittel, die er sich selber besorgen mußte. Dazu gehörte Wasser, Brot, geräucherter Speck, aber auch Kästen mit Hühnern. Als Aufenthalts- und Schlafraum diente das Zwischendeck, in dem jedem Pilger mit Kreidestrichen gerade soviel Platz abgegrenzt und zugeteilt war, wie er brauchte, um sich niederlegen zu können. Da jedoch mit der Zahl der zusammengepferchten Menge auch das Ungeziefer, Wanzen, Läuse und insbesondere Ratten an Bord wetteiferten, brachten diese Überfahrten, selbst wenn sie ungefährdet verliefen, für alle Übles mit sich. Aber dabei blieb es nicht. Da die Schiffe entlang der Küste fuhren, gerieten sie häufig infolge der zahlreichen Inseln, Riffe und Felsen in Seenot, waren aber noch mehr durch die ihnen dort auflauernden Piratenschiffe gefährdet. Gleichwohl war man gezwungen, in Landesnähe zu bleiben und des öfteren Häfen anzulaufen, um den Pilgern zu ermöglichen, neue Lebensmittelvorräte einzukaufen, sich mit frischem Wasser zu versorgen und sich wieder einmal frei bewegen zu können.
Das erste Zwischenziel war in der Regel Kreta, von wo die Masse der Pilger über Rhodos und Zypern nach Joppe und von dort nach Jerusalem ging. Andere fuhren zunächst nach Ägypten, um dann auf dem Landwege das heilige Land zu erreichen. Daß dieser mit

noch größeren Strapazen verbunden war, versteht sich von selbst, denn zur Seefahrt kam noch der Wüstenritt quer durch die Halbinsel Sinai. Aber der Wunsch, dem langen Marsch der Kinder Israels aus Ägypten in das gelobte Land gefolgt zu sein, um nun dort die heiligen Stätten selbst zu betreten, an denen Christus gelebt hatte, war so mächtig, daß man alle Unbilden, Schwierigkeiten und Kosten in Kauf nahm. Das wußten auch die Araber und verstanden es für sich zu nutzen, denn sie betrieben mit einer Geschäftigkeit ohnegleichen die Betreuung dieser Stätten, die man natürlich nur gegen Entgelt besichtigen konnte, aber gesehen haben mußte, wenn man nun schon einmal im heiligen Lande war.

Die Gefährdungen, die die Reise mit sich brachte, waren bis ins 16. Jahrhundert bei jeder Fahrt unberechenbar, so daß sich nach der Heimkehr oftmals weitere Wallfahrten auf europäischem Boden anschlossen, mit denen man die Gelübde erfüllte, die man für den Fall einer glücklichen Rückkehr aus den Gefahren der großen Pilgerreise abgelegt hatte.

Von ganz besonderer Bedeutung aber war es, wenn man nicht nur die heiligen Stätten besucht, sondern auch Reliquien erworben hatte, und sei es nur eine Flasche Jordanwasser, oder aber, wenn es Pilgern ritterlichen oder dynastischen Standes gelungen war, an einer dieser heiligen Stätten den Ritterschlag zu erhalten, ohne den ja selbst ein Graf oder Fürst nicht der ritterlichen Ehre teilhaftig war.

Der Aufenthalt des Grafen Philipp und seiner Reisegefährten in Venedig dauerte 12 Tage, bis alle Vorbereitungen abgeschlossen waren. Das Pilgerschiff verließ den Hafen am 10. August 1433 und erreichte nach einer guten, verhältnismäßig schnellen Überfahrt in 14 Tagen die Insel Kreta. Hier gab ein 14tägiger Aufenthalt dem Schiffer wie üblich die Gelegenheit zum Warenumtausch und den Passagieren zur Besichtigung der traditionsreichen Insel. Am 7. September schiffte sich der Graf mit seiner Gefolgschaft erneut ein und ging nach einer ebenfalls guten Fahrt nach nur 5 Tagen in Alexandria vor Anker. Die gesamte Überfahrt von Venedig hatte also 33 Tage gedauert, wobei man 19 Tage auf dem Schiff und 14 auf Kreta verbracht hatte.

Mit Alexandria beginnt nun die eigentliche Pilgerfahrt, gekennzeichnet durch eine nicht enden wollende Kette von Besichtigungen heiliger Stätten, insbesondere der zahlreichen Märtyrerorte, die man den Reisenden vorführte. Nachdem sie hier ihr Pensum erfüllt, begab sich die Gesellschaft auf gemieteten Eseln zum

Nil. Die nächsten Tage blieb man mit Booten auf dem Strom und erreichte am 18. September Bolak, die Vorstadt von Kairo, wobei man zum Ärger des Chronisten wieder einen erheblichen Zoll leisten mußte. Auf der Stromfahrt erregten natürlich die Krokodile das besondere Interesse der Reisenden, bildeten aber keineswegs eine Überraschung für sie, denn den Kennern des Nibelungenliedes und der Rheinschatzsagen waren Lindwürmer und Drachen durchaus vertraut; und so bezeichnet der Chronist die Krokodile denn auch schlicht als „lintworme".

Am 19. September zog die Gesellschaft in Kairo ein; vom Erstaunen über eine solche, nie geschaute orientalische Stadt jedoch kein Wort! Nur einige Vertreter der afrikanischen Großtierwelt beeindruckten sie. Einen Elefanten charakterisiert der Chronist mit den Worten: „der was also große, das es unsegelich ist". Aber, so unverständlich uns das heute anmutet, nicht dem fremden Lande, der fremden Bevölkerung, den fremden Sitten, der Pracht, dem Zauber und dem Geheimnis des Orients, wie sie ihnen Kairo bot, oder der einzigartigen antiken Kunst und ihrer Bauwerke galt das Interesse der Reisenden, sondern nahezu ausschließlich den christlichen heiligen Stätten.

Dafür ist der schon damals pflichtgemäße Besuch der Pyramiden von Gizeh typisch, denn der Chronist erwähnt ihn nur nebenbei, während er sich nicht genug tun kann in der Aufzählung und Beschreibung der uns heute z. T. geradezu abenteuerlich vorkommenden heiligen Stätten, die man ihnen zeigte. Die Begierde, die Naivität, die Glaubenssicherheit und -gewißheit, mit der man alles aufnahm, was die geschäftstüchtigen Araber an Heiligtümern anboten und verkauften, erscheint fast unbegreiflich, wenn man sich vergegenwärtigt, welche in Politik und Finanzen, Verwaltung und Wirtschaft hoch erfahrenen, klugen Männer hier reisten. Aber — sie befanden sich endlich im Ursprungsland ihres Glaubens, und damit war alles richtig und gut, was man ihnen vorführte, sofern es nur mit diesem Glauben zusammenhing und ihn stützte, bewies und lebendig machte.

Von Kairo aus unternahm die Gesellschaft außer dem Besuch der Pyramiden einen 14tägigen Kamelritt durch die Wüste, der wiederum nur dem Besuch heiliger Stätten galt. Am 4. Oktober traf sie wieder in Kairo ein und blieb hier eine Woche, in der eine neue Kamelkarawane zusammengestellt wurde, denn das nächste Ziel war nunmehr der Sinai. Am 14. Oktober brach man auf.

Der Ritt führte zunächst nach dem Roten Meer, wobei sie so

dicht am Gestade übernachteten, daß sie Muscheln als Erinnerungsstücke sammeln konnten. Der Ritt führte dann weiter durch die Wüste. Fünf Tage und Nächte, wie der Chronist bemerkt, ritten sie in der Wildnis, bis sie endlich ihr Ziel, den Sinai, am 24. Oktober erreichten. Hier kamen sie im Katharinen-Kloster unter, das Kaiser Justinian im Jahre 527 am Fuße des Sinai gegründet hatte. Natürlich lag auch in der Umgebung dieses heiligen Berges, auf dem Moses von Gott die 10 Gebote erhalten hatte, eine heilige Stätte neben der andern. Höhepunkt war hier allerdings ein weltlicher Akt, der dadurch eine besondere religiöse Weihe erhielt: die Erteilung des Ritterschlags vor dem St.-Georgs-Altar der Katharinenkirche. Den Ritterschlag erteilte dem Grafen Philipp der Ritter Bernhard Kreis von Lindenfels, einer der Gefährten und naher Vertrauter des Grafen. Danach schlug der Graf selbst vier weitere Begleiter zu Rittern. Das waren Albrecht von Rechberg und sein Bruder Gaudentius, dazu Daniel von Mudersbach und Konrad von Frankenstein.

Vom Sinai brachen die Reisenden am 27. Oktober nach Jerusalem auf und erreichten nach achttägigem scharfen Ritt durch die Wüste über Gaza und Hebron am 11. November Bethlehem und waren am 12. November, vier Wochen nach ihrem Aufbruch von Kairo, endlich am Ziel in Jerusalem, der Heiligen Stadt. Hier hielten sie sich acht Tage auf, wobei jeder Tag randvoll gefüllt war mit Besichtigungen der heiligen Stätten. Ihren Aufenthalt nahmen sie im dortigen Pilger-Hospital. Ihr erster Weg führte zum heiligen Grab, bei dem sie eine Nacht lang verweilten.

Um eine Vorstellung davon zu vermitteln, was man damals den Pilgern anbot (in einer Stadt, die bereits im Jahre 70 nach Christus von den Römern fast völlig dem Erdboden gleichgemacht worden war), sei hier nur eine kleine Auswahl aus der ausführlichen Liste bei K. E. Demandt wiedergegeben. Man sah die Stätte, an der der Engel Maria und Joseph auf der Flucht nach Ägypten den rechten Weg gewiesen; die Stelle, an der der Baum des Kreuzesholzes Jesu gewachsen war; das Geburtshaus Johannes des Täufers; das Haus des Zacharias; die Säule, an die Christus während der Geißelung gebunden war; die Speerspitze des Longinus, mit der dieser Christus am Kreuze die Seite geöffnet hatte; die Stelle, an der Maria in Ohnmacht gefallen war; ja es fehlte nicht die Schule, in der Maria schreiben und lesen gelernt hatte! Das Grab Christi suchte die Gesellschaft noch drei weitere Male auf, wobei die Abgabe, die dafür zu erlegen war, zum Ärger des Chronisten jedesmal höher wurde, beim ersten Mal drei Groschen, beim zweiten Mal vier und schließlich fünf Groschen für die Person.

Gesättigt von dem Gesehenen, und wir dürfen wohl auch sagen, beglückt von dem Erlebten, verließ Graf Philipp mit seiner Schar am 20. November die Heilige Stadt und begab sich in die Hafenstadt Joppe, aus der er schon zwei Tage später abfuhr, um heimzukehren. Es kam aber anders, denn bereits am nächsten Tage geriet das Schiff in einen Sturm und die Reisenden selbst in so große Seenot, daß sie um ihr Leben fürchteten. Der Graf wird in der Chronik geschildert, wie er in der rechten Hand ein Bild der heiligen Katharina und in der linken ein Bild der heiligen Barbara hielt und beide um Rettung anflehte. Die Bitte wurde erfüllt, das Schiff anscheinend steuerlos ans Ufer getrieben, so daß die Seefahrer an Land gebracht werden konnten.

Nach diesem Erlebnis änderte der Graf seinen Reiseplan, vielleicht weil er während des Sturmes den Besuch weiterer heiliger Stätten gelobt hatte, denn er ritt über Beirut nach Damaskus und unterzog sich hier nochmals dem verehrenden Besuch aller jener geweihten Stätten, die man auch hier für die Pilger bereit hielt. Im Verlauf des Dezember kehrte man zur Küste zurück, wo die Gesellschaft wiederum mit schwerem Zoll belastet wurde, und bestieg am 6. Januar 1434 ein Schiff, mit dem man schon am 12. Januar wohlbehalten auf der Insel Rhodos landete.

Aber damit war der glatte Verlauf der Heimreise endgültig vorüber, denn als die Reisenden Rhodos am 16. Januar verließen, begann eine so abenteuerliche, von wiederholten und schweren Stürmen gestörte Fahrt, daß die Heimfahrer mehrere Male, dem Tode nahe, weit abgetrieben, ja verschlagen wurden und nicht mehr an eine Heimkehr glaubten. Aber zuletzt sind sie doch über Kreta und Korfu nach Italien zurückgelangt, dessen Boden sie am 5. März 1434 bei Revigno wieder betraten. Sie hatten also 41 Tage gebraucht, um von Rhodos hierher zu gelangen, während sie auf der Hinfahrt von Venedig bis Kreta nur 14 Tage benötigt hatten — aber sie waren mit dem Leben davongekommen!

So brachen sie schon nach wenigen Erholungstagen nach Deutschland auf. Der Heimweg führte über Padua, wo Graf Philipp am 11. März die Universität besichtigte, nach Treviso und von hier über die gleiche Strecke, die die Reisenden einst südwärts geführt hatte. In Innsbruck begannen aber bereits die neuen gelobten Wallfahrten, denn der Graf besuchte von hier aus das Heilige Blut auf dem Seefeld, ritt von dort nach Mittenwald und ging anschließend

See Genezareth in Galiläa: Der Berg der Seligpreisungen

nach Oberammergau, noch immer natürlich von seinen Gefährten begleitet. Von Oberammergau ging es nach Augsburg, wo man zwei Tage und Nächte blieb.
In Augsburg begann ein großer Ritt durch Deutschland, der nur so erklärt werden kann, daß der Graf während seiner Schiffsreise gelobt hatte, weitere Wallfahrten zu unternehmen, wenn er aus diesem lebensgefährlichen Unternehmen glücklich wieder zurückgelange. Die Zielpunkte waren jetzt die vier größten Wallfahrtsstätten des Reiches in der damaligen Zeit: das Heilige Blut in Wilsnack in der Mark Brandenburg, das Grab der hl. Elisabeth in Marburg, der Schrein der Heiligen Drei Könige in Köln und die Heiligtümer in Aachen. Der Heimritt führte über alle diese genannten Stätten. In Aachen dankten die Gefährten noch einmal Gott und der Gottesmutter für die glücklich vollendete Reise. In Andernach hielt Graf Philipp die letzte gemeinsame Mahlzeit mit seinen Rittern, wonach jeder zu den Seinen zurückkehrte (LV 9).

Der Kaiserliche Rat

Es dreht sich hier weiterhin um Herrn *Konrad V. von Frankenstein*. Schon Scriba vermerkt 1853 von ihm: „Derselbe gehörte ohnbezweifelbar zu den hervorragendendsten Gliedern der Familie". Sein Lebensweg ist durch mancherlei Außerordentliches gekennzeichnet, z. B. durch die Teilnahme an der oben beschriebenen Orientreise oder durch die ehrenvolle Ernennung 1453 zum kaiserlichen Rat.
Herr Konrad hat offenbar in jungen Jahren geheiratet. Seine Frau ist wieder ein Glied der berühmten Familie *Rodenstein*, Margarete, Tochter des Herrn Hermann IV. von Rodenstein. Dieser steht 1405 in Frankfurter Diensten, ist von 1424–1429 katzenelnbogischer Amtmann zu Auerberg (Auerbacher Schloß an der Bergstraße), 1430 pfälzischer Amtmann auf der Veste Otzberg, und von 1431–1440 Burggraf zu Alzey. Seine Gattin Elisabeth ist die Tochter Eberhards II. von *Hirschhorn* am Neckar und dessen Frau Demut Kämmerer von Worms. Um den näheren Verbindungen ein wenig nachzuspüren: Frau Demut ist die Schwester von Peter II. Kämmerer von Worms aus der von Dalbergischen Hauptlinie, der mit Ida von Frankenstein, Tochter Konrads III. und dessen Frau Ida von Bickenbach verheiratet war (vgl. Kap. II., 5: Ich hör des Minnesängers Lied).

Schloß und Kirche zu Fränkisch-Crumbach (vgl. S. 38)

Der Großvater von Margarete von Frankenstein, geb. von Rodenstein, ist der Ritter *Hermann II. von Rodenstein,* pfälzischer Rat zu Heidelberg, von 1402—1408 tatkräftiger Landvogt des Landfriedens in der Wetterau. Auch gehört er der oben beschriebenen Rittergesellschaft „mit dem Esel" an.
Nach dem Tode Konrads IV., etwa 1429, wird dessen Vetter *Philipp II.* aus dem jüngeren Stamme, der „Älteste" der Gesamtfamilie. Bei dieser Gelegenheit wird der im Jahre 1363 zwischen den beiden Stämmen geschlossene Burgfriede erneuert. Am 14. Juli 1433 zieht Herr Konrad (V.) auf die Orientreise.
Einige Jahre nach der glücklichen Heimkehr geht Herr Konrad in kurmainzische Dienste über. Unterm 28. August 1439 wird er zum Burggrafen auf der Veste *Starkenburg* berufen, die 1065 von den Lorscher Mönchen als Schutz- und Trutzburg für das Kloster erbaut und 1232 durch Schenkung Kaiser Friedrichs an das Hochstift Mainz gekommen war. Zu der Starkenburg gehört ein größerer Verwaltungsbezirk, mit dem der Burggraf hauptsächlich beschäftigt ist. Militärische Aufgaben scheinen zu dieser Zeit nicht im Vordergrund zu stehen, wie die Armierung der Burg nach einem Verzeichnis von 1427 ausweist. Es sind vorhanden: „6 schußbare (d. h. gebrauchsfähige) Armbrüste, 7 snode (schnöde, schlechte) Armbrüste, 1200 Pfeile, 2 Kammerbüchsen, 2 Schrotbüchsen, 17 Handbüchsen und 2 Fäßchen Pulver".
Aus der langen Reihe bedeutender Burggrafen seien genannt: Fritz von *Hutten,* Ritter Albrecht II. von *Hirschhorn,* Konrad VIII. Schenk zu *Erbach,* Hanemann von *Sickingen,* Dieter *Kämmerer,* genannt v. Dalberg, Hartmut von *Kronberg* pp.
Im Jahre 1443 erfährt die Herrschaft einen nicht unbedeutenden, wenn auch ziemlich entfernt liegenden Gebietszuwachs. Bischof Johann zu Worms verleiht Herrn Konrad (V.) von Frankenstein das *Dorf und Gericht Bobstadt* nebst 20 Malter Korngülte (Naturalzins) zu Hofheim als Burglehen zum Stein. Das Dorf bleibt noch lange nach dem Verkauf der Herrschaft 1662 in frankensteinischem Besitz. Es liegt nicht weit vom Rhein, gegenüber der Stadt Worms.
Einige Jahre später setzt in der *Burg Frankenstein* eine dritte Bauperiode ein. Es entstehen zunächst die Kapelle, dann die Scheuern und Stallungen nördlich des Brückentorturmes, die schließlich um der besseren Sicherheit willen auch mit einer wehrhaften Mauer und Torverteidigungen umgeben werden.
Im Jahre 1450 verleiht Pfalzgraf Friedrich „seinem getreuen Konrad von Frankenstein ein Haus mit Garten und ein Fuder Wein zu

Nierstein als *Burglehen zu Oppenheim*". Mit diesem neuerlichen Lehen wächst der Besitz in Oppenheim am Rhein zu einem stattlichen Adelshof heran, der mehr und mehr zur bevorzugten *zweiten Residenz* des älteren Stammes neben der Burg Frankenstein wird.

Oppenheim ist eine sehr alte Stadt. Sie erscheint mit einer Schenkung von Weinbergen schon 764 im Lorscher Kodex. Zehn Jahre später fügte Kaiser Karl d. Gr. anläßlich der Weihe der Klosterkirche in Lorsch noch seinen Oppenheimer Besitz hinzu. Der Königshof mit der kleinen Kirche lag im Südbereich des alten Stadtkerns.

Oppenheim wurde 1218 eine *kaiserliche Stadt,* und 1220 bündnisfähig mit Mainz und Worms. Um 1400 wird es eine pfälzische Oberamtsstadt. Im Dreißgjährigen Krieg hatte die Stadt durch die Spanier unter Spinola, die Schweden, wieder die Spanier und schließlich durch französische Truppen schwere Heimsuchungen zu bestehen. Das Schlimmste kam jedoch erst 1689, als die Truppen des französischen „Sonnenkönigs", Ludwigs XIV., den Bergfried der Burg sprengten und die ganze Stadt in Flammen aufgehen ließen.

Von der mittelalterlichen Stadt Oppenheim ist nicht allzuviel übrig geblieben. Die berühmte Katharinenkirche erlitt schwerste Schäden und den Verlust der Gewölbe, ist jedoch wieder hergestellt. Eine Gruppe von adligen Freihöfen befand sich auf der Höhe nordwestlich der Kirche in einem gesonderten, in die Stadtmauer einbezogenen Bereich. Seinen Mittelpunkt bildet heute noch der schöne dreiseitige Ritterbrunnen, auch *Geschlechterbrunnen* genannt, der die Brandnächte überstand. Drei Familien haben auf ihm ihre Wappen anbringen lassen: Dalberg, *Frankenstein* und Gemmingen-Wolfskehlen. Der ehemalige Gemmingensche Hof war bis vor einigen Jahren das Landratsamt. Vom einstigen Dalberger Hof zeugt nur noch ein bescheidenes Bauwerk.

Das besterhaltene Bauwerk ist der ehemalige Hof der *Herren von Frankenstein,* heute Eigentum der Familie Wallot, Dalberger Straße 19 (LV 34).

Unter dem 18. April 1453 wird Herr Konrad von Kaiser Friedrich IV. „um solicher redlikkeit und guten vernunft, so Wir an im (ihm) erkannt und erfunden haben" zum *Kaiserlichen Rat und Diener* ernannt und in seinen besonderen Schutz und Schirm aufgenommen. Im nächsten Jahre wohnt Herr Konrad in kaiserlichem Auftrag dem Reichstag zu Speyer bei.

Zuletzt macht sich Herr Konrad in der Burg Frankenstein wohl ein wenig zu breit. Seine Vettern von der jüngeren Linie, Philipp III. und Hans II., beschweren sich jedenfalls darüber, daß er mit seinem, in der Vorburg neuerbauten dreistöckigen Wohnhaus (dem sogenannten „Apfelhof") die Verteidigung der Burg behindere. Das Haus verdecke „Zinnen und Gewehr". Man einigt sich jedoch bald in einem neuen „Burgfrieden".

Herrn Konrads jüngerer Bruder Hans II. wird *„der alte Hansen"* genannt, und zwar zur Unterscheidung zu seinem Vetter Hans III. aus der jüngeren Linie. Er hat, wie sein Bruder, eine *Rodenstein* zur Frau. Es ist Amalie, eine Großnichte von Konrads Frau Margarete, Tochter des Ritters Engelhard von Rodenstein und dessen Gattin Jutta von Erbach. Frau Juttas Eltern sind Konrad IX. von Erbach und Anna von Bickenbach. Aus dem rodensteinischen Besitz hatten die Eheleute die *Burg Lißberg* in Oberhessen bei Büdingen (mit dem nachmals berüchtigten Hexenturm) inne, die sie aber 1450 an den Landgrafen Wilhelm von Hessen gegen einen jährlichen Zins von 50 Gulden abtraten.

Der dritte im Bunde ist *Herr Wyprecht* oder Wypo, doctor und Domkantor zu Worms am Rhein. Zugleich ist er Pastor zu Wolfskehlen im Ried, westlich Darmstadt. Vermutlich lebte er jedoch in Worms und zog nur die Pfründe von Wolfskehlen ein, wie solches in jenen Zeiten oft geschieht.

Die unselige Fehde

Hier spielt jetzt *Philipp III. von Frankenstein* vom jüngeren Stamme eine gewisse Rolle. Er ist verehelicht mit Else *Krig von Altheim,* einem Dorf in der Nähe von Dieburg, das allerdings mehrere, nicht unbedeutende Adelsgeschlechter beherbergt. Ihr Vater, Philipp Krig, ist Amtmann zu Babenhausen. Ihre Mutter Katharine ist die Tochter Eberhards von Heusenstamm und seiner Gattin Anna von Gemmingen. Das Wappen der Krigs von Altheim ist ein weißes Hirschgeweih auf blauem Grunde, wie wir es in der Eberstädter Kirche auf einem silber-vergoldeten Abendmahlskelch noch heute bewundern können. Davon soll im nächsten Kapitel die Rede sein.

In den Jahren 1448–1451 trägt sich eine Art Räubergeschichte zu,

in die auch Philipp von Frankenstein verwickelt ist, ohne freilich gleich ein Strauchritter zu sein.
Ulrich II. von Bickenbach (auf dem Alsbacher Schloß an der Bergstraße) glaubt sich durch einen Bürger von Frankfurt hintergangen. Nach einigem Hin und Her erscheint Michael, Ulrich von Bickenbachs Sohn, am 11. Oktober 1448 unerwartet mit 200 Reitern vor den Toren der Stadt, fängt etliches Vieh von der Weide ein und nimmt einige Männer gefangen. Danach erst schickt er mit einem reisigen Knecht, einem Kriegsmann also, einen Fehdebrief in die Stadt, der allein auf seinen Namen lautet. Seine adligen Mitstreiter verschweigt er. Es sind: Philipp III. von Frankenstein, Engelhard von Rodenstein, Contz Echter, Contz Philipp von Aulenbach, Jörg von Rosenberg, Gerhard Forstmeister von Gelnhausen, Hans Wambold der Junge, Philipp Rabenolt, Hans Kalb von Reinheim, Sigmund Auer von Swindau pp.
Frankfurt läßt sich diesen Übergriff natürlich nicht gefallen, sondern schickt seinerseits an alle Beteiligten die entsprechenden Fehdebriefe und wehrt sich nach Kräften. Michael dagegen brandschatzt das Dorf Sulzbach, nimmt Frankfurter Bürger gefangen und soll sogar einige seiner Knechte, als Bettler verkleidet, in die Stadt geschickt haben, um sie anzuzünden.
Während der Fehde wird der Rat der Stadt Frankfurt zweimal von seinen Widersachern bezichtigt, *Giftmischer* angeworben zu haben, um die Feinde aus dem Wege zu räumen. Am 7. Juli 1449 schreibt darob Philipp von Frankenstein an den Rat, zu ihm sei ein Frankfurter Knecht gekommen, habe sich als Koch ausgegeben und schließlich gestanden, er sei gedungen worden: „meinen Oheim Michael, Freunde, Mitgesellen und mich, die eure Feinde sein, zu vergiften".
Ein halbes Jahr später richtet Gerhard Forstmeister von Gelnhausen an den Rat der Stadt ein Schreiben, er und Philipp von Frankenstein hätten einen Frankfurter Knecht namens Peter gefangen, „der sich bekannt hat, und noch bekennt", daß ihm Heintz Wisse, Schöffe zu Frankfurt, Gift gegeben habe, um solches in seinen Hof zu werfen und daß auch tatsächlich „myn erbar selig Hußfrauwe, darzu ir Dinstjungfrauwe von dem Leben zum Tode bracht worden sin, denen der allmächtig Got gnedig und barmherzig sin wolle". Tatsächlich starben damals Gerhard Forstmeisters Gemahlin, Agnes Kreis von Lindenfels, sowie ihre Dienstjungfer eines plötzlichen und unerwarteten Todes. Obwohl der Rat und die Beschuldigten diese Greuelpropaganda schärfstens zurück-

wiesen, wurde ihnen im Lande wenig geglaubt. Die Affäre fand erst ihr Ende, als *König Friedrich III.* (als oberster Richter des Reiches) den Kurfürsten Dietrich von Mainz mit der Erledigung der Angelegenheit beauftragte. Dieser ließ alle Mitglieder des Rates zum Schwur vorladen, wo jeder einzelne schwören konnte, daß er von der Sache nichts wüßte.

Die Fehde selbst konnte erst bereinigt werden, nachdem es Michael von Bickenbachs Onkel, Dieter Kämmerer von Worms, 1449 gelang, die streitenden Parteien an den Verhandlungstisch zu bringen. Am 10. Februar 1451 wurde die Fehde offiziell beigelegt. Doch der Haß auf beiden Seiten schwelte weiter. Der Adel mißtraute den „Pfeffersäcken" in den Städten, besonders in Frankfurt, während die Bürger sich nicht jeden, auf einen „Fehdebrief" gegründeten Übergriff gefallen lassen wollten.

Die *Burg Bickenbach* entwickelte sich unter sotanen Umständen mehr und mehr zu einem Raubnest. Als nach vielen andern Händeln im August 1463 ein Bürger Frankfurts gefangen und ein Knecht sogar ermordet, zwei Pferde erschossen und auch sonst „genommen wurde, was man kriegen könnte", entschloß sich der Rat der Stadt Frankfurt, die Burg anzugreifen. Das städtische Heer unter seinem Hauptmann Hamann Waltmann hat „die burg Bickenbach abgelauffen und gebrand des morgens umb 8 Urn". Das Raubnest wurde bei einem Überraschungsangriff im Morgengrauen, als die Wächter gerade wechselten, im Handstreich genommen, kräftig geplündert und danach in Brand gesteckt. Die Auseinandersetzungen mit den dadurch geschädigten „Ganerben", die Anteile an der Burg hatten, zogen sich noch jahrelang hin. Es waren dies u. a. die Schenken zu Erbach, Adam Kämmerer von Worms, Frank von Kronberg.

Erstaunlicherweise vergleicht sich Frankfurt 1469 mit ihrem gefährlichsten Widersacher, Michael von Bickenbach, und nimmt ihn als Hauptmann in ihren Sold. Mit noch sieben Geharnischten muß er der Stadt zur Verfügung stehen und empfängt einen Jahressold von 600 Gulden (LV 24).

Auch von diesen Vorfällen abgesehen hat Herr *Philipp von Frankenstein* kein geruhsames Leben. Für seine Schwester Anna, die mit Hans von Wolfskehlen verheiratet ist, und deren Mann führt er jahrelange Verhandlungen mit den Grafen von Katzenelnbogen um die Rechte der Wolfskehls im Gericht Erfelden am Rhein. Hier liegen ungefähr die gleichen Unstimmigkeiten vor, wie sie später Frankenstein selbst wegen seiner Hoheitsrechte auszukosten hatte.

Alter Bauernhof in Eberstadt

Die Verhandlungen für den Grafen führt der Junker Hermann von Rodenstein. Hans von Wolfskehl vertritt sich selbst mit Hilfe seines Schwagers. Immer wieder tritt das erweiterte Schöffengericht am Platz unter dem Hohlen Galgen bei Erfelden zusammen. Einmal hat man sich fast geeinigt, da „bestieg Hans von Wolfskehl sein Roß und ritt ohne Antwort hinweg".
Zum Schluß wiederholt Wolfskehlen seinen Vorwurf gegen Katzenelnbogen unter feierlichem Schwur: „Philipp von Frankenstein fordert nunmehr Hans von Wolfskehl auf, seine Finger auf die Heiligen zu legen, stabte ihm den Eid und ließ Hans folgende Worte nachsprechen: „Als ich meine treu gegeben hab und mit worten underscheiden bin, so sage ich, daß solche stucke war seint, und ich an denselben stucken von dem edlen grave Johan, graven zu Catzenelnbogen, verkurzet, und betranget bin. Also bit ich, mir got helfen und die heiligen..."
Vor dem Gericht liegen auf dem Gerichtstisch die „Heiligen", das sind Reliquien. Einen Eid „staben" heißt, die Eidesworte unter Berührung des Richterstabes vorsagen.
Das Ende in dieser Sache ist ein Nachgeben des Schwächeren.

*

Philippsen Bruder, Hans *der junge,* III., hat Anna von *Berlichingen* aus der berühmten Familie des Götz — der aber noch lange nicht auf der Welt war — zur Frau. Ihre Eltern sind Beringer V. von Berlichingen und dessen Gattin Anna Lamprecht von Geroldshofen. Die Familie Berlichingen stand ursprünglich in enger Verbindung mit den Crumbach-Rodenstein.
Stammvater des eigenen Hauses war der Ritter Beringer IV. von Berlichingen, der 1377 bei Achalm fiel. Ihm ist das älteste der in *Schöntal an der Jagst,* dem Hauskloster der Berlichingen, vorhandenen Grabmäler gewidmet.
Die Stammburg stand in Berlichingen, Kreis Künzelsau. Von hier zog die Familie 1370 nach Jagsthausen, wo Götz, der Ritter mit der eisernen Hand, 1480 geboren wird. Die wohlerhaltene Götzenburg mit Palas, Rittersaal, Archiv und gewaltigen Ecktürmen, Schauplatz der bekannten Festspiele, ist noch heute im Besitze der Familie.
Hans der Junge von Frankenstein steht bei dem Grafen Philipp d. Ä. von Katzenelnbogen, der vor Jahren die Orientreise durchführte, im Dienst. Eine große Anzahl von Geldanweisungen sowie

Ausgaberechnungen lassen erkennen, daß er ständig unterwegs ist. Im Jahre 1450 tedingt er in Mainz, d. h. er tritt dort als Zeuge auf, Kosten 12 albus. 1452 finden wir ihn auf Schloß Hohenstein, im nächsten Jahre auf der Burg Reichenberg im Odenwald: „als der Graf an den Rhein ritt, da ließen Hans Frankstein, Klaus Koch pp. ihre Pferde in Reichenberg stehen". 1454 notiert der Landschreiber: „1 lb 2 s. (1 Pfund, 2 Schilling) han ich Hanßen geben von (für) 7 Pferden, als hans Franckstein, Clebiß, Philips von Hoenstein han gelegen zu Aschaffenburg umbe stallunge, hauwe (Heu), und strowe (Stroh)". Für 7 d (Pfennig) holt ein Knecht in Gerauwe (Groß-Gerau) „allün" (Alaun?). Michel smyed (der Schmied) braucht es „zu Hans von Francksteyns rodt pert" (rotem Pferd). 1454 werden dem „jungen Hansen" von Graf Philipp d. J. in Darmstadt 12 Gulden „ze fastnacht" (zur Fastnacht) verehrt.

Großeinkauf auf der Frankfurter Messe

Die *Frankfurter Herbstmesse* ist bereits seit dem Jahre 1150 (!) nachweisbar. Im Jahre 1240 wurde sie von Kaiser Friedrich II. privilegiert. König Ludwig bewilligte 1330 eine zweite, die *Fastenmesse* im Frühjahr. Damit wird die Reichsstadt Frankfurt am Main zur größten Wirtschaftsmetropole Europas –, wenn man will: zu einem vorausgeahnten Supermarkt der heutigen Europäischen Wirtschaftsgemeinschaft.
Eine vollblütige Illustration dazu liefern (unbeabsichtigt) die *Abrechnungen* der katzenelnbogischen Verwaltung, die reichlich vorhanden sind. Wir lassen die schönsten Urkunden, z. T. in ihrer originellen Ausdrucksweise, selbst erzählen.

Großeinkäufe in Frankfurt

Da gibt es einen, irgendwie liegengebliebenen Einkaufszettel der Gräfin Else von Katzenelnbogen aus dem Darmstädter Schloß vom Jahre *1380* für die Frankfurter Messe, der uns über den Bedarf des gräflichen Hofes an Seiden, Brokaten, Tüchern, Borten, Besätzen, Gold-, Silber- und Perlenstickereiwerk unterrichtet. Es wurden u. a. eingekauft:
Welsche Leinwand – mai- und saatgrünes Arraser Tuch (aus Arras) –

rote, weiße, grüne und schwarze Tücher von Mecheln — dreifarbig — rote, weiße, grüne Seide — schwere und leichte seidene Tücher — blauer, roter und grüner Seidenzwirn — schwere Borten — breite und schmale Besätze — große und kleine Perlen — goldne Gewandheften — verschiedene Gold- und Silberarten — Zyperngold — farbige Seidenschnüre zum Anlegen des Goldes und Silbers — weiße Seidenschnüre zum Aufreihen der Perlen und dazu noch vieles andere an Tüchern, Schnüren, Borten, Gold- und Silberstücken.

Die Rechnung des Zollschreibers von St. Goar vom Jahre *1437*, Nr. 30, weist folgende Ausgaben auf der Frankfurter Herbstmesse auf:

42 fl (Gulden) 3 s (Schilling) 5 h. (Heller) umb (für) 14 faße butern (14 Fässer Butter). Dye wygeten 958 phont (Pund), ye das phont umb 9 1/2 Heller aldes geldes.

14 s, die buter zu wiegen und in das schiff zu fuhren.

9 fl. 12 s. umb 180 elen (Ellen) lynesduches (Leintuch).

2 fl. umb 62 elen grobs duches zu myner jungfrauen (der Gräfin), das schiff zu bespannen.

Auf der Fastenmesse *1452* werden für das Darmstädter Schloß eingekauft:

18 lb. (Pfund) ingwers, je 4 Pfd. 1 fl. — 12 lb. peffers — 3 lb. saffran — 4 lb rorn (Röhrenzimt) — 1/2 lb. muscaden — 8 hude zockers (Zuckerhüte) — 12 lb. mandeln — 4 lb. reiß (Reis).

2 fl. vor 31 eln barchins (Ellen Barchent), der Ketten, kammermede, und Elsgin vor 2 rocken — 1 fl. vor 2 sleyer den meden, d. h.: die Mägde Käthchen und Elschen bekommen zwei neue Röcke und 2 Schleier — 30 lb. dochtgarns (für Kerzendochte) — 2 ysern (eiserne) und 7 blechen flessen (Flaschen) — 2 kl. kranen zu dem essigfaß — 7 bodenboeßen (Besen) — 4 englische vor eyn flesse mit biere. (Der „Englisch" ist eine Geldmünze, s. unten.)

Tägliche Einkäufe

Neben den Großeinkäufen auf den Messen stehen die täglichen auf dem Markt zu St. Goar und Mainz. Hier nur einige Beispiele:

1410, St. Goar: mandeln und fygen (Feigen) — eyer zu osterfladen — klobelach (Knoblauch) — schollen (Fische).

Bei Ewald, dem Krämer, gekauft: 4 pt (Pfund) peffers — ingebers — saffran — zynamomenroren (Zimt) — nelgin (Nelken) — maschaten (Muskat) — pariskörner (Gewürz) — honigs — zockers.

Zu *Mainz* wird eingekauft:
an Invocavit: 1 donne (Tonne) oley (Öl), 1 faß bottern (Butter) –
an Albani: 2 faß boddern – Marie Magdalene: 1 faß boddern –
assumptionis Marie (Himmelfahrt Mariens): 2 faß bottern – Katharine virginis: 1 donne oley.
Einkäufe bei den „metzelern, fischern und hockern", d. h. den Metzgern, Fischern und Markt-Hockern:
3 1/2 fl. swynebraden und swynebein – 14 alb (Albus) 1 hamel – 27 alb. vor barben – 14 alb. vor salmen – 17 alb. vor eyer – 23 alb. vor strenge (Stränge) und garn – 17 fl umb eyn stuck stockfische, hielden 180 fische.

Kleider für Herrschaft und Gesinde

Einkäufe auf der Messe werden *1451* „in bywesenn des snyders" (im Beisein des Schneiders) getätigt. Die großen Mengen zeigen an, daß auch für das Gesinde eingekauft wird, dessen Lohn z. T. in der Lieferung von Bekleidung und Schuhwerk besteht.
10 wyße ducher (Rollen) von Kyrn, „hant gulden" (gegolten) 32 fl. 2 h. – 6 fl. vor 23 elen (Ellen) wißs duches zum füttern (Kleiderfutter) – 2 fl. 1 tn. (Turnos): 1 graue Engelsduch (englisches Tuch) – 24 fl umb (für) dry graue ducher von Geylnhusen – 1 grauen Ulmer barchen für den Grafen – 109 elen lynenduches vor 5 1/2 fl – 1 fl vor blae (blaues) garn – 1 lb. (Pfund) wiß und cleyn blae garn.
Ein *apartes Einzelstück* von gigantischem Wert stellt der „gesteckte rock" (gestickter Rock) dar, der beim Seidensticker Eberhard in Heidelberg 1450 von der Junggräfin Ottilie zum Preise von 435 Gulden bestellt und geliefert wurde. Angezahlt wurden 100 fl., den Rest mußte, nach dem Tode Philipps d. J. von Katzenelnbogen, der alte Herr bezahlen.

Schleckereien im Kindbett

Diese Ausgabe (1437) ist betitelt: „Distributum umb gebacken krut und zocker gein Darmstadt in daz kindbette myner gnädigen frauwen". Es handelt sich um die Gräfin Anna v. K., die im Darmstädter Schloß niederkam und offenbar von einer besonderen Lust nach Süßigkeiten überfallen war. Desfalls wurde der Diener Claß nach Köln geschickt, um Backwerk und Süßigkeiten einzuholen. Hier die Rechnung:

32 alb umb (für) 2 phont (Pfund) tresenii, genannt frauwenkrut –
1 1/2 fl. umb 4 phont roter stecken – 1 1/2 fl. umb 4 phont wißer
stecken – 18 alb. umb 2 phont canelen-confecte – 18 alb. umb 2
phont annis-confecte – 9 alb umb 1 phont coriander-confecte –
1 1/2 fl. umb 2 phont vergulte (vergoldete) rosen-confecte – 20
alb. umb 2 phont manus Christi (Hände Christi, wohl ein Gebäck)
– 5 fl. mimus 1 ort (1/4) umb 4 hude zockers, wyegen je 12 1/2
phont.

Besondere *Spezialitäten der Darmstädter Schloßküche* sind:
Schlehengelee auf Wein gezogen – Quitten- und Birnenkonfitüre
– Nußspeise aus Honig, Ingwer, Nelken, Zimt und Nüssen – Ein
beliebter Würzwein (Kirschwein) enthält als Zutaten Zynamomenroren (Zimt), Nelken, Muskat, Pariskörner und Honig.

Für ihn und sie

Den Herren:
Für den Junggrafen werden besorgt: 2 Bergeß messer (aus dem
Bergischen Land, Solingen!), 2 Degen von Mstr. Eberhard in Köln,
Falkenhandschuhe, Alaun zum Rasieren und 1 Narrenhut (zu
1 1/2 fl.) für die Fastnacht.

Die Dame:
Der Junggräfin werden verehrt: 1 paternoster (Rosenkranz), in
Silber gefaßt und vergoldet, 1 Ring vom goldsmyd, 1 nachthube
(Nachthaube) von ledder mit buntem futer (gefüttert) für 5 Tornosen (etwa 1/2 fl.) und 15 eln rod Mechels duche (15 Ellen rotes
Tuch aus Mecheln) zum Schelmenkostüm an Fastnacht. Die „jungfrauwen" (Kammerfrauen) bekommen „siden haresnuren" (seidene Haarschnüre) und für 10 Heller 1 Pfund „rode", d. h.
Schminke.

Buntes Allerlei

Für die Mägde:
Für sie werden 205 Pfund „unßlitz" (Unschlitt) besorgt, daraus
Kerzen zu machen. Für die „oisterkirzen" (Osterkerzen) verwendet man „wais unde loin" (Wachs und Lein).

Für die Schreiber:
Die Schreibstube braucht „eyn riiß papirs" (ein Reis Papier) zu

1 fl. u. 5 alb. (Albus), sowie „grune sigelwachs" (grünen Siegellack) und „permont" (Pergament).

Für die Handwerker:
Der Bender (Küfer) verwendet für 2 fl. 3 alb. Senfmehl, das „in dem herwest in die donnen" (vor dem Herbst in die Weinfässer) getan wird. Der Schmied verlangt „ysern drait an die ure" (Eisendraht an die Turmuhr im Schloß), sowie „ysens unde colen" (Eisen und Kohlen) für die Schmiede. Die Fischer erhalten von der Fastenmesse einen Nachen zum Fischfang im „Arheilger woog" zu 2 1/2 Gulden.

Geldsorten und Geldwert

Der *Gulden:* ursprünglich Gold, in Florenz (fl) geprägt, später Silber. Der *Albus* (alb.) wird um 1440 mit 24 auf 1 Gulden gerechnet. Er hat zum *Pfennig* (d = denarius, alte römische Münze, aus Silber) eine feste Beziehung: 1 alb = 8 Pfennig. Der *Turnos* (eigentlich Tournois, von der französischen Stadt Tours) ist 1/12 Gulden, oder 3 *Englisch*. Die kleinste Münze ist der *Heller* (eigentlich Häller: von Hall). Drei Heller geben einen *Schilling* (s). Meist gilt 1 s. für 12 Untereinheiten: 1 s. d. = 12 Pfennig. Der Landschreiber von Darmstadt rechnet 1450 den Gulden zu 30 Schilling und 5 Pfennig. Für den Albus kommt später der *Kreuzer* (kr.) auf = 4 Pfennig, und schließlich der *Batzen* = 4 Kreuzer. Die Heller werden meist wie im früheren englischen Münzsystem, in Pfunden gerechnet. *1 Pfd. Heller* ist 1252 = 1 Gulden, 16. Jhdt. = 15 alb. oder etwa 1/2 Gulden, und seit 1609 = 16 alb 7 Pfennig.
Der *Geldwert* ist niemals eine objektive Größe –, das einzig Genaue, das man dazu sagen kann: „Inflationäre Erscheinungen" gibt es nicht erst heute! Zwischen 1500 und 1800 ist der Kaufwert des Geldes auf etwa 1 Zehntel herabgesunken, d. h. die Preise haben sich in 300 Jahren verzehnfacht (LV 6, 27).

V. Schatten ziehen herauf

11. Generation

Älterer Stamm
(Eltern: Konrad V. von Frankenstein und Margarete von Rodenstein. Kinder:)
<u>Konrad VI.</u> *(1470–1504), verh. mit Apollonia, Tochter des Hartmut von Kronberg und Elisabeth von Sickingen. Kinder: Johann (Hans) IV., Apollonia und Anna.*
Margarete (gest. 1483), verh. mit Dieter von Handschuhsheim.

Jüngerer Stamm
(Eltern: Philipp III. von Frankenstein und Else Krig von Altheim. Kinder:)
<u>Philipp IV.</u> *(1485, gest. 1532), verh. mit Margarete, Tochter des Matthias Bock von Uttingertal und Agnes von Hirschberg. Sohn: Georg.*
Katharina (gest. vor 1483), verh. mit Dieter III. Landschad von Steinach.
Lisa (gest. 1483), verh. mit Philipp Forstmeister von Gelnhausen.

Seelenmessen und ein alter Kalender

Aus der alten Laurentiuskirche stammt das *„Eberstädter Seelbuch"*, das zugleich das Wirtschaftsbuch der Pfarrei Eberstadt war. In Ihm sind die jährlich zu haltenden „Seelenmessen" und daneben auch die Stiftungen dafür nebst den Stiftern vermerkt. Schließlich sind noch die abgabepflichtigen Pächter aufgeführt. Das einzigartige und einmalige Dokument dürfte aus dem frühen 15. Jahrhundert stammen.

Den Eintragungen liegt der für unsre Gegend älteste erhaltene Kalender zugrunde, von dem wir in der *Abbildung* einen Ausschnitt bringen: *die erste Aprilhälfte.* Wir sehen sie uns an.

Das *große Zeichen* links oben, im Original schön rot ausgemalt, bedeutet Kl = Kalendas, d. i. der Monatserste. Daneben stehen zwei Verszeilen in Form des altgriechischen *Hexameters:*

„April in Ambrosii festis ovat atque Tiburti.

Aprilis decima est undeno a fine minatur",

zu deutsch, dem Sinne nach: „Der April frohlockt an den Festtagen des Ambrosius und Tiburtius. Der zehnte Tag gehört ihm noch, der elfte folgt ihm unmittelbar."

Gemeint ist, daß von den zehn Festtagen im Monat der letzte auf den 30. April fällt und der elfte, der Walpurgistag, am 1. Mai folgt. Mit solchen Strophen über jedem Kalenderblatt prägte man sich die Fest- und Heiligentage ein.

Am linken Rande des Pergamentes, vor der schön verschnörkelten (im Original rot gezeichneten) Linie finden wir nebeneinander drei Spalten mit verschiedenen Kalenderangaben.

1. Die sogen. *Mondalter-Zahlen* zum immerwährenden Julianischen Kalender. Das ist aber eine so verzwickte Sache, daß wir uns hier nicht darauf einlassen können.

2. Es folgen untereinander die Buchstaben: g - a - b - c - d - e - f usw. Das sind die *Tagesbuchstaben* für je eine Woche. Sie beginnen jedoch nicht mit dem Sonntag, sondern mit dem 1. Januar des betr. Jahres, der den Buchstaben a erhält. Hier war der 1. Januar ein Samstag, so daß die Sonntage (ohne besondere Hervorhebung) den Buchstaben b tragen. c = Montag, d = Dienstag usw. durchlaufend bis g = Freitag.

3. Die eigentlichen *Kalenderdaten* stehen in der 3. Reihe, allerdings nach der alten römischen Zählweise, die im „Hl. Römischen

Reich Deutscher Nation" seit dem frühen Mittelalter gebräuchlich war. Dafür sind 3 Richtpunkte maßgebend: die schon genannten *Kalenden,* der Monatserste, die *Nonen* = 5. Tag im Monat und die *Iden* = 13. Tag. (Im März, Mai, Juli und Oktober sind es der 7. bzw. 15. Tag.)
In unsrer Abbildung sehen wir nach dem 1. April die Zahlen IIII, III, II und dann die „*Nonas",* den 5. April. Es wird also abnehmend auf die Richtpunkte hingezählt. So geht es denn weiter: VIII, VII, VI, V, IV, III, II auf die „*Idus"* hin, den 13. April.
4. Rechts neben der verschnörkelten Linie steht der *kirchliche Festkalender,* der hier vier Heilige enthält. Römisch II = 4. April: Ambrosius, den „Vater des Kirchengesangs", seit 374 Bischof in Mailand, sodann Röm. V = 4 Tage vor den Iden = 9. April: die „ägyptische" Maria, unter röm. III = 11. April: Papst Leo und an den Iden selbst = 13. April: die Märtyrerjungfrau Eufemia.
Nach diesem Ausflug in das weite Feld der Kalenderwissenschaft studieren wir in der Abbildung den *Eintrag einer „Seelenmesse"* für die Familie eines Eberstädter Einwohners. Der Originalität halber lesen wir im Wortlaut, wobei die Namen groß geschrieben werden: „Ich, Henchen Becker und Katherine myn elich husfraw (Hausfrau) zu Ebberstadt seczen (stiften) 1/2 malter korns ewigklichen, mit namen (nämlich) eym pherner (Pfarrer) zu Ebberstadt eyn summern (1/4 Malter) und eym pastor zu Pungstadt 1 summern, daz sie unser jargezyt (Jahresgedächtnis) sollen begen (begehen), und unsers sons Clasen und unßer dochter Katherin, mit eyner vigilien und zwen selen messen (Seelenmessen) zu Eb.stadt uff den dinstag nach dem sontag Miseric(ordias) dom(ini)." Dieser Sonntag ist der 2. Sonntag nach Ostern, hier also der 10. April, weshalb das Jahrgedächtnis und die Stiftung auf dieser Seite eingetragen wurden.
Wir lesen noch ein wenig weiter: „Darvor seczen wir zu underphande (zum Unterpfand) item uff Roden 3 firtel ackers geforcht Korner (Name des Anliegers), item . . . " Es folgen noch etliche Ackerstücke: „an dem langen Weg, uber den Grießhemmer weg, geyn Pungstadt aben in dem Essell (Esel, Escholl), an dem Burgkweg, im Hinderfeld und 2 placken hinder der kirchen geyn Seheym" (Seeheim). Das sind alles wohlbekannte Eberstädter Flurnamen. – Soweit die Abbildung.
Über die Entstehungszeit des Kalenders gibt dieser selbst nur mit dem Ostertermin am 27. März einen gewissen Anhaltspunkt. Ostern fiel auf den 27. März in den Jahren 1345, 1407, 1418,

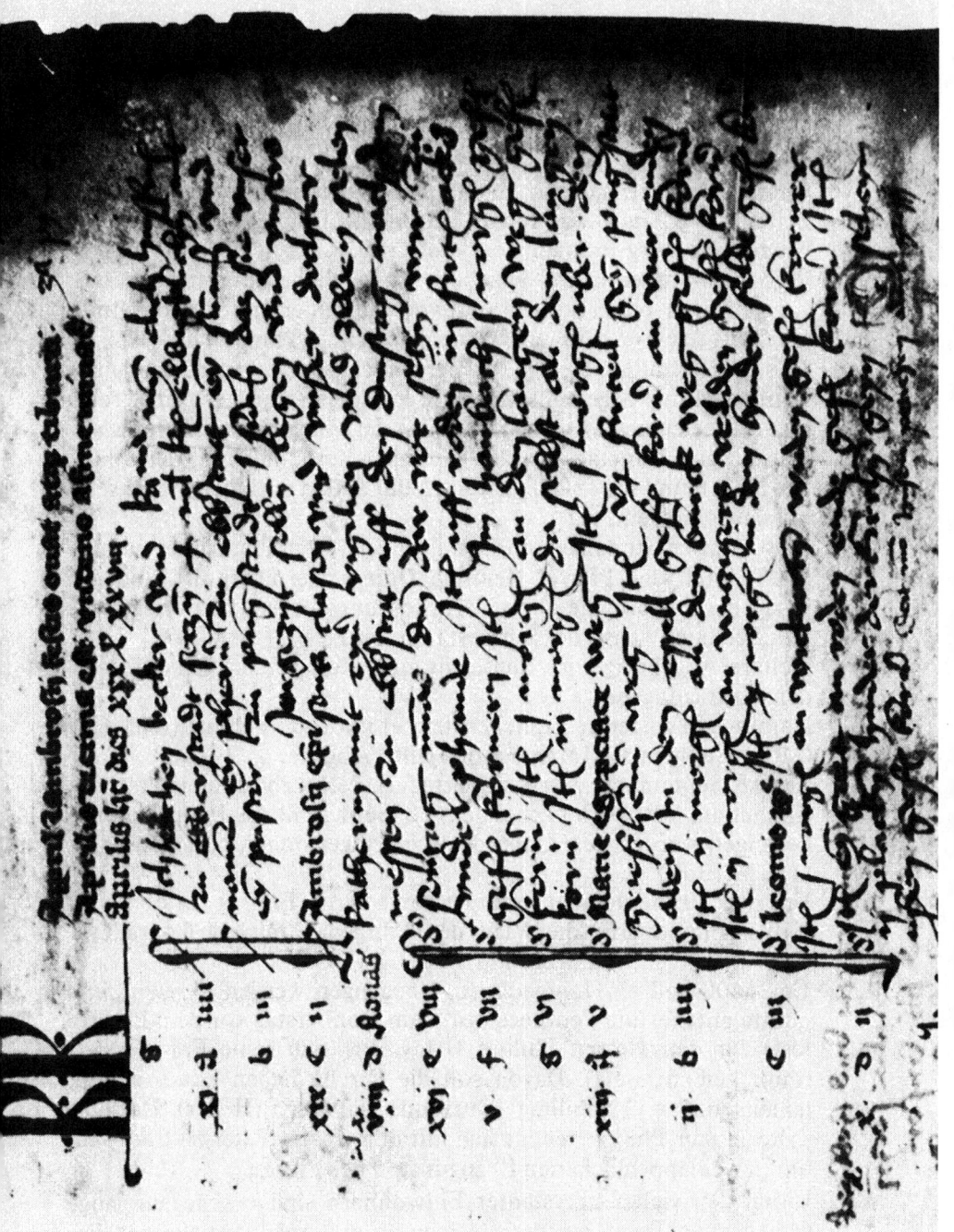

Monat April im Seelbuch (Ausschnitt)

1429 und 1440. Letzteres scheidet u. E. als Schaltjahr aus, da ein solches in den vorliegenden Kalender nicht recht hineinpaßt. Die genauere Datierung kann erst nach sorgfältiger Handschriftenprobe erfolgen.
Unter den Eintragungen finden sich Stiftungen aus sehr frühen Zeiten, z. B. auch von Konrad Reiz und Frau Elisabeth, den Erbauern der Burg Frankenstein um 1250: „Ich her (Herr) Conradt Reiß von bruberck und elizabeth, myn eliche hußfrauwe, setzen vor unß und onßer kinder und vor alle onßer altern (Vorfahren) selichen selen eim phern (einem Perrn = Pfarrer) zu Eberstat 13 s. hlr (Schilling Heller), daß er unßer jartzyt begene sal (unser Jahrgedächtnis begehen soll) mit eyn vigilien und myt einer selen misse (Seelenmesse) off den andern tag nach annunciacionis ste. marie vgn. (sanctae Mariae virginis, Verkündigung der Maria 25. März), und die sollichen 13 s. hellir sollen entfallen (fällig sein) off sant remygenß tag".
Diese uralten Stiftungen und die dazugehörigen Pfandgüter wurden 1503 durch den Pfarrer Heinrich Dernbacher überprüft, und den jetzigen Inhabern die alten Verpflichtungen erneut auferlegt, was im „Seelbuch" ausdrücklich bestätigt wird.
Weitere Angehörige des Hauses Frankenstein finden sich in folgenden Eintragungen.
Dominus Erkinger de Franckenstein et uxor sua Femula (und seine Gattin Euphemia): 1 Malter Korn jährl. Abgabe.
Am 18. September, „semper quarta feria celebrabitur anniversarium (immer am Mittwoch nächst dem 18. Sept., soll das Jahrgedächtnis begangen werden des) Conradi de Franckenstein", d. i. Konrad II. (1321–1366).
Um den 20. September „semper sexta feria (Freitag) celebrabitur vigilia anniversarii (die Vigil des Jahrgedächtnisses) Conradi de Franckenstein", d. i. Konrad III., 1361–1397.
Um 1400 soll ein Jahrgedächtnis begangen werden, u. zw. „feria quinta ante festum Penthecostes" (am Donnerstag vor dem Pfingstfest) für den Herren Philipp (I.) v. Fr. und seine Frau Ermela (muß heißen: Gela). Davon soll die Kirche haben „duos solidos hallensium" = 2 Schilling (Dutzend) Hallenser (Heller). Derselbe „alte junker Philips" einigt sich mit dem Pastor Peter zu Eberstadt um „zwei lappen ackerland" zugunsten der Pfarrei.
Unter den vielen Eberstädter Einwohnern sind etliche aus lange vergangenen Tagen an ihren Namen zu erkennen. Sie sind im Einnahmebuch der Pfarrei verzeichnet. Zum Beispiel:

Peter Groß: 1 Pfund Öl für die Ampel (das „ewige Licht" in der Kirche)
Else Binthammer: 1 Pfd. Wachs zu Ostern für die Kerze (Osterkerze am Altar)
Demuda: 1 Simmer Korn
Sigfrid in der Gasse: 1 Kump Öl
Wolflin: 1 Simmer Korn vom „Burgberg"
Lutz an dem Sande: 1 Simmer Korn
Sigello am Sande: 1 Krug Öl
Heinrich, Sohn des Wickard und der Lucie: 1 Pfd. Wachs
(Die Maße sind: 1 Kump = 7 Liter, 1 Simmer = 4 Kump, 1 Malter = 4 Simmer.)
Alles in allem kann man nur sagen:
Welch ein Geist mittelalterlicher Universalität und Katholizität wohnt in der einsamen Studierstube des Pfarrhofes an der Laurentiuskirche!
Wir nennen dazu die ältesten bekannten Pfarrer in der Herrschaft Frankenstein.

1333: Berthold
1334: Konrad v. Bickenbach
1354: Konrad v. Rohrbach
1371: Johann v. Miltenberg, Kapelle in Hahn
1379: Sifrit, zugleich Kaplan im Alsbacher Schloß
1392: Johann Wilderich von Arheilgen
1397: Gernod von Ramstadt
1406: Johann Wilderich, Kapelle zu Hahn
1413: Johann v. Wolfskehlen
1420: Peter Rode v. Urbach, am Katharinenaltar zu Nieder-Beerbach
Um 1450: Herr Arnold, Pastor, und Herr Kilian, vicarius (Frühmesser)
1471: Johann Gernold, Ober-Beerbach
1482: Johann Vetter, am Altar Mariae virginis, St. Sebastiani und Catharinae zu Eberstadt
1492: Philipp Walter von Gernsheim

Der Katzenelnbogener Erbfall

Nach dem Tode seiner beiden Söhne Philipp und Eberhard behält *Graf Philipp* d. Ä. v. Katzenelnbogen nur noch seine Tochter Anna. Sie ist am 5. September 1443 geboren, wurde im Alter von 3 Jahren dem *Landgrafen Heinrich III. von Hessen* verlobt und mit 14 Jahren (am 24. Januar 1457) mit ihm vermählt. Bereits 1470 wurde die Obergrafschaft (Darmstadt) dem Landgrafen als eine Art Vorleistung auf das zukünftige Erbe übertragen. Der sogen. Erbfall tritt mit dem Tode des Grafen Philipp am 28. Juli 1479 ein. Mit dem riesigen Erbe trägt Hessen den größten äußeren Gewinn im Mittelalter davon.

Auf der andern Seite hat dieser Besitz- und Machtwechsel für die kleinen, bisher noch selbständigen adligen Herrschaften bedrohliche Folgen. Die Landgrafen wollen von Anfang an keine selbständigen Territorien mehr dulden. Diese Tatsache ist natürlich auch auf dem Frankenstein bekannt. Die Herren hatten zwar niemals „große Politik gemacht", aber ihre Stellung wußten sie stets zu behaupten. Deshalb müssen sie jetzt alles daransetzen, vor allem alle Rechtsmittel, um ihre Souveränität zu wahren. Daraus entwickelt sich schließlich ein zähes Ringen der „Kleinen" mit den „Großen".

Nach dem Hinscheiden Konrads V. von Frankenstein übernimmt dessen Bruder Hans, der Alte, das Ältestenamt, während der Sohn, Konrad VI., offenbar zurückstand. Später nimmt der tatkräftige und zielbewußte *Philipp IV.* die Leitung des Gesamthauses in die Hand.

Von der Eheschließung *Konrads VI.* liegt, wie schon beim älteren Stamm gewohnt, die „Eheberedung" (Ehevertrag) im Ullstädter Archiv im Original vor. Die Gattin, *Apollonia von Kronberg*, erhält 1481 1500 fl. (Gulden) als Heiratsgut. In einem weiteren Vertrag verzichtet sie ausdrücklich auf alle Ansprüche gegen ihre Eltern Hartmut (XI.) von Kronberg und dessen Gemahlin Elisa von Sickingen.

Im Jahre 1483 kaufen Herr Konrad und Frau Apollonia die Mitgift, die der verstorbene Philipp III. von Frankenstein seiner Tochter Katharina in die Ehe mit Dieter III. Landschad von Steinach mitgegeben hatte. Dazu gehören Einkünfte in Pfungstadt, Hahn, Heppenheim, Griesheim bei Darmstadt, Weiterstadt, Trebur, Leeheim und der Bensheimer Hof. Hierin sind vermutlich Erbstücke

zu erkennen, die noch von Elisabeth von Weiterstadt, also aus den Anfangszeiten der Burg Frankenstein, herrühren.
Umgekehrt verkaufen Herr Konrad und Frau Apollonia 1487 ihre sogen. Kronenbergsgüter zu Heppenheim, Weinheim, Mosbach usw. um 1000 fl. an Johann Marx, den Altaristen zu Bensheim.
Schließlich kann Konrad VI. den Besitz in Oppenheim am Rhein weiter ausbauen. Er erwirbt durch Belehnung von dem Pfalzgrafen Philipp ein 2. Burglehen dortselbst, das aus 40 Morgen Ackerland sowie 1 Fuder Wein zu Nierstein am Rhein besteht.

Das Weistum der Schöffen

Da den Herren von Frankenstein weder politische noch gar militärische Macht zur Verfügung steht, müssen sie sich jetzt um möglichst eindeutige Feststellung der Rechtsgrundlagen ihres Territoriums bemühen. Diese werden in den sogenannten „Weistümern" der Schöffen erstattet, die unter ihrem Gerichtseid aussagen oder „weisen", was von alters her Recht und Brauch ist. Ihre Feststellungen besitzen Rechtskraft.
Vom Jahre 1489 liegen Weistümer aus den vier frankensteinischen Dörfern Nieder-Beerbach, Ober-Beerbach, Eberstadt und Allertshofen vor, die sicherlich auf Veranlassung der „Junker" (wie sie hier genannt sind) zustandekamen. Jedes ist aber von den einzelnen Gerichten selbständig erarbeitet worden. Wir folgen dem übersichtlichsten dieser Dokumente, dem Weistum von Nieder-Beerbach.

Oberster Gerichts- und Dorfherr

So weist und erkennt das Gericht beyden Junkern Philip (IV.) und Hanßen (II.), ihren Erben und nachkommen als Gerichtsherrn zu *Nidernberbach* an: das Gericht zu setzen (berufen) und zu entsetzen, alle gebott und Verbott, hoch und nidern zu thun (geben), außgeschieden Centrecht, das unserm gnädigen Herrn Landgraffen zusteht.
Das Zentgericht ist das Landgericht über schwere Verbrechen, das dem Landesherren, früher Katzenelnbogen, jetzt Hessen allein zusteht. Daß der Herr Landgraf ansonsten im Dorf nichts zu sagen

hat, bestätigt das *Eberstädter Weistum* in ziemlich krasser Weise:
Were es sache (geschähe es), daß myn Herr Landgrave (oder ein
anderer in dessen Auftrag) gein Eberstait vor gericht keme und
fragt: was freyheit und herlikeit (Herrschaft) myn Herre Landgrave do hette, so weist Ime der schöffen (das Gericht), er solle
sein pferdt an ein zeun binden, biß Er sein wort geredt, aber *mehr*
freiheit und herlikeit wird Ime *nit* gewisen (bestätigt). Das Weistum erinnert dabei an einen Vorfall, der im Gerichtsbuch — als
vor 40 Jahren geschehen — nachzulesen sei. Da kam ein Herr
Henrici, Sekretär des Grafen von Katzenelnbogen, und frug nach
dem Recht des Grafen in Eberstadt. Da hat man ihm gesagt, er
solle ausrichten, was ihm der Graf aufgetragen, sein Pferd wieder
abbinden und davon reiten. Worauf Herr Henrici meinte, um solcher Freiheit und Herrschaftsrechte der Grafen v. K. hätte er
gleich daheimbleiben können.
Vom Zentrecht sagt das Beerbacher Weistum genauer: Wer das
Leben verfochten oder verwürkt hette mit stehlen, totschlagen,
zaubern und dergleichen verwürckte handlung, gehort unserm
gnädigen Herrn Landgrafen uf die Cent oder landberg (Landgericht).

Wasser, Weide, Jagd und Fron

Das Gericht erkennt den Junkern, Vögt und Herren zu: zu fischen,
hegen, jagen und all waydwerk zu treiben oder verleihen nach
ihrem gefallen. Es erkennt den junkern zu: allen fron (Frondienste
der Hörigen) mit Wagen, Pferden und der Hand, und sonsten niemands mehr, das von alters also Herkommens ist.

Das Haingericht

In allen Dörfern tritt viermal im Jahr das Haingericht, die Versammlung der mündigen Gemeinsmänner zusammen. Man spricht
dabei von den „ungebotenen ding" (Thing). In Beerbach liegt
„das erste uf Montag nach Kirchweyhen, das ander uf Montag
nach St. Bartholomaei, das dritte uf Montag nach Martini, das
vierte uf Montag nach dem Achzehnten".
Der Achtzehnte, von Weihnachten her gerechnet, ist der 13. Januar,
ein uralter „Gemeiner Tag", um die Gemeindeangelegenheiten für
das neue Jahr zu beraten.

Urkunden und Gebühren

Zur Praxis des Vogteigerichtes gehören Beurkundungen aller Art, die z. T. heute noch dem „Ortsgericht" obliegen.
Welcher zu ewiger beheltnuß (zum Behalten, Gedenken) in diß gerichtsbuch leßt schreiben: Testament, letzten Willen, Kirchgab, Jahrgezeit (Stiftung einer jährlichen „Totenmesse"), Übergabe, Verträge und dergleichen, der soll dem Gerichtsschreiber, solches zu schreiben, geben 6 Pf., dem Gericht 1/4 Wein und 4 Hellerweck.
Wer ober kurz oder lang solches erklärt oder (aus dem Gerichtsbuch noch einmal) gelesen haben will, soll dem Schreiber geben 6 Pf. usw., wie oben.
Wer ein Vorgebot (eine Vorladung) begehrt, soll dem gericht geben 1/2 Viertel wein und vor 4 Heller Weck, 2 Heller aber dem gebüttel (dem Büttel, Ortsdiener, der den Mann vor das Gericht holt).
Welcher eine Verlegung tut (Aufnahme einer Hypothek) soll dem Gericht geben ein halb Viertel Wein und vor 4 Heller Weck.
Wer eine Aufholung tut (ein Pfand in Besitz nimmt), gibt dem Gericht 1 maaß wein und 2 Pf. vor Weck.
Von einem Augenschein (Besichtigung und Schätzung) gebührt, wenn es nahe ist, jedem Schöffen 6 albus und dem Schultheißen 10 albus, wenn es aber weit: den Schöffen 10 albus und dem Schultheißen 15 albus.

Geschäftsordnung für das Gericht

Eine ausführliche Geschäftsordnung aus späteren Jahren mag auch schon um 1500 gegolten haben, da solche Ordnungen meist auf uralte Vorbilder zurückgehen. Ein Gericht „hegen" bedeutet dabei: es mit bestimmten Formeln unter Königsbann und Landfrieden stellen.
„Wenn ein gericht gehegt werden soll, soll der *Schultheiß* fragen, ob es zu rechter Tagzeit sey, daß man der Junker von und zu Frankenstein gericht behegen solle.
Antwort 1. Schöffe: Wann es beleuth und gebotten (mit Geläute eingeladen) sey wie recht. Zweiter Schöffe: Ja.
Fragt Schultheiß: Weswegen (in wessen Namen und Recht) er es behegen solle?
Antwort 1. Schöffe: Wegen der wohledlen gestrengen Junkern zu

Fr. als ordentliche Obrigkeit und Gerichtsherrn zu Eberstait, die daselbsten zu gebieten und zu verbieten haben.
Schultheiß: wie er das Gericht im Rechten behegen solle?
Schöffe: Mit dem Frieden und dem Bann.
Schultheiß: Darauf gebe ich euch Frieden und Bann, daß keiner den stul (Stuhl) räume (fortgehe), keiner dem andern das Wort tue (ins Wort falle), auch keiner dem andern in sein Recht gehe, es geschehe denn mit erlaubnuß. Ich verbiete das Unrecht, auch alles, was gedachten Junkern und Herren an ihrer Gerechtigkeit (ihrem Recht) schaden mag.
Schlutheiß: Wie er sie ermahnen soll, das Recht zu sprechen?
Antwort: Auf den Eid!
Schultheiß: Wie ich es dir gebe, so gebe ich es allen mit einander, daß ihr rugen und vorbringen sollt alles, was euch wissent ist, niemand zu lieb noch zu leith, noch umb silber und golt, wie ihr es am Jüngsten Tag gegen Gott und jetzt gegen die Welt verthedigen (verantworten könnt."
Der Schöffeneid wird geschworen „mit aufgereckten Fingern zu Gott und zu seinem heiligen Wort". Er schließt: „Was mir hier vorgelesen, und ich genugsam verstanden habe, solchem allem will ich nachkommen, so wahr mir Gott helfe und sein heiliges Evangelium" (LV 37).

Die Handschuhsheim, Landschade und Forstmeister

In dieser Generation gehen drei junge Töchter vom Frankenstein hinaus in ein neues Leben an der Seite des erkorenen Gemahls: Margarete, Tochter Konrads V. vom älteren Stamme, und die beiden Schwestern Katharine und Lisa, Töchter Philipps III. vom jüngeren Stamme.

Margarete

Von ihr liegt, wie bei den meisten Angehörigen des älteren Stammes, die „Eheberedung" im Archiv in Ullstadt. Sie heiratet 1464 Dieter V. von Handschuhsheim. Das Heiratsgut beträgt 1000 Gulden.

Das ehemalige Dorf Handschuhsheim auf der rechten Neckarseite ist längst ein Vorort von Heidelberg geworden. Hier besaßen die Herren von „Hentschucksheim" bereits im 13. Jahrhundert zwei Schlösser. Ansehnliche Reste der „Tiefburg" sind noch vorhanden. Meist stehen sie (als begüterte Mainzer Lehensleute) in hervorragenden kurpfälzischen Diensten. Teilweise saßen sie auch (neben den v. Steinach, v. Helmstadt und v. Hirschhorn) in Neckarsteinach. Im Jahre 1600 kam es auf dem Marktplatz von Heidelberg zu einem unsinnigen, aber für damals typischen „Ehrenhandel". Die Vettern v. Hirschhorn und v. Handschuhsheim stritten um den Vortritt bei Hofe. Dabei wurde der letztere, der auch der letzte seines Geschlechtes im Mannesstamm war, im Duell erstochen.

Katharine

Sie ist die Schwester Philipps IV. von Frankenstein, der im Jahre 1506 der Kirche zu Eberstadt den schönen Kelch „St. Barbara" stiftete. Um 1470 ehelicht sie Herrn Dieter von Steinach, genannt Landschade. Sie stirbt bereits vor 1483. Ihr Mann heiratet in diesem Jahre in 2. Ehe Agnes von Rosenberg.
Die Herren von Steinach sind ein altes, edelfreies Geschlecht mit einer selbständigen Herrschaft. Bekannt geworden ist der Minnesänger Bligger von Steinach, der etwa zwischen 1160–1200 lebte. Nacheinander entstehen, da sich das Geschlecht ausbreitet, die vier berühmten Burgen über Neckarsteinach: die Vorderburg, Mittelburg (ca. 1200), Hinterburg (ca. gleiche Zeit) und als letzte die Schadeck, im Volksmund das „Schwalbennest" geheißen.
Die Linie, die auf der Burg Schadeck saß, erhielt mit Bligger X. zur Unterscheidung von einem gleichnamigen Vetter den Beinamen „Landschad". Und das wirkte sich, soweit es ihren Nachruhm betrifft, tatsächlich zum Schaden aus.
In späteren Zeiten, als man das altdeutsche „Landschad" nicht mehr verstand, wurden schreckliche Geschichten erfunden, wie etwa diese: „Es wohnt dort in jenem Neste zu Steinach ein Ritter, wild wie die Gegend, die er bewohnt, mit einem Herzen von Stein wie der Felsen, darauf er genistet, *zum Schaden des Landes* geboren, lebend und sich nährend von Raub und Blut und Mord. Es ist der *Landschade* Bligger! Unwürdig ist er des Namens und der Würde eines Ritters. So geht die Klage zum Kaiser. Dieser fordert den Landfriedensbrecher vor Gericht. Bligger kommt nicht. Vogelfrei erklärt konnte er aus seiner Burg sich nicht mehr wagen. Be-

graben wurde er in unheiliger Erde." (Aus „Gottschalk: Ritterburgen".) Diese blutrünstige Mär wurde bis in unsre Zeit hinein fleißig nachgedruckt.
Die wissenschaftliche Untersuchung von Walter Möller (LV 29) stellt dagegen nüchtern fest:
„Für Kenner der Verhältnisse ist die Geschichte kaum glaubhaft. Würde sie auf Wahrheit beruhen, so würde wohl dem Treiben durch Kaiser oder Pfalzgraf sehr bald ein Ende bereitet, und die Burg von reichswegen gebrochen worden sein. Wenn dann der Verbrecher nicht hingerichtet wurde − der Name „Landschad" kommt gerade in der Zeit des strengen Regiments Rudolfs v. Habsburg zuerst vor − so würden wir doch jedenfalls durch eine ‚Urfehde' sichere Kunde von der Begebenheit erlangt haben. Mit dem Raubritter ist es also bestimmt nichts".
Die richtige Erklärung ist verblüffend einfach. Der Ritter Bligger bekam den Beinamen Landschad von seiner Burg her, die Schad-Eck, bzw. Schad-Heck hieß. Denken wir an Luthers Übersetzung des 84. Psalms von den Nestern, da „die Schwalben ihre Jungen *hecken",* und fragen wir uns, warum der Volksmund die Burg das „Schwalbennest" nennt: das alte Wort „Schad" bedeutet − Schwalbe. Es sind die Landschwalben gemeint, die die bekannten Nester an die Häuser kleben. So „klebt" auch die Burg Schadeck am steilen Hang!

Lisa

Der Weg vom Frankenstein nach Heidelberg ist ebenfalls nicht weit. Hier fand Lisa von Frankenstein ihren Gatten, *Philipp Forstmeister von Gelnhausen,* der Vogt in Heidelberg war.
Die Forstmeister, eine adlige Familie, tragen ihren Namen seit dem 12. Mai 1360, als der Ritter Dietrich, Amtmann zu Wächtersbach, Forstmeister des Büdinger Waldes wurde. Damit hat es die folgende Bewandtnis.
Das Forstmeisteramt in dem riesigen Reichsforst Büdingen war ebenso ehrenvoll wie einbringlich. Es gehörten erhebliche Waldnutzungsrechte dazu: Schweinemast (Eicheln!), Bau- und Brennholzbezug, Weiderecht, Jagdfreiheit, Gerichts- und Waldnutzungsgebühren.
Dafür ist der Forstmeister verpflichtet, wie es im Weistum von 1380 steht, dem Kaiser als Oberherren des Forstes zur Ausübung der Jagd je einen *weißen Bracken* zu Gelnhausen, Büdingen und

Wächtersbach zu halten, diese Hunde *auf seidene Decken zu legen* und sie *an seidenen Leitseilen* und *vergoldeten Silberhalsbändern* zur Jagd zu führen.
Der Forstmeister muß dem Kaiser ferner eine Armbrust von Eiben- und Ahornholz mit seidener Sehne zur Verfügung stellen und ihn mit Bogen aus *Elfenbein,* Pfeilen mit *Silberspitzen* und einer Befiederung von *Straußen- und Pfauenfedern* ausstatten. So hören wir auch einmal, wie Kaiser zur Jagd gingen.
Dem Forstmeister unterstanden in der unmittelbaren Waldaufsicht 12 Förster, die vielfach dem niederen Adel entstammten und Lehensträger je einer Waldhufe (Forsthof) und zahlreicher nutzbarer Rechte waren. Diese Organisationsform fand jedoch im 15. Jahrhundert ihr Ende (LV 7).
Frau Lisa bekam vom jüngeren Stamme Frankenstein Rechte an dem Dorf Eberstadt, die aber wieder zurückgekauft wurden. Darüber gibt es folgende Bekundung: ,,Ich, Philips Forstmeister von Gelnhausen bekenne und thue Kundt offenbar mit diesen Brieff vor mich und alle meine Erben, daß ich an den vesten Philipsen zu Franckenstein, meinen lieben Schwager, meinen vierten Teil an dem Dorf und Gericht zu Eberstatt an der Bergstraße gelegen, verkauft habe. Anno 1497.

Der Steinbock von Uttingertal

Der Turm der alten Kirche in Eberstadt trägt über dem ehemaligen Südportal 4 Wappen. In der oberen Reihe sind das ,,Frankensteiner Beil" und daneben ein halber Steinbock dargestellt, in der unteren wieder das ,,Beil" und daneben ein Stern über einem Felsen. Die hier gemeinten Herren sind Philipp IV. und sein Sohn Georg von Frankenstein. Der *Steinbock* ist das Wappen der Familie Bock oder Böcklin von Uttingertal, der *Stern* zeigt die Familie von Sternenfels an. Von der Jahreszahl über den Wappen 1523 wird später noch die Rede sein. (Siehe Abbildung.)
Junker Philipp ist mit *Margarete,* Tochter des Mathias Bock (Böcklin) *von Uttingertal* und dessen Gattin Agnes von Hirschberg, verheiratet. Wo aber sind die Böcke oder Böcklin vom Uttingertal zu finden? Der Verfasser hat lange herumgefragt, bis die Spur mit Hilfe fleißiger Freunde endlich in den schönen Schwarzwald führte: nach Horb am Neckar. Ein Besuch in dieser wunderschönen, auch herrlich über dem Fluß gelegenen alten Stadt kann nur emp-

Allianzwappen 1523

fohlen werden. Der dortige Archivar ließ uns zudem freundlicherweise wissen, daß in der dortigen Hl.-Geist-Kirche etliche Grabsteine der Familie Böcklin, wie sie hier heißt, eingemauert sind.
Der Burgsitz der Böcklins liegt auf einem Bergsporn im Eutinger Tal, etwa 5 km unterhalb von Horb links des Neckars. Die jetzige Ruine gehört der Familie v. Stauffenberg. Der ehemalige Besitzer schenkte sie nebst Waldungen und dem Eutinger Talhof dem Sohn des 1943 erschossenen Grafen v. Stauffenberg, der als Widerstandskämpfer bekannt ist.
Das ritterbürtige Geschlecht der Böcklin saß ursprünglich in der *Stadt Horb* selbst. Anno 1290 verkauft „Dietericus dominus Bockeli scultetus (Schultheiß) ze Horwe" das Dorf Roingen an die Kommende. Im Jahre 1319 wird dann ein Konrad Böcklin erwähnt, „gesessen uf utinger tal". Er saß also auf der Burg, die damals noch Utingertal, später aber Eutinger Tal hieß.
Am Dorstag (Donnerstag) nach St. Niclastag verkauft Kunrat Bökeli von Utingertal dem Kloster Ruthi 9 Ml. Roggen, 4 Hühner, 2 Gänse und 100 Eier. Die darüber ausgestellte Urkunde siegelt er mit eigenem Siegel, wodurch die Zugehörigkeit zum Adel bezeugt ist.
Johann Bökli von Eutingertal gibt dem Kloster Kirchberg 2 Viertel und 5 Malter Roggen, 2 Malter Kern, 2 Viertel „ernsan" (Erbsen), „3 Schilling (Dutzend) Haller (Heller)", 1 Gans und 25 Eier jährlichen Geldes um eine Pfründe für seine Tochter „Elisabethen, die er in das Kloster getan". Er siegelt selbst mit einem Rundsiegel in Wachs. Der Schild enthält den Steinbock der Böcklin, die Umschrift lautet: „S. Johannis dicti Bokli".
An einer Urkunde von 1383 hängen drei runde Wachssiegel. Das erste enthält den nach rechts gerichteten halben Bock der Böcklin, während auf dem dritten der nach links gerichtete mit der Umschrift „bocli i. U." (in Utingertal) zu sehen ist. Der Steinbock wurde demnach teils nach rechts, teils nach links — wie an der Eberstädter Kirche — dargestellt. Um das Jahr 1480 verschwindet der Name Böcklin gänzlich aus der Gegend von Horb (LV 38).
Er taucht aber wieder auf an der Mosel. Die schon genannte *Margarete Böcklin* ist in ihrer 1. Ehe verheiratet mit dem Ritter *Heinrich Beyer von Boppard*, dessen Familie seit 1409 die kleine Herrschaft Lösnich (heute Kreis Bernkastel) innehat. Aus der Ehe kommt Anna Beyer, die spätere Frau des Ritters Hans IV. von Rodenstein. Von diesen Eheleuten stammen alle späteren Rodensteiner ab.

In ihrer 2. Ehe vermählt sich nun Frau Margret Böcklin mit dem Junker *Philipp IV. von Frankenstein.* Im Jahre 1483 gewinnt dieser das Hirzbergische Burglehen zu Oppenheim, das ohne Zweifel von Agnes v. Hirschberg, der Mutter Margrets, herkommt. Ein weiteres Lehen übernehmen Philipp und Margarete mit 20 Pfd. Heller Geldes „auf die Juden zu Oppenheim", das seit 1421 denen von Hirschberg zustand. Die Lehensbriefe sind ausgestellt in den Jahren 1502 und 1509.

In den Jahren 1520–1524 errichtet Junker Philipp ein *neues großes Stammhaus* seiner Familie (des jüngeren Stammes) in der Burg Frankenstein. Frau Margret konnte sich der neuen, sicher gegenüber früher schöneren und bequemeren Wohnung nicht lange erfreuen. Sie stirbt schon am 26. November 1525. Ihr Gatte folgt ihr sieben Jahre später nach. Beide sind in der Kirche zu Nieder-Beerbach beigesetzt, die seit längerem die Grablege des jüngeren Stammes Frankenstein bildet. Beider Sohn *Georg,* hessischer Hauptmann, war in jungen Jahren bereits 1531 dahingegangen.

Das Bekenntnis Philipps von Frankenstein

Angesichts der bedrohlichen Zeichen der Zeit hat *Philipp IV. von Frankenstein* eine tiefe Liebe zur Kirche und Standfestigkeit im angestammten katholischen Glauben bezeugt, die für seinen persönlichen Einsatz charakteristisch sind. Zugleich aber hat er damit die Richtung gewiesen für alle kommenden Generationen des Hauses Frankenstein bis zum heutigen Tage. In besonderer Weise lag ihm die Ausstattung und Verschönerung der mittelalterlichen Laurentiuskirche in Eberstadt am Herzen.

Lange Zeit hat man gemeint, daß die heutige alte Kirche in Eberstadt die erste gewesen sei, erbaut im Jahre 1523, und daß vorher nur eine „kleine Kapelle" auf dem Kirchberg gestanden habe. Wir hegen heute keinen Zweifel daran, daß es sich um eine Pfarrkirche handelte mit mindestens zwei Altären. Von den dazugehörigen, „wiederentdeckten" Pastoren haben wir schon im II. Kapitel berichtet.

Im Jahre 1506 stiftet der Junker einen wundervollen silbervergoldeten Meßkelch für die Laurentiuskirche, der glücklicherweise die Zeiten überdauert hat. Auf der Oberseite des Fußes finden sich eine gravierte Rosette und drei farbig emaillierte Wappen. Das erste zeigt das „Frankensteiner Beil", das andre den halben Steinbock der Böcklin von Utingertal, von der Seite der Gemahlin Philipps, und das dritte ein Hirschgeweih von der Seite seiner Mutter, Else Krig von Altheim. In der Innenseite des Fußes ist eingraviert: „Philips von Frankenstein im 1506. jar – St. Barbara". Damals trugen die Kelche noch Namen, wie auch die Glocken. St. Barbara ist später die Schutzpatronin der Bergleute, Artilleristen und Feuerwehrmänner geworden. Schließlich wurde sie jedoch bei der Kalenderreform des Papstes Paul VI. 1969 aus dem Heiligenkalender wieder entlassen, da es keinen Nachweis für ihre historische Existenz gibt. Die Dreifaltigkeitsgemeinde zu Eberstadt benutzt den Kelch trotzdem bis heute im ehrfürchtigen Gebrauch beim hl. Abendmahl.

Im Turm dieser Kirche hängt die Glocke, die allem Vermuten nach ebenfalls vom Hause Frankenstein gestiftet wurde. Sie trägt die Inschrift: „Sant Anna Glock heiß ich, Meister Hans zu Frankfort gos (goß) mich 1512". Auch sie hat die Jahrhunderte überstanden und wird heute noch geläutet. St. Anna ist die (legendäre) Mutter der Jungfrau Maria, der der Hauptaltar der Laurentiuskirche geweiht war.

Aus der gleichen Zeit stammt schließlich eine Taufschale aus Messing, auf deren Boden die getriebenen Figuren des biblischen ersten Menschenpaares Adam und Eva unverhüllt zu sehen sind. Sie erinnern an den „Sündenfall" im Paradies, von dem Christus den getauften Menschen wieder befreit. Auch dieses unersetzliche wertvolle Gerät dürfte zu den Stiftungen der Herren von Frankenstein gehören. Alles in allem ist es erstaunlich, daß eine einstmals doch kleine Dorfgemeinde solche Werte besaß und durch die Nöte der Jahrhunderte hindurch gerettet hat. Aus einer Kirchenrechnung erfahren wir übrigens, daß die Geräte vor dem Einfall der Franzosen im Jahre 1693 von einem Eberstädter Bauern im Rucksack nach Frankfurt in Sicherheit gebracht wurden.

Nicht auszuschließen ist es, daß im Zusammenhang mit den wertvollen Geräten auch die Altäre eine neue Ausstattung und neuen Schmuck und die Pfarrer schön gestickte neue Gewänder bekommen haben.

Über dem ehemaligen Südportal des Kirchturms ist, wie schon gesagt, das Allianzwappen Philipps IV., seines Sohnes Georg und der beiden Ehefrauen angebracht, und darüber die Jahreszahl 1523. Über dem gegenüberliegenden früheren Portal hingen die Wappen

von Hans IV. und seiner Frau Irmela von Cleen, die heute über dem neuen Haupteingang zur Kirche zu sehen sind.
Die Jahreszahl 1523 gibt gewisse Rätsel auf. Man hat immer gemeint, daß anstelle einer „kleinen Kapelle" in diesem Jahre eine neue, wirkliche Kirche erbaut worden sei. Wo aber hätte dann die schon 1512 gestiftete St.-Anna-Glocke gehangen? Auch andere Fragen wären zu stellen. Wir begnügen uns hier mit der Vermutung, daß zu der vorhandenen Laurentiuskirche 1523 der stattliche Turm mit seinen dicken Mauern und dem schönen Kreuzgewölbe errichtet wurde, dessen Schlußstein die gleiche Jahreszahl aufweist.
Zweifellos liegt in dem allem ein ahnungsvolles Zeugnis: die glanzvolle Krönung der fast achthundertjährigen katholischen Epoche der Laurentiuskirche, die 30 Jahre später zu Ende gehen sollte.
Ein bewußtes Bekenntnis ist hingegen eine Steintafel, die Philipp IV. bei der Schloßerweiterung am neuen Wohnturm des Frankensteins anbringen ließ:

Anno dni 1528
zu got stet mein tru

Das heißt: Anno domini 1528 – Zu Gott steht meine Treue!
Inzwischen hatte der Reichstag zu Worms mit Martin Luthers Vorladung, der Übertritt des Landgrafen Philipp d. Gr. in dessen Gefolgschaft und die Einführung der „neuen Lehre" in der Obergrafschaft Darmstadt stattgefunden.
Im Jahre 1532 ist Junker Philipp gestorben.

Kelch St. Barbara 1506

VI.
Landgraf Philipp von Hessen

12. Generation

Älterer Stamm
(Eltern: Konrad VI. von Frankenstein und Apollonia von Kronberg. Kinder:)
<u>Johann (Hans) IV.</u> *(1492–1558), verh. mit Irmela, Tochter des Gottfried von Cleen und Margarete Echter von Mespelbrunn. Kinder: Konrad, Georg Oswald, Rudolf, Gottfried, Apollonia und Klara.*
Apollonia (1534–1560), Äbtissin.
Anna (1510–1549), Äbtissin.

Jüngerer Stamm
(Eltern: Philipp IV. von Frankenstein und Margarete Bock von Uttingertal. Sohn:)
<u>Georg</u> *(gest. 1531), verh. mit Klara, Tochter des Wilhelm von Sternenfels und Anna von Angelach. Kinder: Philipp V., Klara.*

Im Strudel der Geschichte

Hans IV. von Frankenstein und seine Frau *Irmela, geb. von Cleen,* die diese 12. Generation fast ausschließlich repräsentieren, geraten ungewollt und auf eigentümliche Weise in den Strudel der Geschichte. Deshalb ziehen wir zur besseren Übersicht die allgemein geschichtlichen Daten neben den persönlichen mit heran.
Hans von Frankenstein und seine kleine Frau heiraten (oder werden verheiratet) im Jahre 1508. Er ist 16 Jahre alt und sie gar erst 14. Solche frühen Ehen sind jedoch nichts Ungewöhnliches. Die Gräfin Anna von Katzenelnbogen wurde z. B. bereits mit drei Jahren dem Landgrafen Heinrich von Hessen (Großoheim Philipps des Großmütigen) anverlobt und vierzehnjährig mit ihm verheiratet. Die Eheberedung, die wir nun schon genugsam kennen, findet am Freitag nach Himmelfahrt 1508 statt. Irmela bekommt 2500 fl. als Heiratsgeld und dazu 400 fl. zur Morgengabe. Das ist das persönliche Geschenk des Mannes nach der Brautnacht, das ihr auf Lebenszeit verbleibt. An der Urkunde, einem mächtig großen Pergament, das im Archiv Ullstadt bewahrt wird, sind nicht weniger als 12 Siegel angehängt. Soviele nahe Verwandte und Zeugen waren gegenwärtig. In einem zweiten Pergament bestätigt die junge Frau, daß sie auf alle väterliche, mütterliche und brüderliche Erbschaft verzichtet.
Irmgards Vater, *Gottfried von Cleen,* ist 1471 Burggraf zu Bonames (heutigem Stadtteil von Frankfurt), 1486–1487 Amtmann zu Auerbach (Bergstraße) und von 1487–1497 hessischer Amtmann und Oberamtmann zu Darmstadt. Er ist in 1. Ehe mit Margarete von Buches und in 2. Ehe mit Margarete Echter von Mespelbrunn verheiratet. Aus der letzteren entstammen Irmela und ihr jüngerer Bruder Oyer. (Näheres über die Familien Cleen und Echter siehe im nächsten Abschnitt.)
Im Strudel dieser Jahre läuft das Mittelalter aus. Die „Neuzeit" beginnt – nach der einen Version 1492 mit der Entdeckung Amerikas, nach der anderen mit dem Auftritt Luthers 1517.
Im Jahre 1507 erläßt Papst Julius II. den allgemeinen Ablaß zur Errichtung des Petersdomes in Rom. Der Dombau wird zugleich begonnen.
Im Hochzeitsjahr des Junkers Hans v. Fr. 1508 entbrennt der lange schwelende *Aufstand der hessischen Ritterschaft* gegen die zunehmende Macht der Fürsten und großen Städte. Der Hauptantrieb

zur Erhebung geht von dem kaiserlichen Feldhauptmann und Söldnerführer *Franz von Sickingen* auf der Ebernburg im Nahetal aus, die damals „Herberge der Gerechtigkeit" genannt wird.

Im Jahre 1514 übernimmt Erzbischof Albrecht von Mainz die Organisation des *Ablaßverkaufes* in Deutschland. Das Handelshaus Fugger in Augsburg hat den Gesamtvertrieb.

Um M. Magdalena 1517 heiratet Oyer von Cleen, Bruder Irmelas, seine Braut *Margaretha von Sickingen*, die Tochter des berühmten, streitkräftigen Ritters.

Im Oktober dieses Jahres gibt *Martin Luther*, Professor in Wittenberg, seine bekannten 95 Thesen heraus, die einer wissenschaftlichen Diskussion über die theologische Begründung oder auch Nichtbegründung des Ablasses dienen soll. Es spielen aber auch soziale Gründe mit hinein, da der ärmste Bauer seine letzte Kuh verkauft, um nur einen Ablaß zu bekommen.

Im März des Jahres 1518 läßt die tatkräftige Witwe des Landgrafen Wilhelm (II.) von Hessen, Anna von Mecklenburg, die bisher die Regentschaft führte, ihren Sohn *Philipp* 13 1/2jährig vom Kaiser für mündig erklären und übergibt ihm die Regierung.

Wiederum im Jahre 1518 sieht man vom Frankenstein herunter *die Dörfer um Darmstadt brennen*. Franz von Sickingen liegt vor der Stadt. Bessungen, Arheilgen, Griesheim, Pfungstadt werden geplündert und teilweise verbrannt. Eberstadt hat Glück und bleibt verschont. Das Unternehmen soll den Landgrafen Philipp schädigen. Aber dem Schwager der Frau Margarete von Cleen, der Tochter Sickingens, Hans von Frankenstein, tut man nichts. Der Stadt geschieht auch nicht viel, da die Blüte der hessischen Ritterschaft drinnen liegt, die dem landgräflichen Hause ohnehin nicht grün ist. In gleicher Weise nimmt sich der Ritter Götz von Berlichingen Groß-Umstadt vor. Die beiden Städte müssen allerdings einen gehörigen Batzen Geld bezahlen.

Kaiser Maximilian I., Der *„Letzte Ritter"* stirbt 1519.

1520 stirbt unvermutet im blühenden Alter der „ehrenvest" Oyer von Cleen, Herr zu Ockstadt, und kurz danach auch sein Söhnchen Franz. Das Erbe geht an Frau Irmela (siehe nächsten Abschnitt).

Franz von Sickingen, Oyers Schwiegervater, beginnt 1522 den sogenannten *Ritterkrieg* gegen Kurtrier, Kurpfalz und Hessen, nachdem er sich zuvor dem Reformator Martin Luther zugewandt hatte. Er blieb der große Revolutionär, der für die Freiheit des Geistes und die Einheit des Reiches stritt.

Nach dem mißlungenen Zug Sickingens gegen Trier schließen ihn die Fürstenheere als Vollstrecker der Reichsacht in seiner Burg Nanstul über Landstuhl in der Pfalz ein. Nachdem die Mauern eingeschossen waren, trat Sickingen in die Bresche und wurde von einem niederstürzenden Balken schwer verwundet. An seinem Lager stehen die Sieger und überhäufen den Sterbenden mit Vorwürfen und Schmähungen.

Das Grabmal des Ritters steht in der katholischen Kirche in Landstuhl. Er trägt, überlebensgroß, die volle Rüstung. Die Hände sind gefaltet in frommer und zugleich männlich ergebender Gebärde.

In etwa der gleichen Zeit stirbt Ulrich von Hutten als Flüchtling in Zürich.

Auf dem *Frankenstein* vernimmt man alle diese Nachrichten mit Beklemmung. Das Hin und Her zwischen Politik und Religion, Freundschaft und Feindschaft geht durch die Familien mitten hindurch.

Auch von *Kronberg* im Taunus, woher die Mutter Hans IV., Apollonia v. Kronberg stammt, kommen (für die Familie Frankenstein) bedenkliche und verwirrende Nachrichten. Hartmut XII. von Kronberg führt dort 1524 die Reformation ein. Da er aber auch ein Anhänger Sickingens ist, muß er dem Ansturm des siegreichen Landgrafen weichen und verliert seine Burg.

In eben diesen Jahren erheben sich in Schwaben und Franken die furchtbar *mißhandelten Bauern* zum Angriff auf die Fronburgen. Die Führung hat nach längerem Sträuben der Ritter *Götz von Berlichingen* übernommen. Auch er ist mit dem Hause Frankenstein verwandtschaftlich verbunden.

Die zwiespältige Not der Zeit spiegelt sich in dem berühmten Brief Ulrichs von Hutten.

Huttens Brief an Pirkheimer

„Die Leute, von denen wir unsern Unterhalt beziehen, sind ganz arme Bauern, denen wir unsre Äcker, Wiesen und Felder verpachten. Der Ertrag daraus ist im Verhältnis zu den darauf verwandten Mühen sehr gering, aber man sorgt und plagt sich, daß er möglichst groß werde; denn wir müssen äußerst umsichtige Wirtschafter sein. Wir dienen dann auch einem Fürsten, von dem wir Schutz erhoffen. Tue ich das nicht, so glaubt jeder, er dürfe sich alles und jedes gegen mich erlauben.

Aber auch für den Fürstendiener ist diese Hoffnung Tag für Tag mit Gefahr und Furcht verbunden. Denn sowie ich nur einen Fuß aus dem Hause setze, droht Gefahr, daß ich auf Leute stoße, mit denen der Fürst Spähe und Fehden hat, und die mich anfallen und gefangen wegführen. Habe ich Pech, so kann ich die Hälfte meines Vermögens als Lösegeld darangeben, und so wendet sich mir der erhoffte Schutz in das Gegenteil.

Wir halten uns deshalb Pferde und kaufen uns Waffen, umgeben uns auch mit einer zahlreichen Gefolgschaft, was alles ein schweres Geld kostet.

Dabei können wir dann keine zwei Äcker lang unbewaffnet gehen; wir dürfen keinen Bauernhof ohne Waffen besuchen, bei Jagd und Fischfang müssen wir eisengepanzert sein. Die Streitigkeiten zwischen unseren und fremden Bauern hören nicht auf. Kein Tag vergeht, an dem uns nicht von Zank und Hader berichtet wird, die wir dann mit größter Umsicht beizulegen suchen. Denn wenn ich das Meinige allzu hartnäckig verteidige oder auch Unrecht verfolge, so gibt es Fehden. Lasse ich aber etwas allzu geduldig hingehen, oder verzichte gar auf mir Zustehendes, so gebe ich mich ungerechten Übergriffen von allen Seiten preis.

Gleichgültig, ob eine Burg auf einem Berg oder in der Ebene steht, so ist sie auf jeden Fall doch nicht für die Behaglichkeit, sondern zur Wehr erbaut, mit Gräben und Wall umgeben, innen von bedrückender Enge zusammengepfercht mit Vieh- und Pferdeställen, Dunkelkammern, vollgepfropft mit schweren Büchsen, Pech, Schwefel und allen übrigen Waffen und Kriegsgerät. Überall stinkt das Schießpulver, und der Duft der Hunde und ihres Unrats ist auch nicht lieblicher, wie ich meine.

Reiter kommen und gehen, darunter Räuber, Diebe, Wegelagerer, da unsre Häuser meist allem möglichen Volk offenstehen, und wir den einzelnen nicht genauer kennen oder uns auch um ihn nicht sonderlich kümmern. Und welch ein Lärm! Da blöken die Schafe, brüllt das Rind, bellen die Hunde; auf dem Felde schreien die Arbeiter, die Wagen und Karren knarren, und bei uns zu Hause hört man die Wölfe heulen.

Jeden Tag kümmert und sorgt man sich um den folgenden, immer ist man in Bewegung, immer in Unruhe. Da müßten die Äcker umgegraben und wieder umgegraben werden, ist in den Weinbergen zu arbeiten, Bäume muß man setzen, Wiesen bewässern, Schollen brechen, sähen, düngen, das Getreide schneiden, dreschen; nun ist die Zeit der Ernte, nun wieder Weinlese. Ist es dann ein schlechtes

Siegel: Maria mit dem Kinde

Siegel Ulrichs von Leutersheim, „Meister des deutschen Ordens in deutschen und welschen Landen", angehängt an ein Pergament von 1477. Diese Urkunde enthält eine Verzichtserklärung des Deutschritters Dieter von Cleen auf alles väterliche und brüderliche Erbe, welche der Deutschmeister bestätigt.
Dieter war der Sohn Wenzels IV. von Cleen und dessen Frau Irmela von Sachsenhausen und der Bruder Gottfrieds von Cleen. 1489 war er Ordenskomtur in Marburg. Bei der Taufe des nachmaligen Landgrafen Philipp von Hessen d. Gr. im Jahre 1504 war er als dessen Taufpate zugegen. Nach 1520 wurde er Hochmeister des Ordens.

Jahr, wie es in unsrer unfruchtbaren Gegend nur zu oft der Fall ist, dann herrscht furchtbare Not."

Im Jahre 1526 führt Landgraf Philipp von Hessen in seinen Landen *die Reformation* ein. Die kleine Herrschaft Frankenstein bleibt zunächst noch unbehelligt. Und am Wohnturm auf der Burg läßt Philipp von Frankenstein 1528 sein Bekenntnis kundwerden: „*Zu Gott steht meine Treue!*".

Philipps Sohn *Georg von Frankenstein* steht indes — fast wäre man versucht, zu sagen: komischerweise — auf der Seite des Landgrafen. Er ist Hauptmann und oberster Befehlshaber der gesamten Zentmannschaft (der Landmiliz) in der Obergrafschaft Darmstadt. Scriba (LV 37) sagt von ihm: „Er war ein bei dem Landgrafen zu Hessen in hoher Gunst und Ansehen stehender Mann, welches aber freilich seiner Familie in ihren späteren Streitigkeiten mit den Landgrafen nicht eben gut zustatten kam, da man sich von hessischer Seite stets auf seine Willfährigkeit berief."

Mit ihm setzt sehr bald *das große Sterben* im Hause Frankenstein ein. Hauptmann Georg wird 1531 abgerufen, sein Vater Philipp IV. folgt ihm im nächsten Jahr, und zuletzt muß Junker Hans von Frankenstein in sein Tagebuch die traurige Nachricht eintragen: „Anno 1532 uff Dorstag noch allerhellige tag ist ferstorben Irmell von Cleen, mein lieb hausfrauw, daz gott genadt (ihr gnädig sei), Ihrs altters im 38. jar gewest."

Das „*Hausbuch*" hatte einst Gottfried von Cleen zu Ockstadt angefangen mit den Geburten, Eheschließungen und Begräbnissen in der Familie. Hans von Frankenstein führt es weiter, und viele Generationen haben später daran fortgeschrieben.

Nach dem Tode seiner Frau 1532 trägt Junker Hans die 13 Kinder ein, die sie ihm in 24jähriger Ehe geschenkt hatte. Ihrer sieben sind früh gestorben. Die übrigen haben wir im folgenden herausgehoben.

„Diße hernag geschriben kynder hab ich, Hanß zu Franchenstein, von Irmell geborn von Cleen, meyner selichen Hausfrawen, gehabbt und synt alle zu dem Heiligen Sacrament der Thauff kommen.

Conradt: Anno Dmi 1510 uff fridag Sant Margrete obentt (am Vorabend vor St. Margarete) ist Conradt meyn sone geporn des morgens zu vir uhren.

Gottfried: anno dmi 1512 uff dinstag sant Jorgen dag des morgens zu sechs uhren ist Gottfridt meyn sone geboren.

Jorge Oßwaltt: Anno dmi 1513 uff sant Albanus obent (Vorabend) ist Jorge Oßwaltt meyn sone geborn.

Apollonia: Anno dmi 1515, jor uff fridag vor unser lieben frauwen

dag genant Liechtwyhung (Mariae Lichtmeß, 2. Februar) in der nacht zu neune uhren ist Apolonia meyne dochter geborn.
(Späterer Nachtrag eines Bruders:) Ist zu gott seliglich verschieden anno 72-ten (1572) den 2. Aprillis, ires alters im 57-ten jar, deren Selen gott genadt.
Clara: geboren 1516 – *Dorthea:* geboren 1517 – *Hanß Ebert (Eberhard):* geboren 1518 – *Johann:* geboren 1519 – *Diether:* geboren 1521 uff unsrer lieben frauwen dag verkündigung in der fast gelegen (Mariae Verkündigung, 25. März, in der Fastenzeit).
Rudolf: geborn 1523 uff dorstag vor sant Johannes (nachmals Bischof zu Speyer, gest. 1560).
Jorge: geboren 1525 uff des Herren lychnams obett (Fronleichnam, Vortag) zu mittag zu 12 uhren – *Ammelly:* geboren 1526 – *Philips:* 1528, vor sant Welpurgis dag (30. April).

Irmela von Cleen

Nachdem Oyer von Cleen unvermutet im Jahre 1520 gestorben war, und bald nach ihm auch sein Söhnchen Franz, kam das große Erbe in Ockstadt, Friedberg, Sachsenhausen und der Wetterau an seine Schwester Irmela und deren Gemahl *Hans von Frankenstein.* Das Testament des Vaters, Gottfried v. Cl., hatte vorgesehen, daß nur der Mannesstamm in der Herrschaft „succediren" sollte und erst nach dessen Erlöschen die „Kunkelmagen", die Frauen. Da aber zwei Brüder Gottfrieds bereits tot waren und der dritte als Deutschordensritter nicht in Frage kam, trat Frau Irmela das Erbe an. Dieser, Dietrich von Cleen, war 1488 „Statthalter Teutsches Ordens, hernach Land-Commenthur der Baley Hessen und 1520 Teutsches Ordens Hochmeister" (Humbracht 1707). Bei der Taufe Philipps d. Gr. von Hessen 1504 stand er Pate und war auch Vormünder, allerdings gegen die Landgräfin.
Der ursprüngliche *Stammsitz* der Familie von Cleen ist das Dorf Ober-Kleen nw. Butzbach (Wetterau). 1252 siegelt ein Conradus Milchelingus (Milchling) de Molinheim *sive de Cleen* mit dem Kleeblattwappen, wie es noch heute über dem Turmportal der alten Eberstädter Kirche zu sehen ist. Das Wappen zeigt farbig drei rote Kleeblätter auf goldenem Grund. Durch mehrere Generationen hindurch sind Ritter v. Cl. als Burggrafen in der Reichsburg Friedberg (Wetterau) bekannt.
Von hier bis nach *Ockstadt,* gegen den Winterstein im Taunus hin,

ist kein weiter Weg. So finden wir die Familie dort als Herren, denen bereits im 14. Jahrhundert gehuldigt wird.

Wenzel IV. von Cleen, Herr zu Ockstadt (1415–1474) ist 1450 Schultheiß zu Frankfurt. Um 1426 hatte er *Irmela von Sachsenhausen* geehelicht, die letzte aus dem Stamme der berühmten Reichserbschultheißen der Reichsstadt. Dadurch kam die Familie Cleen zu den großen Sachsenhausener Besitztümern, die sich über die halbe Wetterau hindehnten.

Ihrer beider Sohn *Gottfried* (1465–1498) ist in 1. Ehe mit *Margarete von Buches* aus dem Schlosse zu Höchst an der Nidder im Büdinger Land verheiratet, die vor 1489 stirbt. In 2. Ehe führt Herr Gottfried *Margarete Echter von Mespelbrunn* heim.

Es lohnt sich, in den Spessart zu ziehen und dieses wundersame *Wasserschloß* Mespelbrunn zu bestaunen. Trotz des niemals nachlassenden Besucherstromes hat der Prospekt recht: „Aus der hellen Sommerhitze locker gestreuter Dörfer führt der Weg in die dunkle Kühle der Buchen- und Eichengründe zu dem entlegenen Waldschloß hin, dessen bemooste Giebelfront und Türme, unter dunklen Schieferhauben im klaren Wasser festlich spiegelnd, sich verdoppeln".

Die odenwäldischen *Echter* stehen seit dem frühen 14. Jahrhundert als Wald- und Bachförster, Aschaffenburger Vizedom und Forstmeister im Dienste des Erzstiftes Mainz. 1412 überträgt Erzbischof Johann dem Ritter Hanmann I. Echter die „Wüstung und Hofstätte genannt der Espelborn" in einem Seitental der Elsava, der sich darauf ein unbefestigtes „Weiherhaus" erbaut. Sein Sohn Hanmann II., Mainzer Rat, führt dort um 1430 ein festes Haus mit Wehrmauern und Türmen auf. Er ist in 1. Ehe mit Lisa Hofwart von Kirchheim und in der zweiten mit Kunigunde, Erbmarschallin von Pappenheim, verheiratet.

Ihr Sohn Peter (II.) ehelicht um 1470 Margarete von Thüngen. Diese beiden sind die Eltern Margaretens, der Ehefrau Gottfrieds von Cleen und Mutter von Irmela und Oyer.

Von 1518 an wird das Wasserschloß Mespelbrunn zu einem großartig romantischen *Renaissanceschloß* umgebaut. Hier wird 1545 der berühmte Julius Echter geboren, Fürstbischof zu Würzburg, Stifter der dortigen Universität, Bauherr in Franken und Vorkämpfer der Gegenreformation. 1665 erlischt das Haus Echter im Mannesstamm. Erbgut, Wappen und Namen gehen auf die Reichsgrafen von Ingelheim über, die Mespelbrunn heute noch im Besitz haben.

Kehren wir nach *Ockstadt* zurück. Um 1490 beginnt Gottfried von Cleen den Bau des „obersten Schlosses", der neuen Burg, ein imposantes Werk mit Bergfried, stattlichem Herrenhaus und vier durch Mauern verbundenen Ecktürmen. Diese sind mit schwerem Geschütz bestückt, die jedoch, soviel bekannt, niemals in Aktion getreten sind. Da die Herren von Cleen keine Ministerialen oder Burgmänner haben, werden die „Untertanen" in Dorf und Herrschaft zur Tor- und Schloßwache herangezogen.
Herr Gottfried, zuletzt Amtmann und Oberamtmann in hessischen Diensten zu *Darmstadt,* stirbt 1498 und wird, seiner Bestimmung gemäß, im Chor der Burgkirche zu Friedberg neben seinen Eltern Wenzel und Irmela v. Cl. begraben. Das Epitaph trug die Inschrift: „A. Dom. 1498. Jar uff sanct Jeronimustag ist gestorben der Veste Gotfrit von Cleen, des heyligen Römischen Reichs Schatzmeister, dem got gnedig und barmhertzig seye".
Die Witwe, Margarete Echter v. M., führt die Herrschaft weiter. Dabei muß zuweilen auch gerichtet werden, wie z. B. im Jahre 1505. Da haben die Wirtsleute Heinz und Grete die Gäste mit gefälschtem, d. h. zu kleinem Maß bedient, in damaliger Zeit ein Verbrechen. Der Wirt kommt in den Turm, das sogen. „Petzloch" (das die Eberstädter die „Betzekammer" nannten) und muß, um wieder herauszukommen „Urfehde" schwören. Er muß schriftlich seine Schuld bekennen und Besserung geloben. Der Anfang dieser Niederschrift lautet: „Ich heincz, meister hansen des huffenschmiyts sone, und ich, grede des ehgenannten heincz eheliche hussfraw, wonchafftig zu oxstaidt, bekennen offentlich, so als (daß) ich heincze und myn eheliche hussfraw grede den nachwern (Nachbarn, Einwohner) zu oxstaidt zu kleyne maß und ongerecht in myne wyneschangk geben han. Darumb ich genomme bin inne die straif (Strafe) und in thorn kome bin. Aber myn hussfraw grede in soliche straif und gefengniß nit kome ist, ane gesehen (in Ansehung) das (daß) sie mit eym kinde genge, und durch flissiche bide her uss ver bliben („auf fleißige Bitte draußen geblieben") ist".
Nachdem *Hans von Frankenstein* 1522 die Herrschaft übernommen hatte, fand er allerhand Schwierigkeiten vor, die mit der seltsamen Lage Ockstadts zusammenhingen. Dessen Gemarkungsgrenze reichte ursprünglich bis zur (heutigen) Kaiserstraße in Friedberg, das allerdings erst im Schutze der um 1170 erbauten Reichsburg entstand. Diese Burg wurde im Auftrag des Stauferkaisers Friedrich Barbarossa auf den Trümmern eines römischen Kastelles errichtet.

Hier sei ein interessanter Einschub gestattet. Das Kastell wird bei dem römischen Geschichtsschreiber Tacitus erwähnt als auf dem Berge Taunus (*mons taunus*) liegend. An andrer Stelle heißt es: „Beutebeladen und ruhmreich kehrten die Truppen zum Berge Taunus zurück". Von daher hat (erst seit Anfang des 19. Jahrhunderts) das Gebirge zwischen Main und Lahn durch Verwechslung mit dem Friedberger Kastell den Namen Taunus bekommen. Früher hieß es die „Höhe", wie die Namen Homburg vor der Höhe, Rodheim vor der Höhe u. a. deutlich anzeigen.

Die Stadt *Friedberg* breitete sich schnell nach Osten und Westen aus. Die Ockstädter wollten aber kein Breit ihres Bodens, der noch immer bis zur Stadtmauer reichte, hergeben, woraus sich Streitigkeiten durch Jahrhunderte hindurch ergaben.

Hans von Frankenstein hat es zuerst mit einem Judenfriedhof und einem Schindanger zu tun, die der Rat der Stadt Friedberg noch zur Zeit des Junkers Oyer von Cleen vor dem Mainzer Tor, d. h. also in Ockstädter Gemarkung hatte anlegen lassen. Auf dem Schindanger wurden „Malefizpersonen" beigesetzt, weshalb er auch die „Schelmengrube" hieß. Junker Hans besteht jetzt auf „Abstellung des Judens kirchhoffs und der schelmengrube". Den Friedberger Juden schreibt er einen Brief, in dem er seine Rechte als „oberkeit und herlichkeit", d. h. als Obrigkeit und Herrschaft zu Ockstadt hervorhebt. Hier ein Auszug: „Ir gemeine (allgemeine, alle) Judenn zu Fridburgk mogdt gutt wissen, wie Ihr euer begrebnuß (Friedhof) in der oberhern zu oxstatt oberkeit und herlichkeit vor weilen (vor Zeiten) gemacht, Ogers von Cleen, meines schwegirs seligen, als des oberherns unbewußt. (D. h. Oyer von Cleen hat von der Anlage des Friedhofs nichts gewußt.) Nun will ich euch nit unangezeigt lassen, dieweyl die oberkeit und herlichkeit zu oxstatt an mich erwachsen (gekommen), daß ich nit bedacht (gewillt bin), euch suliche begrebnus zu gestatten. Darumb thu ich euch hiemitt guttlich anzeigen, das ir euch hinfurder der angemasten (angemaßten) begrebnus (Friedhofs) enthalten wollet und ewer keinen mehr darein begraben. Das thu Ich mich als genzlich zu euch versehen (fest verlassen) und begern des (begehre darüber) ferstendige antwurdt mich haben (an mich) zu richten. Datum freitags nach Margreth anno 1530.

Hans zu Franckenstein"

Dieser Streit wurde viele Jahre hindurch am Reichskammergericht verhandelt.

Ein weiteres Streitobjekt bildet ein Ackergarten zwischen Ock-

stadt und Friedberg, den der Rat der Stadt als Schießplatz für Armbrustschützen eingerichtet hatte, nachdem eine „gemein gesellschaft" (allgemeine Schützengesellschaft) gegründet worden war. Auch hier geht es Hans von Frankenstein wieder um das Recht. Nachdem ihm vom Rat erklärt worden war, daß seine Obrigkeit und Herrschaft davon unangetastet bleibe, willigte Junker Hans ein. Später nahmen die Friedberger den Schießplatz, als zu ihrer Gemarkung gehörig, in Anspruch, woraus prompt wieder ein langer und kostspieliger Prozeß entstand. Den Herren von Frankenstein geht es in Ockstadt wie auch auf dem Frankenstein stets um die Erhaltung der Souveränität.
Als in der Obergrafschaft Darmstadt die Schwierigkeiten mit dem Landgrafen immer größer wurden und Hans von Frankenstein vollständig beanspruchten, läßt er 1537 die Ockstädter Untertanen seinen Söhnen *Konrad* und *Gottfried* als ihren Herren huldigen.

Erzwungene Reformation

Die lange erwarteten direkten *Angriffe Hessens* gegen die Herrschaft Frankenstein nehmen 1530 ihren Anfang in Sachen „Güldenweinzoll", das bedeutet eine Frachtsteuer auf Wein. Das Recht dazu war Philipp d. Gr. für die Wetterau schon 1505 verliehen und später auch auf die Obergrafschaft ausgedehnt worden. Eine Zollstation befand sich hinter Eberstadt an der „alten Straße" nach Darmstadt zu (heute: Heinrich-Delp-Straße). Listigerweise legen nun die Frankensteiner westlich davon eine neue Straße an. Irgendwie kommt die Kunde davon zu dem Landgrafen, der 1532 an Hans von Frankenstein schreibt: „Datum Cassel, dinstag nach Dyonisii. Uns langt an, daß die gewöhnliche Landstraße und Unser Zoll bei *Dir* umbfahren und eine neue Straß gelegt und ufgericht werde, welches *Uns* an Unserm Zoll, wie Du zu erachten hast, zu nicht geringem Schaden und Nachteil gereichen tut".
Die Straße wird trotzdem gebaut, westlich der alten. Sie hieß seit 1532 bis vor wenigen Jahren „Neue Darmstädter Straße" (heute Heidelberger Landstraße).
Der Landgraf macht darauf kurzen Prozeß und setzt einen *fürstl. hess. Zöllner* direkt nach Eberstadt und später auch einen nach

Nieder-Beerbach. Der erste Einbruch in die frankensteinische Souveränität ist erfolgt!
Als 1526 die *Reformation* in den hessischen Landen eingeführt und die Kirchen zu Darmstadt, Bessungen, Pfungstadt und Ramstadt mit lutherischen Predigern besetzt worden waren, blieben die drei Pfarreien der Herrschaft Frankenstein zunächst ausgespart. Im Jahre 1536 erfolgt dann *der erste Vorstoß* seitens des Landgrafen. Hans v. Frankenstein berichtet selbst darüber, daß Philipp d. Gr. verlangt habe, er solle in seinen Pfarrkirchen „das Wort Gottes bredigen lassen und dye messe sambt allen Ceremonien gantz abschaffen", auch solle er seinen Priestern und Kaplänen befehlen, sich „syner uffgerichten ordnung (Kirchenordnung) glichförmig zu halten". Hans von Frankenstein lehnt strikt ab.
Im nächsten Jahre ordnet Landgraf Philipp eine *Kirchenvisitation* in Eberstadt und Nieder-Beerbach an. Da eine solche aber zur geistlichen Gerichtsbarkeit in ihrer Herrschaft gehört, lehnt Junker Hans wieder energisch ab. Der Darmstädter Superintendent berichtet dem Landgrafen darüber: „Ich habe der Visitation zu Eberstadt und Berbach gesonnen an den Edelmann Hanß zu Frankenstein, ist mir aber abgeschlagen worden". So stehen 1540 noch immer katholische Priester hier.
Plötzlich aber heißt es auf der Kirchensynode, daß nur noch *ein* „widerspenstiger Adliger" vorhanden sei, „der seinen Priester noch nicht abgeschafft". Es war der Herr von Rodenstein. Auf dem Frankenstein hatte man also eingelenkt, d. h. den betroffenen katholischen Pfarrern die Entscheidung freigestellt. Junker Hans berichtet von deren Entschluß: „Sie haben sich solcher Neuerungen und hessischer Ordnung nicht begeben wollen, sondern haben die Pfarreien und Pfründen (Einkommensgüter) abgegeben und sind in andere Orte gezogen. Also habe ich, Hans von Frankenstein, andere (das heißt lutherische) Pfarrer in den Dienst genommen. Gott wolle wieder zur Besserung schicken".
Zu seiner Rechtfertigung gibt Junker Hans an, er habe sich „*vor Gewalt besorgen müssen,* wie an anderen Orten mit Gewalt Pfarrer und Prädikanten eingesetzt worden seien". Er selber wolle aber „sich und den Armen die Pein ersparen". Pein heißt hier: „peinliches Gericht", am Ende sogar Gefängnis. Im benachbarten Gräfenhausen, das den Herren von Heusenstamm gehörte, hatte der Landgraf befohlen, „des Junkers Pfaffen, so doselbsten Messe hält, gen Darmbstatt in den Thurn (Turm = Gefängnis) zu legen".
So steht am Donnerstag nach dem Dreikönigstag des Jahres 1542

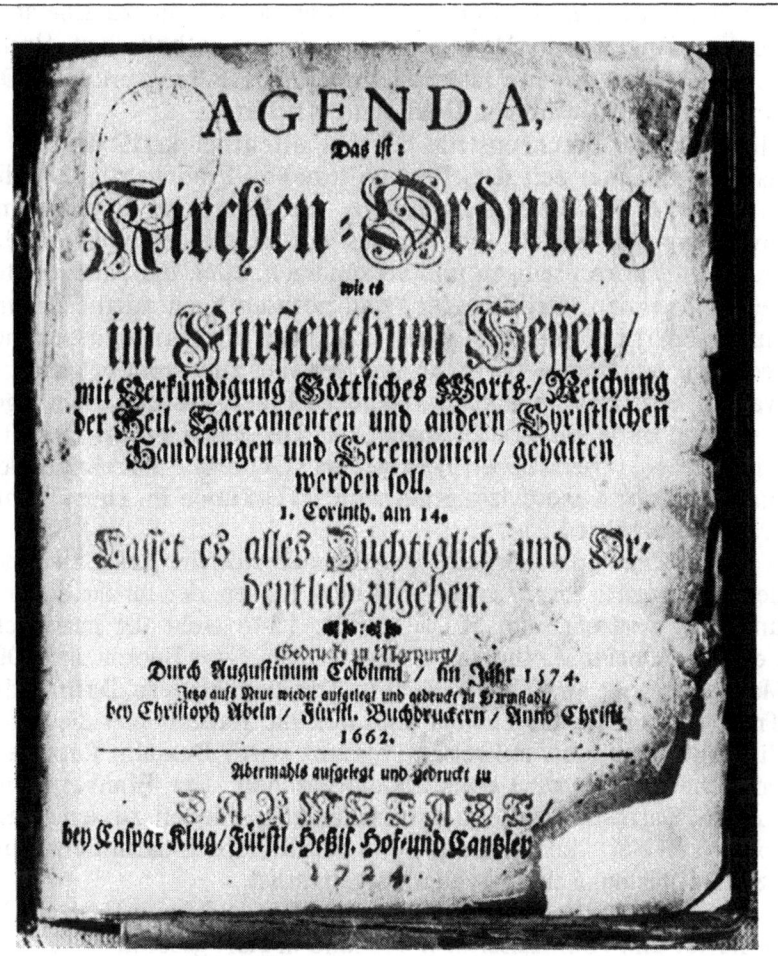

Die lutherische Agende

der *erste evangelische Pfarrer* am Altar der Kirche zu Eberstadt und empfängt aus der Hand des (nach wie vor katholischen) Herrn, des Junkers Hans von Frankenstein, seine Bestallungsurkunde. Der Anfang des denkwürdigen Dokumentes lautet:
„Ich, Hans zu Franckenstein, bekenne öffentlich krafft dis brieffs, daß ich, als diser zeit der eltest (Älteste) zu Franckenstein, verliehen hab *Herrn Michael Scheffern* die Pfarre zu Eberstat mit ihrem zugehör, alß das (daß) er das wort gottes dem volk daselbst lauter und clare predigen und verkündigen, auch die Sacramenten den begerenden (Begehrenden) und nothdürftigen mittheilen und sunst alles thun soll, das einem frommen pfarhern und getreuen seelsorger zu thun gepürt . . . und des alles zu warem bekunt (zur wahren Bestätigung) hab ich, Hanß zu Franckenstein, mein eigen insigel zu ende dis brieffs angehängt. Dis geben ist uff Dornstag nach christi unsers lieben hern gepurt (Geburt) Fünfzehnhundert und in dem zweiundvierzigsten Jare". (Urkunde im Hess. Staatsarchiv Darmstadt.)

Wenige Jahre später beginnt der Schmalkaldische Krieg zwischen den protestantischen Fürsten und dem Kaiser, der für die ersteren ungünstig verläuft. Am 21. Dezember 1546 steht der kaiserliche Feldherr, Oberst Maximilian d'Egmond, Graf von Bühren, mit 6000 Mann Fußvolk und 3000 Reitern vor den Mauern Darmstadts. Trotz energischer Gegenwehr stürmten die Kaiserlichen die Stadt, die geplündert und teilweise verbrannt wird. Das alte katzenelnbogische Schloß wird gänzlich eingeäschert. Der Frankensteiner Hof in Darmstadt scheint unbeschädigt geblieben zu sein, denn später soll der Oberamtmann Apel von Berlepsch darin Behausung nehmen, bis das Schloß wieder aufgebaut ist.

Landgraf Philipp von Hessen wird 1549 in Halle von Herzog Alba verhaftet und vom Kaiser nach Holland in Haft gesetzt.

Was Wunder, wenn man auf dem Frankenstein frohlockt, die evangelischen Pfarrer ausweist und *wieder katholische Priester* annimmt. In Eberstadt saß derweil der evangelische Pfarrer Johannes Vitus. Er beschwert sich in einem langen Brief vom 21. Februar 1549 an Hans von Frankenstein zu Oppenheim, daß man ihn nicht nur ungerechterweise seines Amtes entsetzt habe, sondern ihn auch aus Eberstadt vertreiben wolle, obschon seine Frau eine *frankensteinische Leibeigene* sei. Wegen dieser Calamitäten tröstet er sich übrigens mit Curtius, Camillus und Scipio Africanus (römischen Helden), denen man ebenso vergolten habe wie ihm.

Auf St. Margarethentag 1551 stellt Hans von Frankenstein in

Oppenheim die Präsentationsurkunde für den Nieder-Beerbacher Pfarrer Görg Strauß aus, in welcher sich dieser ausdrücklich Priester nennt und verspricht, die „Meß" zu lesen. Doch das Blatt wendet sich bald wieder. 1552 wird Landgraf Philipp aus der Haft entlassen, und schon rührt sich auch der Superintendent Nikolaus Fabricius in Darmstadt, indem er an den Oberamtmann Alexander von der Tann schreibt: „der beeden pfaffen zu Eberstadt und Beerbach abgöttischer und ärgerlicher Lehr und Lebens halben", und bittet „von Ambts- und Obrigkeits wegen befördern zu helfen, daß die Untertanen mit besseren Dienern des Worts versehen werden", gemeint sind natürlich evangelische Diener des Wortes.

Der Oberamtmann befiehlt unterm 8. März 1553 dem Hans von Frankenstein, „die beyden verdächtigen Pfarrer zu Eberstadt und Beerbach abzuschaffen oder, im Fall solches nicht geschähe, müsse der Superintendent von Amts wegen dieselben entsetzen und anndere an ihre Statt anordnen".

Hans von Frankenstein muß sich fügen, und so wird die „Reformation" in der Herrschaft Frankenstein zum zweiten Male und damit endgültig eingeführt.

Das Haus Frankenstein selbst bleibt weiterhin katholisch. Es bleiben ihm auch die seitherigen kirchlichen Rechte in ziemlichem Umfang. Das erste ist die geistliche Gerichtsbarkeit. Deswegen findet in Eberstadt lange Zeit keine Visitation statt. Der evangelische Superintendent hat hier nichts zu suchen. Das zweite ist die Präsentation neuer Pfarrer auf die Pfarrstellen der Herrschaft. Zum dritten haben die Herren von Frankenstein die Kastenrechnung (Kirchenrechnung) der evangelischen Gemeinden nach wie vor „abzuhören", d. h. zu prüfen. Die beiden „Kastenmeister" ziehen also zur Burg Frankenstein und legen dem jeweils regierenden Herren die Rechnung vor.

Im Eberstädter Pfarrarchiv liegen solche Rechnungen von 1598, 1604, 1606, 1612, 1615 usw. bis zum Verkauf der Herrschaft an Hessen 1662. Auf der 1. Seite hat eine Reihe der Herren die Richtigkeit geprüft und bestätigt bis hin zu Johann Carl von Frankenstein, nachmaligem Bischof zu Worms. Er hat seinen Namen in ausdrucksvoller Schrift eingezeichnet.

*

Die letzten Jahre des *Landgrafen Philipp d. Gr.* von Hessen, der 1567 starb, sind nicht zuletzt von seiner unseligen Nebenehe

überschattet. Denn wie diese, seine ganze Familie schwer belastende Eheverwirrung schon sein politisches Werk zunichte gemacht hatte, so zerstörte sie zuletzt auch noch sein Land.
„Doch — wie immer man ihn beurteilt, man wird dem Landgrafen zuerkennen, daß er ein außergewöhnlicher Charakter in einer ungewöhnlichen Zeit war, und daß beide einander auch darin entsprachen, daß ihre Aufgaben größer und mächtiger waren, als sie selbst. Das gilt jedoch nicht nur für den Hessenfürsten, sondern für Päpste, Kaiser, Fürsten und Reformatoren dieses Jahrhunderts überhaupt, unter denen er im ‚Morgenrot der Reformation' eine der bewegenden, ja mitreißenden Persönlichkeiten gewesen ist. Aber ihr sind eben auch geistig nicht minder hervorragende Gestalten dieser Frühzeit wie Ulrich von Hutten und Hartmut von Kronberg oder Bewegungen wie die der Bauern und Täufer zum Opfer gefallen." (Demandt, LV 7.)

Es klingt wie Abschied

Am 8. Oktober des Jahres 1553 besucht Rudolf von Frankenstein, der gerade Bischof zu Speyer geworden ist, seinen „alten, mit schweren Gichtleiden heimgesuchten Vater zu Oppenheim". Es ist Junker Hans, der sich dorthin zurückgezogen hat, weil es im Oppenheimer Haus wärmer und behaglicher ist. Hier entwirft er auch sein Testament, ein *weitläufiges Familienstatut* über die Teilung seiner Güter in Ockstadt, Sachsenhausen und der Herrschaft Frankenstein. Die Festlegung erfolgt am Donnerstag nach dem Weißen Sonntag 1555, dem Sonntag nach Ostern.
Im Zusammenhang mit der Teilung des Besitzes unter die Söhne und Enkel wird ein „Inventarium" aller Anteile des älteren Stammes in und um die Burg Frankenstein aufgestellt. Was „der Junker" ist, gehört dem älteren Stamm, was „Philipsen" ist (Philipp V.), dem jüngeren. Wir drucken in Kursivschrift das Besitztum des Ersteren. Der Rundgang beginnt an der Pforte zur Kernburg, die damals allerdings noch an der Ostmauer liegt.

Das Inventarium Frankenstein

(1) Erstlich: das *Haus im Schloß* gegen Berbach zu an der inneren pfortestube, die andere seite an Philipps zu Frankenstein alt haus

Frankensteiner Hof in Oppenheim

und backstube stoßen. Item *das alt haus* zwischen dem großen thurm (Wohnturm) und Philipsen kuchen (Küche). Item ein *Platz*, ist etwan eine behausung darauf gestanden und durch ein selbstangehend feuer Junker Conrads selig (Konrads VI.) zu grunde gangen, hat ein *Zigbrunnen* (Ziehbrunnen). Item ein *schöpfpronnen* uff vorgemeldtem platz, ist den Junkern allein und hat der andere stamm keine gerechtigkeit (Recht) damit zu geprauchen. Item *die Capell* im Vorhoff ist den Junkern, und hat der ander stamm kein geprauch darin als den, die heiligen empter (Messe) zu hören, und seynd diser junker Voreltern die Stifter und Collatores derselben. (Anm.: Die Kapelle wurde um 1450 erbaut.)

(2) Zweitens im Vorhof: Item das gebeu (Gebäude) mit speichern, stellen (Ställen) und genannt der *apfelhof*, mit der schlosmauer umfasst, bis an junker Philipsen neuen pferdestall. Item ein *pferdestall* negst an dem äußern tor, wo die wächter uff sint (darauf sind), ist underschiden (unterteilt:) einer zu den wasser, der ander zu den reißigenpferden, stößt an junker Philipsen pferdstall. (Anm.: Die Wasserpferde holen Wasser aus dem Katzenborn auf dem Wege nach Beerbach, die andern sind Kriegspferde. Unter der „Reise" verstand man ursprünglich den Krieg.)
Item ein *kuhstall*, stet im Zwinger (zwischen der äußeren und inneren Burgmauer), hinter Philipsen haus gen Eberstait zu.

(3) Drittens: Item die *scheuer* und die *stelle* (Ställe) negst dem pfortenhaus gegen Eberstait zu (neben dem noch heute stehenden Eingangstor zur Burg). Item der *schweinstall* neben an der capell.

(4) Viertens: Gärten auf der Eberstaiter seite. Item ein gärtlein, genannt der *mauergarten*, negst am thor gen Eberstait zu. Item der *würzgarten* zwischen Eberstaiter und Malcher weg. Item der *lindengarten* gegen den würzgarten; an diesem gärtlein ist das underst stück, darauf die linde steht, des pförtners am äußersten tor. Item das *erbestgärtlein* (Erbsengarten) am Malcher weg. Item der *nußgarten*.

(5) Gärten auf der Berbacher seite. Item der Berbacher *obstgarten*. Item ein gärtlein, gen. der *kerstengarten* (Kastaniengarten), zeucht von Junker Philipsen garten, den sie nennen flachsgarten, bis auf den pfad, der von Beerbach gein Eberstait geht.

(6) Äcker, zum hause Frankenstein und den junkern gehörig. Item der *gülwestacker*, umhägt gegen Malchen. Item der *erbest-*

acker (Erbsenacker), stoßend uf Junker Philipsen großen acker. Item der *Ludwigsacker* gegen Ramstait zu am Ebersteter furweg (Fahrweg).

(7) Vogelherde. Item ein *kramez vogelhert* (Krametsvögel = Drosseln) uf der höh gegen Ramstait und des junkers hecken genannt, hat Junker Hans roden lassen. Item ein *vinkenhert* (Finkenherd) am berge gegen den holderpronnen (Hollunderbrunnen) zu.

(8) Pronnen (Brunnen). Item der pronnen gegen Beerbach (sogen. Katzenborn), darunter man das wasser holt. Je ein Junker um den andern: welcher stamm den eymer (Eimer) holt, gibt auch dasselbige jar den vorwechtern (Torwächtern) im schlos den nachtwein, d. i. alle nacht einen schoppen. Die weiden dabei (Weiden am Katzenborn) sind den Junkern (dem ältesten Stamm) allein.

Item: die beiden pfortner sind gemeiniglich anzunehmen, ebenso auch die gräben und mauern gemeiniglich zu prauchen und zu underhalten."

Die Dorfordnung Eberstadt

Auch in Eberstadt hat es sich natürlich herumgesprochen, daß der alte Herr, Junker Hans, zu Oppenheim schwer krank daniederliegt. Darum trifft man auch hier entsprechende Vorkehrungen für die Zukunft. Man weiß nie, was kommt.

Die Schöffen setzen sich zusammen und beratschlagen, wie man das uralte Bauernrecht sicherer machen könnte. Es war bisher zwar in einzelnen „Weistümern" fixiert, im übrigen aber nur mündlich von Generation zu Generation weitergetragen worden. Jetzt werden sechs „ausgeschossene Personen" (ein Ausschuß) aus dem Gericht und der Gemeinde beauftragt, bei den alten Leuten herumzufragen und im Gerichtsbuch nachzulesen, was von alters her Brauch ist. So kommt die Dorfordnung zusammen: „Wir habens von unsern Vorältern gesehen und gehört, die seind uns ufrichtig und ehrlich und ganz treulich mit gutem altem Brauch und löblicher Gewohnheit vor(an)gegangen, denen wöllen wir – dazu uns der Allmächtige Gott helfen wolle – treulich nachfolgen".

Das Ganze wird schließlich von dem Nieder-Ramstädter Pfarrer Laurentius Motz säuberlich zu Papier gebracht, mit einer geistlichen Vorrede versehen und auf Mittwoch, dem Sanct Bestges-Tag „als man zählt nach Christi, unsres lieben Herrn, Geburt tausend fünfhundert fünfzig sieben Jahr" vom Haingericht unter der Linde am Kirchenaufgang angenommen und beschworen. Der Titel lautet

Ordnung Statuten unde Bußbuch der Gemeinde zu Eberstadt

Hier eine kurze Auswahl:

Von den Feiertagen
Item wann ein Pfarrer einen Aposteltag oder Unser lieben Frauen Tag von der Kanzel gebieten würde, wer solchem Gebot nicht nachkäme und im Dorf oder im Feld arbeiten würde, soll ein Pfund Heller zur Strafe schuldig sein.
(Die Apostel- und Marientage werden — außer Mariae Himmelfahrt — auch in der evangelisch gewordenen Gemeinde ruhig weitergefeiert.)

Vom Zuzug in die Gemeinde
Item, ob es sich begäbe, und einer will in die Gemeinde ziehen, derselbig soll vor allen Dingen die Obrigkeit (Frankenstein) ansuchen, danach die Gemeinde (den Schultheißen) auf dem Rathaus begrüßen, vor allem aber eine eigene Behausung haben. Wenn alsdann Obrigkeit und Gemeinde den Einzug vergünden (gönnen, genehmigen), soll derselbig 18 Gulden und ein ledern Eimer (für die Feuerwehr) der Gemeinde überantworten.

Der Stubenknecht
Item, wer unsern Stubenknecht (den Ratsdiener) übergibt (beschimpft) oder anlangt mit Worten oder Werken, oder wer auf dem Rathaus einen Zank, Unlust oder Schlägerei anrichtet, der soll der Gemeinde mit 1 Pfd. Heller Strafe verfallen sein.

Weinkauf
Item, welcher einen Weinkauf auf dem Rathaus hält (d. h. einen Vertragsabschluß mit anschl. Mahlzeit, Wein und Weck, veranstaltet), soll der Gemeinde einen halben Gulden geben, und was verwüstet oder zerbrochen ist, bezahlen und ergänzen.

Falltore
Item soll der Bürgermeister gute Achtung haben, daß die Falltore aufrichtig (fest stehend und gangbar) gehalten werden, damit das

Dorf im guten Frieden wäre, auch das Vieh nicht zu Schaden ginge. (Um den engeren Dorfbereich läuft eine Umzäunung, der „Dorffriede", die von vier Falltoren durchbrochen wird. Man vergleiche etwa das „Böllen-Falltor" in Darmstadt.)

Feuerschutz
Item, welcher Hausmann bei seinem Haus nicht zwei trägliche laitern hätte, der soll 5 Schilling zur Strafe verfallen sein. Item, ob einer oder eine bei nächtlicher Weile mit einem brennenden Kienstock auf der Gasse ginge, der soll zur Buße mit 5 Schilling verfallen sein.
(Es gibt keinerlei Straßenbeleuchtung, eine Feuersbrunst aber wäre das Schlimmste, was dem Dorf passieren könnte.)

Von den Hirten
Item, einen Kühehirten oder Sauhirten soll man nach alter löblicher Gewohnheit dingen, nämlich also, daß ein jeder – zu hürten das Viehe – soll selbstdritt sein: er, der Hirt selbst, zum andern ein Dienstbote und zum dritten ein guter Hund.
Und wo er, der Hirte, nicht beim Vieh wäre, soll ihm jedesmal 1 Simmer Korn an seiner Pfrinden (Pfründe, Besoldung) abgebrochen werden.
Item, wenn der Hirt (die Herde) austreiben will, soll er zum ersten auf dem Waasen auf dem Reitersberg und das ander Blasen bei Groß Veltens tor anheben.
Item, ob es Sach wäre, daß ein Hirt ein Viehe nicht anheimisch (nach Hause) brächte, soll er selbst, auch sein Dienstbote und sein Hund, alsbald in dem huye auf sein und hinaus und suchen und mit dem Horn blasen, bis ers findet.

Der Pfarrer hält den Faselochsen
Item, ein Pfarrer ist schuldig (verpflichtet), als von alters her auf uns erwachsen, ein Faselviehe jährlich zu halten. Ob aber einer untüglich (untauglich) würde oder sonst abginge, alsdann soll der Pfarrer wiederum einen tüglichen bestellen. Und ob er, der Pfarrer, abziehen würde von der Pfarr, soll er das Faselvieh nicht mitnehmen, sondern der Gemeinde bleiben lassen.
(Zu jedem Pfarrhaus gehört ein Hof mit Scheune, Ställen, Backhaus u. dergl.)

Wenn der Obstbaum Schatten wirft
Item, ob es Sach wäre, daß ein Obstbaum stünde und mit den

Ästen Schatten gäbe und an der Wachsung (auf dem Nachbargrundstück) hindere, soll solcher Überfall dem, so der Schatten geschieht, zum halben Teil gebühren (d. h., er darf die Früchte, die über seinem eigenen Grundstück überhängen, ernten). So das aber nicht geschähe (geduldet würde), soll der, der den Schatten des Baumes leiden muß, mit einem heugeleiderten Wagen (Heuwagen mit Leitern) unter den Baum fahren und die Äste, die ihn hindern, mit einer Hellebarde heraberhauen.

Kraut und Rüben
Item, wo einer erfunden würde an eines andern Kraut, Rüben, Trauben oder allem Obß (Obst) oder gesehen würd bei Tag oder Nacht, soll der Gemeinde 1 Gulden zu geben verfallen sein.

Bauernrecht auch vor dem Landgrafen und dem Junker
Dieweil den die Gemeinde von undenklichen Jahren hero die Waldung (ihren Gemeindewald) ohne Zwang durch allerseits Obrigkeit in gutem, geruhigen Poseß (Besitz) hatte, so war sie allein nach ihrem Willen daraus (Holz) abzugeben befugt. Deshalb mochte auch kein einziger Mensch, weder Hoch- noch Niederstandes, das geringste nicht begehrt (gefordert) haben. Sondern hat ein jeglicher bei der Gemeinde jedesmal *bittlich nachgesucht.*
So hat auch unser gnädiger Fürst und Herr, der *Landgraf,* etliche Male Holz zu Brunnen und anderem, wie auch unser günstiger Junker oftmals aus unsern gemeinen Wäldern Holz begehrt — aber allemal haben sie die Gemeinde durch ihre Diener darum ersucht.
Diese Eberstädter Dorfordnung ist mit ihren insgesamt 56 Artikeln offenbar auf eigenen Antrieb der Gemeinde und nicht auf Betreiben und unter Einwirkung der Herrschaft zustandegekommen. Das wird unter den späteren Herren in den Dorfordnungen von Nieder-Beerbach, Allertshofen und Bobstadt anders. Unter dem „alten Hansen" scheint noch ein freieres Verhältnis zwischen Dorf und Herrschaft bestanden zu haben.

Abgesang

Im Hausbuch ist der Hingang des Junkers Hans IV. von Frankenstein von einem seiner Söhne wie folgt eingetragen: „Anno 1558 uff unsers herrn uffarts dag (Himmelfahrt) ist der edell und ernvest Hanz zu frankenstein, meyn freundlicher lieber vatter, in gott Christlich und wul (wohl) verschidenn, des sellen (dessen Seele)

Grabmal Hans IV. und Irmela von Cleen

gott gnedig und barmhertzig seyn wull, seyns alters im 66. jars gewesen."
Noch zu seinen Lebzeiten ließ Junker Hans für seine Gemahlin Irmela und sich selbst ein Doppelepitaph herstellen, das beide in kniender Haltung zeigt. Wie die beiden Eheleute neben vielen ihrer Voreltern in der Kirche zu Eberstadt begraben wurden, so stand dort natürlich auch ihr Grabdenkmal. Erst 1851 wurde es mit dem späteren Epitaph Ludwigs von Frankenstein und seiner Gattin in die Kapelle auf dem Frankenstein verbracht.
Die Eheleute knien hintereinander. Das Grabmal stand ehedem im Chorraum der Kirche links vom Hauptaltar. Die Gesichter der beiden Knienden waren dem Allerheiligsten zugewandt.

Die Äbtissinnen

Die beiden Schwestern des Junkers Hans von Frankenstein, *Apollonia und Anna,* wurden geistlich und brachten es beide zum hohen Rang einer Äbtissin. Beide wurden allerdings auch in die Spannungen zwischen der „alten" und der „neuen" Lehre hineingezogen. Wir suchen die Orte auf, an denen sie gelebt und gewirkt.

Weidas bei Alzey

Hier findet Apollonia ihre geistliche Heimat. Die Abtei war 1237 von den Truchsessen zu Alzey begründet worden und wird 1262 urkundlich „fons sancte Marie" = Marienborn genannt. Die „Dapiferi", zu deutsch Truchsessen, waren das mächtigste Alzeyer Adelsgeschlecht, das zwischen 1173–1360 fast die Stellung von Territorialfürsten besaß. Kloster Weidas war ihre Grablege. Im Jahre 1551 wurde die Abtei mit Zustimmung der Nonnen, die weiter im Kloster wohnen konnten, zugunsten der Universität Heidelberg eingezogen. Die letzte Äbtissin – von 1534 bis 1553 – war *Apollonia von Frankenstein.*
Heute ist von der Abtei kaum noch etwas vorhanden. Die Gebäulichkeiten sind verschwunden, die Steine wurden ausgebaut, das Klostergebiet (wie in vielen ähnlichen Fällen) als Steinbruch betrachtet.
Das Rathaus von Alzey wurde 1586 daraus erbaut.
Was übrig blieb, ist ein Konventssiegel des Klosters von 1493.

Einige Bodenfliesen aus Weidas sind im Museum zu Alzey aufbewahrt.

Neuburg bei Heidelberg

Im Gegensatz zu Weidas erhebt sich das Kloster Neuburg, in dem Anna von Frankenstein einst gewaltet, in vielgepriesener einmaliger Schönheit über dem rechten Neckarufer unweit von Heidelberg. Dies ist eine Gelegenheit, einmal wieder hinzureisen. Wir beginnen die Fahrt am Frankenstein. Sie geht die alte Bergstraße entlang über Zwingenberg, Bensheim, Weinheim an den ehemals so stolzen Burgen Alsbacher Schloß (Bickenbach), Auerbacher Schloß (Katzenelnbogen), Starkenburg (Erzstift Mainz und Pfalzgraf bei Rhein) und der Stralenburg vorbei. Die Burgen und heutigen Ruinen sind von den umstehenden Bäumen jetzt befreit. Sie grüßen, wie in alter Herrlichkeit, zu uns herab mit allem Freud und Leid, das sie gesehen.

In Handschuhsheim biegen wir vor der großen Neckarbrücke nach links ab, fahren neckaraufwärts an der „alten Brücke" (die Goethe so sehr entzückte und die nach dem Kriege wieder aufgebaut wurde) vorbei und halten gleich dahinter an. Man kann auf einer Bank oder der Ufermauer Platz nehmen. Gegenüber breitet sich das allerschönste Panorama aus: die Stadt, die Kirchen, das herrliche Schloß, wiewohl es zum Teil Ruine ist. Heidelberg war die Hauptstadt der Rheinpfalz und Residenz der Kurfürsten, der früheren Pfalzgrafen bei Rhein aus der Familie der bayrischen Wittelsbacher. Ihre Universität ist eine der ältesten im deutschen Sprachgebiet.

Kurz hinter der Stadt erhebt sich linker Hand auf einem Höhenrücken die Benediktinerabtei, die von früheren Zeiten her meist noch „*Stift Neuburg*" heißt, mitsamt der am Flusse gelegenen „Stiftsmühle". In Neuburg hat einst die „abbatissa Neoburgensis", die Äbtissin *Anna von Frankenstein* gelebt und offenbar auch ein wenig geherrscht.

Um das Jahr 1130 schenkte der Ritter Anselm von Niwenburg sein ganzes Besitztum der Reichsabtei Lorsch. Das Mutterkloster besiedelte die Burg mit Mönchen unter Leitung eines Propstes. Um das Jahr 1200 veranlaßte Pfalzgraf Konrad von Staufen gemeinsam mit seiner Gemahlin Irmingard, daß die Propstei in ein Frauenkloster umgewandelt wurde. So zogen Benediktinerinnen ein. Danach kamen Zisterzienserinnen, aber 1478 wechselten die Nonnen wieder zum Benediktinerorden über. Sie wurden gleichzeitig der strengen Bursfelder Kongregation, die von Nikolaus von Cues gefördert war, angeschlossen. Aus der Spätzeit stammt die durch Umbauten stark veränderte, aber durch ihre Lage einzigartige Kirche.

Im frankensteinischen Archiv zu Ullstadt liegt die Originalurkunde, in der Anna von Frankenstein beim Eintritt in das Kloster auf ihr elterliches Erbe verzichtet, ausgestellt im Jahre 1510. Angehängt sind die Siegel der Äbtissin Katharina und des Konventes Neuburg. Um 1535 dürfte Anna selbst zur Äbtissin gewählt worden sein.

In einem Aufsatz von R. Sillip (LV 39) lesen wir: „Unter Äbtissin Anna von Frankenstein hielten die Nonnen an den alten Traditionen (d. h. katholischen) noch fest. Freilich fehlte es auch damals nicht an Besorgnissen, ob das Kloster nicht über kurz oder lang in seinem Bestand gefährdet werden könnte. Schon im Jahre 1539 brachen zwischen Äbtissin und Konvent Streitigkeiten aus. Zunächst schien es sich nur um Verwaltungsangelegenheiten zu drehen, aber sie wurden von beiden Seiten ‚so ganz hitzig und ungeschlacht, geführt, daß die Vermittlungsversuche besondere Schwierigkeiten machten". Es steht zu vermuten, daß eine Neigung des Konventes zur Reformation bestand, Äbtissin Anna aber, aus der Tradition ihres Elternhauses heraus, sich dagegen energisch wehrte.

Als der Pfalzgraf Ottheinrich von 1556—1559 die Reformation in seinen Landen durchführte, trat dessen Base, Pfalzgräfin Brigitta, als letzte Äbtissin von Neuburg ab. Anna von Frankenstein hatte offenbar 1549 das Amt abgegeben (LV 39).

Verfolgen wir noch ein wenig die wechselvolle Geschichte von Neuburg. Nach der Auflösung ging das Kloster in den Besitz des pfälzischen Kurfürsten über. Seit 1598 war es ein „Lusthaus" der Kurfürstin. — Als im Dreißigjährigen Kriege der kaiserliche General Tilli Heidelberg besetzte, kamen Jesuiten, allerdings nur für 10 Jahre, nach Neuburg. 1671 gründete Kurfürst Ludwig dort ein adliges Damenstift, das hauptsächlich der Versorgung seiner Töchter aus der 2. morganatischen Ehe diente. Da der streng kalvinistische Fürst aber eine straffe, geradezu klösterliche Stiftsordnung einführte, die keineswegs das Wohlwollen der jungen Damen fand, war es damit bald wieder zu Ende. Der Name „Stift Neuburg" ist aber bis heute geblieben. Als 1706 der katholische Zweig der Familie in Heidelberg regierte, schenkte Kurfürst Wilhelm Neu-

burg den Jesuiten. Nach Aufhebung des Jesuitenordens 1804 wurde das Kloster Privatbesitz. 1810 komponierte C. M. v. Weber hier seinen „Freischütz".
Im Jahr 1825 kauft der Neffe von Goethes Schwager, der Rat Friedrich Schlosser, den Besitz, der nach der Umgestaltung im nazarenisch-romantischen Geschmack ein gastfreies Haus für die späten Romantiker wurde. Görres, Brentano, Tieck, Overbeck, L. Hensel und Marianne von Willemer (Goethes „Suleika") kehrten ein.
Schlossers Erben, die Freiherrn von Bernus, verkauften Neuburg 1926 an die Erzabtei Beuron. „Am Thomasfest, dem 21. Dezember 1927, wurde die Klosterkirche eingesegnet und nach Jahrhunderten das feierliche benediktinische Gotteslob in ihr wieder begonnen", berichtet der heutige Prospekt.

Ritter „Schorsch" der Drachentöter

Im Anfang dieses Kapitels ist bereits von dem hessischen Hauptmann *Georg von Frankenstein* berichtet worden. Hier tragen wir noch einiges dazu nach.
Junker Georg, Sohn Philipps IV. und dessen Gemahlin Margarete Bock von Uttingertal, ist verehelicht mit Clara von Sternenfels aus dem Kraichgau zwischen Odenwald und Schwarzwald. Deren Eltern sind Wilhelm von Sternenfels und seine Gemahlin Anna von Angelbach. Stammsitz der Herren von Sternenfels ist das Dorf Kürnbach zwischen Bretten und (nö) Eppingen. Sie hatten einen Teil ihres dortigen Lehens von den Grafen von Katzenelnbogen. Daher rührt es, daß Kürnbach von 1567 bis 1905 hessen-darmstädtisch war. In der ev. Stadtkirche, die einen frühromanischen Chorturm besitzt, befinden sich hervorragende Grabdenkmäler des Geschlechtes. Das im nahegelegenen Ochsenburg 1588 erbaute Renaissanceschloß gehört ebenfalls dieser Familie.
Als Georg von Frankenstein unerwartet 1531 gestorben war, wurde er in der Kirche zu Nieder-Beerbach, der Grablege des jüngeren Stammes Frankenstein, beigesetzt. Man errichtete ihm ein reich ausgestattetes Epitaph mit der Umschrift: „Anno domini 1531 uff Lucia tag ist in gott verschieden der edel und ehrnfeste Georg zu

Frankenstein, dem gott genad". Auf den vier Ecken stehen die Wappen: Frankenstein: das bekannte Beil — Sternfels: ein Stern — Bock von Uttingertal: halber Steinbock — Angeloch: Fischangel. Der Ritter steht in Lebensgröße vor uns, geharnischt, mit Schwert und Streithammer versehen. Mit seinen Füßen tritt er auf einen *Lindwurm*, der den Rachen offen hat. Seinen Schweif windet er um das linke Bein des Ritters und mit der giftigen Spitze berührt er dessen Knieschiene.

Es ist mit Händen zu greifen, daß dies alles an den Taufpatron des Verstorbenen, jenen Lindwurmtöter der Heiligengeschichte, Georg, erinnern soll. Trotzdem wurde zu Anfang des vorigen Jahrhunderts in romantischer Verschwommenheit die „Sage vom Ritter Schorsch" (wie man ihn hierzulande ausspricht) darangehängt — unter völliger Mißachtung der Geschichte wie auch des Wesens echter Sagenstoffe. H. E. Scriba erzählt die „Sage" in schmunzelnder Behaglichkeit und ironischer Rührung nach. Er wußte natürlich schon 1851, was von der Sache zu halten war. Wir wollen sie aber dem geneigten Leser (etwas gekürzt) nicht vorenthalten.

„Einst wohnte in dem Katzenborn (auf dem Wege von der Burg Frankenstein nach Nieder-Beerbach hinunter) ein *scheußlicher Lindwurm*, der die ganze Gegend in Angst und Schrecken setzte, indem er alles, was er an lebenden Creaturen habhaft werden konnte, mit unersättlicher Wut würgte und verschlang. Ganz vorzüglich lüstern zeigte er sich aber nach dem *Fleische junger Mädchen*, weshalb ihm bald täglich ein solches Opfer von den Bewohnern des Thales geleistet wurde.

Zu derselben Zeit wohnte in dem nächsten Hause bei der Linde in der Mitte des Dorfes *das schöne Anne Mariechen*, die Tochter eines verarmten Ritters, welcher den Herren von und zu Frankenstein als Knappe und Förster diente. Zwischen dieser, der Rose des Thales, und dem Junker Georg von Frankenstein hatte sich ein zartes Verhältnis geknüpft. Da es aber Geheimnis bleiben mußte, so gaben gewöhnlich drei kleine angezündete Lichtchen hinter dem Fenster Anne Mariechens die Zeichen von *des Försters Abwesenheit* und zu ihren geheimen nächtlichen Zusammenkünften unter der Linde. Kurz vor dem Erscheinen des Lindwurms aber war Junker Georg in Begleitung des Försters, seines getreuen Lehrmeisters, hinweggezogen, um sich draußen *die Rittersporne* zu verdienen.

Doch der Wurm erschien, Opfer auf Opfer fielen. Da nahm das Volk seine Zuflucht zu *der alten Ursula*, die auf dem Pechkopfe hauste, ihre mächtigen Zaubertränke braute und ihren Günstlingen die Zukunft prophezeite. Aber ach!, ihr Ausspruch lautete:

Nur wenn ihr dem Wurme das Schönste und Liebste, das euer Tal besitzt, opfern werdet, nur dann wird sein Heißhunger gestillt, und er wieder in den Born zurückkehren, der ihn erzeugt hat.

O, armes Mariechen! Du warst das Schönste und Liebste, des Ortes Stolz und Freude, die holde Blume des Thales! Darum der Entschluß des verzagenden Volkes: *dich am heiligen Advenssontage dem Wurme zu opfern.*
Da liegt sie jetzt vor dem Bilde des Gekreuzigten, händeringend heiße Gebete zu ihm hinaufsendend und der heiligen Jungfrau, deren Namen sie trägt.
Doch, siehe! da wird es plötzlich hell um sie, drei Lichtchen flinkern freundlich von dem Frankenstein in ihr Stübchen herein. *Der Geliebte ist angekommen,* und drei andere Lichtchen strahlen, von ihr entzündet, zu ihm hinauf, hülferufend für die drohende Gefahr."
Das weitere Geschehen möge der geneigte Leser den Versen von Albert Ludwig Grimm, der aber nicht den Brüdern Grimm gleichzusetzen ist, entnehmen:

Da wappnet sich stattlich und waffnet sich gut
der Ritter mit Hammer und Schwerte.
„Gern opfr' ich dem Volke mein Leben und Blut!
Das ists, was ich stets ja begehrte!"
Und früh im Morgenstrahl
dort steht er in dem Thal,
ein Beispiel trefflicher Ritterschaft,
und schwingt den Hammer mit rechter Kraft.

Und kämpft mit dem Wurme, bedrängt ihn kühn
und trifft ihn mit kräftigem Schwunge.
Da taumelt er nieder im Wiesengrün;
der Ritter steht auf ihm im Sprunge:
noch krümmt der Drache sich,
doch fest und kräftiglich
tritt mit dem Fuße der Frankenstein
dem Wurme Genick und Nacken ein.

Da windet ihm sterbend der häßliche Molch
sich fest um den Fuß mit dem Schweife
und drückt ihm der Spitze giftspritzenden Dolch
ins Knie, durch des Beinharnischs Reife.
Da fällt der kühne Held.
„Mein Haus ist ja bestellt!
Gewendet hab ich des Volkes Not:
so sterb ich ehrlichen Ritters Tod!

Und laß ich hinieden mein irdisches Glück –
dort winken die Engel mit Kronen!
Blick aufwärts, mein Auge – nicht schaue zurück!
Im Vaterhaus soll ich ja wohnen!"
So ging zum Vater ein
Herr Georg (Schorsch) von Frankenstein.
Noch ragt sein schöner Grabstein empor
zu Nieder-Beerbach am Kirchentor.

Der Schluß der traurigen Geschichte lautet: „Dort aber, hinter jenem Fenster am Hause bei der Linde, sinkt entblättert die Rose des Thales in den Staub" (LV 37).

VII. Der Bischof zu Speyer

13. Generation

Älterer Stamm
(Eltern: Johann (Hans) IV. von Frankenstein und Irmela von Cleen. Kinder:)
Georg Oswald *(gest. 1548), verh. mit Christine, Tochter des Bechtolf von Flörsheim und Elisabeth von Helmstadt. Kinder: Ludwig und Margarete.*
Konrad (gest. um 1540), verh. mit Ottilie von Flörsheim, Schwester der obigen Christine.
Rudolf (1523–1560), Bischof zu Speyer.
Gottfried, Begründer der Ockstädter Linie Frankenstein *(1512–1567), verh. 1. mit Gertrud, Tochter des Wolf Kämmerer, gen. von Dalberg und Agnes von Sickingen, 2. mit Margarete, Tochter des Sifrid von Oberstein und Margarete Wilchin von Alzey. Kinder: Bartholomäus, Margarete, Klara und Johann V.*
Apollonia (1515–1572), verh. mit 1. Lukas von Hutten-Stolzenberg, 2. mit Georg von Dittelsheim.
Klara (1516–1577), verh. mit Raban von Döringenberg.

Jüngerer Stamm
(Eltern: Georg von Frankenstein und Klara von Sternenfels. Kinder:)
Philipp V. *(gest. 1568), verh. mit Helene, Tochter des Hans Hofwart von Kirchheim und Kunigunde von Rosenberg. Kinder: Philipp Henrich und A. Elisabeth.*
Klara (1554–1577), verh. mit Friedrich von Schönburg auf Wesel.

Rudolf von Frankenstein

Der Dom über dem Rhein

Rudolf ist der erste *Bischof aus dem Hause Frankenstein*. Mit 29 Jahren wird er im *Dom zu Speyer* erwählt.
Werfen wir zuerst einen Blick dorthin. Das wunderbare, mächtige romanische Bauwerk wurde im Jahre 1030 begonnen und nach einem umfassenden Umbau 1083 im Jahre 1125 vollendet. Der Dom, als Grabkirche der salischen Kaiser von Anfang an in seinen heutigen Maßen errichtet, erfuhr vor einigen Jahren eine überaus glückliche Renovierung, sozusagen eine Wiederherstellung des von späteren Zutaten befreiten romanischen Wunderwerkes. In der Grabgruft haben acht deutsche Kaiser und Könige ihre letzte Ruhestätte gefunden: Konrad II. (1039), Heinrich III. (1056), Heinrich IV. (1106), Heinrich V. (1125), Philipp von Schwaben (1208), Rudolf von Habsburg (1291), Adolf von Nassau (1298) und Albrecht von Oesterreich (1308). Neben ihnen ruhen die Gemahlin Konrads II. Gisela, Heinrichs IV. Bertha und Friedrichs I. Beatrix (1184).
Das *Hochstift Speyer* hat weitausgedehnte Besitzungen rechts und links des Rheines bis in das heutige französische Elsaß (Weißenburg) hinein. In den verschiedenen Ämtern Udenheim (heute Philippsburg), Bruchsal, Lauterburg (Elsaß), Madenburg und Deidesheim in der Pfalz ist der Bischof gleichzeitig der weltliche Herr. Die Propstei Weißenburg ist mit dem Hochstift in Personalunion verbunden.
Für die *Stadt Speyer* kamen glückliche Jahre durch die hier tagenden Reichstage von 1526, 1529, 1542, 1544 und 1570. Vor allem der von 1529 ist durch die Protestation der mit Luther sympathisierenden Fürsten und Städte gegen den reformationsfeindlichen Reichstagsabschluß der Mehrheit berühmt.
Das Reichsregiment hatte hier seinen Sitz von 1526–1531, das Reichskammergericht von 1527–1689.
Der Rat der Stadt Speyer trat 1540 offen zur lutherischen Lehre über, die er schon seit 1522 gefördert hatte.
Das ist ungefähr die Lage, die Bischof Rudolf im Jahre 1553 hier vorfindet.

Dom zu Speyer, Nordseite

Der Werdegang Rudolfs

Mit 15 Jahren bewirbt sich Rudolf von Frankenstein um die freigewordene Stelle eines Domherren zu Mainz. Hierzu muß er den Ahnennachweis erbringen, die sogen. Ahnenprobe. Eine Reihe von Zeugen beeidet die adlige Abstammung der Eltern sowie der beiden Großmütter. Für Hans v. Fr., den Vater, leisten den Eid: der Amtmann in Oppenheim Friedrich Kämmerer, gen. von Dalberg, sowie Martin von Heusenstamm; für die Mutter, Irmela von Cleen: der Amtmann in Nidda Ritter Hans von Bellersheim, und der Burggraf in Friedberg Johann Brendel von Homburg; für die Mutter des Vaters (Apollonia von Kronberg): der Amtmann in Höchst Johann von Hattstein, sowie Hartmut von Kronberg, und für die Mutter Irmelas (Margarete Echter von Mespelbrunn): die Herren Johann Weis von Fauerbach zu Dorheim und Philipp von Reifenberg.
Gleich nach der Annahme als Domizellar (Amtsbewerber) beginnt Rudolf ein mehrjähriges Studium an den Universitäten Paris, Löwen, Freiburg i. Br. und wieder Löwen. Am 25. Mai 1548 wird er als Mainzer Domherr zugelassen. Nach verantwortungsvollen diplomatischen Diensten im Auftrag des Domkapitels erfolgt die Erlaubnis, nach Speyer zu gehen, wo „der gelehrte, umsichtige und gewandte Frankenstein" einmütig für die anstehende Bischofswahl postuliert worden war.

Bischofawahl in Speyer

Am 3. Oktober 1552 wird Rudolf von Frankenstein mit 29 Jahren einhellig zum Bischof von Speyer und Propst zu Weißenburg erkoren. Das Domkapitel hatte ihn als „ehrlichen Wandels und Wesens, tapferer Sitten, gelehrt und zur bischöflichen Würde und Hoheit ganz tauglich" befunden.
Was alles dazu gehört, bis man glücklich Bischof ist, schildert Fr. Xaver Remling in seinem 1854 erschienenen Buch (LV 36). Es beginnt mit der *Huldigung* in Speyer am 4. Januar 1553.
„Um zwei Uhr wurde der Gewählte von seinen Kapitelbrüdern zum Dome geleitet, auf den Altar erhoben und ihm unter Absingung des Ambrosianischen Lobgesanges (Tedeum) gehuldigt. Danach ging es in die bischöfliche Pfalz (Residenz), wo ein Imbiß bereitet war. Dort erschien der Bürgermeister mit dem Stadtrat, um die Glückwünsche der Stadt und ein Geschenk an Wein darzubringen,

wofür der bischöfliche Kanzler, Dr. Peter Preuß, den Dank aussprach. Der Bürgermeister verblieb mit den Domherrn beim Mahle, welches die Freundlichkeit Rudolfs sehr erhöhte."

Die Huldigungsreise

Nach Erhalt der Bestätigung durch den Papst macht sich Bischof Rudolf auf eine lange Reise durch die Amtsbezirke seiner Herrschaft, um pflichtgemäß die Huldigung der Beamten und Untertanen zu empfangen. Diese werden in den Hauptorten zusammengezogen. Die Reise, die der Bischof mit seinem Gefolge, samt militärischer Bedeckung durch die Reisigen, zu Pferde zurücklegt, dauert vom 5.–28. Januar 1553. Wir führen die Hauptorte auf.

Udenheim. Die Stadt, heute Philippsburg mit Namen, ist die Hauptresidenz der Bischöfe. Rudolf reist von Speyer dorthin, von einigen Verwandten begleitet: Gottfried von Frankenstein, Herrn zu Ockstadt, seinem Bruder, dem Vetter Hans von Rodenstein und den Schwägern Raban von Döringenberg und Georg von Dalberg, auf dreißig Pferden.
Die Udenheimer Gerichtsleute begrüßen den Bischof vor dem Schlosse und übergeben einen Ochsen zum Geschenk. Im Schloßhof werden die Untertanen vereidigt, andern Tags das Hofgesinde. Sonntags speist Rudolf mit Schultheiß und Rat im Schlosse.
Am Nachmittag geht es nach Kißlau, wo die dortigen Einwohner versammelt sind.

Bruchsal. Nach der Huldigung im Schloßhofe „ergriff der Stadtschreiber das Wort und erklärte, wie die Stadt durch die Brandschatzung von dem Markgrafen Albrecht von Brandenburg an den Rand des Verderbens gebracht worden sei. Durch die Wahl des neuen Oberhirten hätten sie neue Hoffnung geschöpft. Dabei überreichte er das Angebinde: ein silbervergoldetes überdecktes Trinkgeschirr. Der Bischof ließ seinen Dank und die Versicherung, ihnen stets ein gnädiger Herr sein zu wollen, aussprechen. Zugleich lud er die Ratsmannen zum Morgenimbiß ein, wobei das silberne Geschenk fleißig mit Wein angefüllt wurde. Die Grombacher brachten nachmittags dem neuen Fürsten einige dreißig Forellen und drei Kapaunen zum Geschenke, welche er freundlich annahm."

Heidelberg. Hier macht Bischof Rudolf dem Kurfürsten im hohen

Schloß einen Antrittsbesuch, da seine Ämter inmitten der Rheinpfalz verstreut sind. „Sonntags Nachmittag ritt er mit einem großen Gefolge ein und wurde vom Hofmarschall, Hans Bligger von Steinach, willkommen geheißen. Am nächsten Tag, nach dem Morgenimbiß, fand der Empfang beim Kurfürsten statt. Rudolf hielt einen Vortrag, in dem er für die Fürsprache in Rom dankte und die alte Einung mit dem Kurfürsten erhalten wissen wollte. Zum Mittagsmahl blieb der Bischof mit seinen Begleitern im Schloß, während der Großhofmeister und Hofmarschall zusammen mit dem Grafen Ludwig von Leiningen und Wolf von Affenstein den Nachtimbiß in der Wohnung des Bischofs einnahmen."

Jockgrim. Von Heidelberg ging die Reise über den Rhein hinüber nach Jockgrim, wo dem Bischof im Schloßhofe gehuldigt wurde. Der Schultheiß von Herxheim wünschte seiner Gnaden Glück und übergab zwei Mastkälber zum Geschenk. Die Schultheißen der hier versammelten Gemeinden, denen Rudolf ihre (beim Tode des Vorgängers abgegebenen) Amtsstäbe zurückgab, wurden zum Mittagessen eingeladen.

Lauterburg. Hier war der Bruder des Bischofs Georg Oswald als Vogt im Jahre 1548 gestorben. Im Schloßhofe fand die Huldigung statt. „Zu dem Mittagsmahle wurde der Adel und die Priesterschaft von Lauterburg und auch mehrere Edelfrauen eingeladen, welche recht fröhlich waren." Im heutigen Lauterbourg merkt man von der einstigen Herrlichkeit nicht mehr das geringste.

Weißenburg-Wissembourg präsentiert sich hingegen aufs schönste mit der alten Abteikirche „St. Peter und Paul", einen gotischen Prachtwerk, mit Türmen und Ringmauern, wohlerhaltenen Patrizierhäusern, kleinen Gäßchen und schmalen Brücken, die über die Lauter führen.
Der Bischof zieht mit einem großen Gefolge, 53 Reisigen und 6 Wagenpferden in die Stadt ein und steigt bei dem Stiftsherrn Johann Gulchen neben dem „Rebenthale" ab. „Alsbald erschien der Stadtschreiber mit 3 Abgeordneten des Rates, den neuen Fürsten zu beglückwünschen und ihm die Geschenke der Stadt, ein Fäßchen Wein und sechs Malter Hafer, zu übermachen. Jetzt kam der Stiftsdechant mit einigen Stiftsherren und Notaren zum Bischofe und übergab ihm den pröpstlichen Eid, den er beschwur. Gegen drei Uhr zog Rudolf mit seinem Gefolge in die Stiftskirche

(St. Peter und Paul) vor den Fronaltar, wo er in die Propstei eingesetzt, und ihm von der Stiftsgeistlichkeit kniend Huldigung geleistet wurde. Sofort wurde die Vesper gesungen und danach der neue Propst in seine Wohnung geleitet, wo ihm die gesamte Geistlichkeit gratulierte. Diese wurden zum Nachtimbiß eingeladen, an dem sie fröhlichen Anteil nahmen. Sonntags wurden alle Stiftskapitulare und Rathsmannen der Stadt zu Tische gezogen und letzteren die Bestätigung der alten Freiheiten und Verträge behändigt."
An den folgenden Tagen vollziehen sich die Huldigungen der Bediensteten der Propstei, der Vögte von St. Remigius und St. Walburgis, des Unterfautes (Vogtes) zu Altenstadt, des Schultheißen von Weißenburg, der reisigen Schultheiße zu Steinfeld und Schlettenbach und der Bewohner des Unteramtes Altenstadt. Danach geht die Reise nach Norden weiter.

An der Weinstraße

Diese Bezeichnung, anstatt der früheren „An der Hardt", ist heute weit bekannt. Die Orte mit den klingenden Namen von Bergzabern ab bis Deidesheim gehörten damals, als Bischof Rudolf hier entlangritt, ebenfalls zum Hochstift Speyer. Es war und ist eine erquickliche Landschaft: „Fröhlich Pfalz, Gott erhalts!"
Man reiste über Klingenmünster, Eschbach (mit der hochgelegenen Madenburg), Kirrweiler auf der Wiese und Marientraut nach Deidesheim, wo Herr Rudolf am Stadttor vom Adel, der Geistlichkeit und den Schülern empfangen, zuerst in die Kirche und dann in das Schloß begleitet, beglückwünscht, sowie mit einem halben Fuder Wein (Deidesheimer!) und sechs Maltern Hafer beschenkt wurde. Später huldigten ihm die Deidesheimer, Forster, Hochdorfer und Ruppertsberger Einwohner.
Heute sind alle diese Dörfer und Städtchen weltberühmte Weinorte. Dazu sind sie noch mit ihren wunderbaren alten Gassen, Rathäusern und Bürgerhäusern aufs prächtigste ausstaffiert. In Deidesheim steht ein altes Spital mit seiner schmalen Kirche. Entzückend ist das Rathaus mit seiner Freitreppe und dem darüber gebauten Kuppeltürmchen. Hier präsentiert sich alles in Gediegenheit, Wohlhabenheit und Fülle.
Im benachbarten Forst gibt es seltsame Lagen der Weinberge, wie „Ungeheuer, Fleckinger, Elster, Jesuitengarten" und dergleichen. Die Weine selbst aber gehören zu den berühmtesten der Pfalz.

Damit schließt die große Reise, für den Bischof sicher eine Riesenstrapaze, da er ja ständig Hände schütteln, liebenswürdig lächeln und außerdem noch fast vier Wochen lang im Sattel sitzen mußte bei Kälte, Eis und Schnee. Wenn man dabei von allerlei guten Sachen hört, die ihm geschenkt wurden, und manchem fröhlichen Abendimbiß, so darf nicht vergessen werden, daß auch dies zu seinen Pflichten als Bischof und Herr gehörte. — Anschließend holten die Abgesandten Bischof Rudolfs die Lehensbestätigungen des Kaisers ein, wozu sie nach Brüssel reiten mußten. Der Bischof von Arras erteilte im Namen des Kaisers die Bewilligung, wofür man aber noch einmal 330 Goldgulden auf den Tisch blättern mußte.

Bischofsweihe in Udenheim

Die endlich fällige Weihe Rudolfs zum Bischof wurde nach mehreren Verschiebungen am 26. November 1553 in der Pfarrkirche zu Udenheim (Philippsburg) von den drei Weihbischöfen Balthasar zu Mainz, Jakob zu Konstanz und Georg Schweickert zu Speyer vorgenommen. „Nach sieben Uhr früh begann die Feierlichkeit. Rudolf wurde von seinem Freunde Daniel Brendel von Homburg an den Altar geführt, dort die päpstlichen Bullen von dem bischöflichen Kanzler verlesen, das Glaubensbekenntnis und der dem Papste zu leistende Eid abgelegt und unter Orgelbegleitung das Hochamt begonnen.
Bei der Aufopferung führten die Weihbischöfe den zu Weihenden um den Altar, welchem sechs vom Adel die Opfergaben nachtrugen. Der Bruder des Bischofs, Gottfried von Frankenstein, und Wolf von Dalberg brachten die Brote; Eberhard von Dalberg und Friedrich von Flersheim d. J., bischöflicher Hofmeister, die Flaschen Wein; Erhard von Flersheim aber und Hans Holzapfel von Herxheim die verzierten Kerzen.
Die Festlichkeit wurde mit dem Segen des Neugeweihten und dem feierlichen Tedeum geschlossen, wobei der Kaplan des Bischofs neue Reichsgroschen und halbe Weißpfennige unter die Anwesenden verteilte. Der Tag wurde mit einem fröhlichen Mahle beschlossen."

Der Einritt in Speyer

Die letzte und aufwendigste Festlichkeit, die der neue Bischof durchzuführen hatte, war der Einritt in die Domstadt mit einem

Dom zu Speyer, Krypta mit den Kaisergräbern

Riesengefolge von 437 Reitern. Da Speyer freie Stadt ist, müssen die Programmpunkte des „Protokolls" in langwierigen Verhandlungen mit dem Stadtrate festgelegt werden.
Der Bischof hatte seine gesamte weitläufige Verwandtschaft eingeladen, u. zw. als seine „*Vettern*": Philipp V. von Frankenstein, die Echter von Mespelbrunn, die von Rodenstein, von Karben, Brendel von Homburg, Riedesel von Bellersheim, Löw zu Steinfurth, von Sickingen, von Hirschhorn, von Handschuhsheim, von Dalberg, Mosbach von Lindenfels und Groschlag von Dieburg, ihrer 30 an der Zahl.
Seine „*Schwäger*" nannte der Bischof: die von Heusenstamm, von Döringenberg, von Diedelsheim, von Flersheim, von Hattstein, von Oberstein, Kämmerer von Dalberg, von Schönenberg und von Fleckenstein, und dazu allerhand junges Volk aus der Verwandtschaft. Die Vornamen, Titel und Ämter, die sie alle trugen, müssen wir des Raumes wegen weglassen.
Aus der langen Schilderung unsres Chronisten Remling greifen wir einige besonders farbige Episoden heraus.

Wegzug von Udenheim

„Montags 4 Uhr bliesen die Trompeter zur Morgensuppe und dann zum Aufbruch. Konrad von Sickingen war Marschall des Zuges. Der Pfarrer von Udenheim las dem Bischof eine Messe, nach welcher sich dieser bei schönem Mondenschein in ansehnlicher Begleitung gen Rheinhausen erhob. In sieben Schiffen wurde der Rhein übersetzt. Diesseits wurde der Zug vom Marschall geordnet."

Die Zugordnung

Schützenchor von Dienern des Hochstifts in 9 Gliedern (drei und drei hintereinander).
Der Marschall mit 2 Vögten, darunter ein Dalberg, und Reisigen.
Graf Eberstein mit der hochflatternden Stiftsfahne, neben ihm der Burggraf zu Friedberg und Carl Echter mit 8 Gliedern.
Der Domdechant zu Mainz und Verwandte des Bischofs.
Ein „Schalksnarr, in blau gekleidet, mit einer polackischen Thrumblin (Trommel) und Pfeife, auf dem Rücken einen Sack, aus welchem ein Hündchen herausschaute". Der Narr ritt allein.
Zwei Trompeter.
Graf Hans Heinrich von Leiningen, allein, den weißen Stab (Richterstab) in der Rechten führend.

Bischof Rudolf, in „einem schwarzen Sammetrocke", begleitet von Heinrich Riedesel, Vogt zu Germersheim, und Carlin von Wilburg, dem Gesandten des Wormser Bischofs.
Drei Edelknaben (Knappen), zwei junge Frankenstein aus Ockstadt und der junge Riedesel.
Nach diesen: Christoph Landschaden von Steinach (Abgeordneter des Markgrafen von Baden), Philipp Franz, Wild- und Rheingraf (Abgeordneter des Herzogs von Zweibrücken), Hans zu Rodenstein (Abgeordneter des Pfalzgrafen von Heidelberg) mit Knappen und Knechten. Den „Nachtrapp" bildeten etliche Amtmänner mit 6 Gliedern.
„Es war ein schöner, wohlgeordneter Zug, den jetzt der graue Morgen durchschimmerte."
Der Durchzug durch die Stadttore Speyers war von mancherlei Aufenthalten, Erneuerungen der alten Stadtrechte und etlichen Querelen begleitet. So standen die freien (seit 15 Jahren lutherischen) Bürger vor dem Altpörtl mit gesenkten Spießen, eingeteilten Hakenschützen und brennenden Zündschnüren, als ginge es gegen einen Feind. „Es wurde diese Spiegelfechterei von den Bischöflichen als eine hochmütige Ungebühr angesehen, an welcher man in bester Ordnung vorüberritt", bemerkt der Chronist.

Feier im Dom

Auf dem Marktplatz stieg der Bischof im Hause des Dr. Tacius ab, kleidete sich um und nahm nach altem Herkommen die Glückwünsche der beiden Bürgermeister entgegen. Er ging zu Fuß zum Münster, wo ihn „am Napfe" (dem heute noch vorhandenen Trennungspunkt zwischen Hochstift und Stadt) die Geistlichkeit empfing.
Unter Glockengeläute und Gesang zog man in den Dom unter Begleitung zahlreicher Würdenträger und Prälaten. „Es wurde ein feierlicher Gottesdienst abgehalten und nach demselben dem Bischofe von der Bürgerschaft in alter, unveränderter Weise der Eid geleistet." In einer Fußnote bemerkt der Chronist ausdrücklich, man habe die Worte „bei den Heiligen" nicht weggelassen.

Bis zur Mitternachtsstunde fröhlich geschmauset

Nach dem Gottesdienst wurde die ganze riesige Gästeschar im Bischofsschloß, der Dompropstei und der Domdechanei aufs beste zum Festschmaus untergebracht. Man sah unter anderem: Weihbischöfe, Pröpste, Domdechanten — die Äbte von Limburg, Maulbronn und Eußertal —, die Grafen von Zimmern, Leiningen, Löwenstein und eine große Zahl von Adligen — die Mitglieder des Reichskammergerichtes, die Domherren und die Ratsherren der Stadt, sowie Herren Haller von Hallerstein, den kaiserlichen Pfennigmeister. Im großen Saal der Dompropstei speisten alle Reiter und wer sonst gekommen war.

Die Äbte von Hirschau und Herrenalb waren gleichfalls geladen und auch gebeten worden, zum Festmahl Krebse zu besorgen. Sie waren aber nicht gekommen.

Das frühe Ende

Bischof Rudolf hat in wenigen Jahren eine Riesenarbeit an diplomatischen Bemühungen für Hochstift und Bistum, Verwaltung und Sorge für die „Untertanen" bewältigt. Nachdem er schon kränklich war, zehrte dies alles seine Kräfte rasch auf. Er wurde am 21. Juni 1560 in Lauterburg im Alter von erst 37 Jahren dahingerafft.

Der Chronist schließt seinen Bericht also: „Er ließ sich das Allerheiligste vor sein Sterbebett bringen, betete innig und starb selig im Herren abends zwischen sieben und acht Uhr." (LV 36.)

Gottfried, Herr zu Ockstadt

Herr *Gottfried* hat nach dem Testament seines Vaters, Hans IV. von Frankenstein, die *Herrschaft Ockstadt* samt den Besitzungen in Sachsenhausen geerbt. Er wird in den Stammtafeln deshalb der Begründer der Ockstädter Linie Frankenstein genannt, die bis zum heutigen Tage blüht.

Gottfried von Frankenstein, geb. 1512, heiratet in 1. Ehe 1532, wie er selbst im Hausbuch einschreibt: „Gertrud kemererin von wurms, genandt von Dalbergk zu Hernsheim", also *Gertrud Kämmerer von Worms* zu Herrnsheim, — „im beyseyn unserer guttenn freundt uff beider Seyten, uff meiner seiten: Vater Hans zu Frankenstein, Christofel v. Fr., Bernhard Gans zu Ernsthofen und Philips von Reichenberg". Frau Gertruds Eltern sind Wolf von Dalberg (ältere Linie), der Lange, Bruder des bekannten

Humanisten Johann v. Dalberg, Bischof zu Worms (gest. 1503), und Agnes von Sickingen.
Die Eltern der letzteren sind der Ritter Schweickard v. Sickingen, pfälz. Großhofmeister und Kriegsobrister, der 1504 vor Landshut fiel, und dessen Frau Margret, Erbin von Hohenberg. Schweickards Vater stammt von der Ebernburg bei Münster am Stein.
Nach dem Heimgang von Frau Gertrud 1563 verheiratet sich Herr Gottfried mit *Margarete von Oberstein* (Idar-Oberstein), Tochter Sifrits und dessen Ehefrau Margarete Wilch von Alzey (gest. 1574). Der neue Herr baut die Ockstädter Besitzungen fleißig weiter aus. Mit der Besetzung der (nach wie vor katholischen) Pfarrstelle gibt es mancherlei Schwierigkeiten. Nach dem Tode des Inhabers Ebel 1564 verlangt Gottfried vom Vikariat zu Mainz „eyn from und gelart (gelehrten) Man, so der alten religion ist und noch meß hellt (hält), domitt ich und meyne underthane, wie unser voreltern, bey unserm glauben bleiben mogen". Er weist dabei auf die „itzigen geferliche zeitten hin", ferner daß Fasten und Osterzeit vor der Tür stehen, „zudem seyn vill schwanger weyber vorhanden", damit sie alle mit „verreichung der heiligen Sakramenten und der christlichen tauff nit verkurzt und versaumpt (versäumt) mocht werden."
Der erzbischöfliche Faktor in Friedberg empfiehlt seltsamerweise einen „Prädikanten" von Schiffenberg, den Gottfried aber schon wegen dieser Bezeichnung ablehnt. Das Kapitel zu Mainz aber befand sich mit seinen Priestern in solcher Verlegenheit, daß es Gottfried von Frankenstein schließlich bat, selbst einen passenden Geistlichen nach Mainz zum Examen zu schicken.
Anfang 1565 bekam man endlich einen Pfarrer. Es stellte sich jedoch heraus, daß er ein „verkappter Lutheraner" war, der in der Absicht kam, Ockstadt lutherisch zu machen. 1573 begann er damit, das Abendmahl unter zweierlei Gestalten (Brot und Wein) zu reichen, aber „zum Glück wurde man noch rechtzeitig auf dieses verderbliche Treiben aufmerksam" (Chronik von Ockstadt: LV 35).
Herr Gottfried hat das aber nicht mehr erlebt. Nachdem er noch 1566 die Bestätigung Kaiser Maximilians II. über die Neubelehnung mit den sämtlichen Reichslehen empfangen konnte, wurde er im nächsten Jahr zu seinen Vätern abgerufen. Er wurde in der Ockstädter Kirche begraben. Eine Kupferplatte mit sehr schönem Basrelief, die später in die neue Kirche übertragen wurde, trägt die Inschrift:

Cleen'sche Schloß zu Ockstadt 1490–1795

„In dem jar 1567 aufs sambstags den 19. Aprilis seines Alters 55 ist in got seliglichen verschieden der edell und ehrnvest gotfridt zu Franckenstein, deme der allmechtig got gnedig und barmherzig sein wolle. Zu welchem gedechtnus die edele und thugentsam Frau margreth zu Franckenstein, geborn von Oberstein, nachgelassene Wittwe, von sonderer neigung und lieb wegen, lies (ließ) verrichten." (LV 35.)

Die Brüder Gottfrieds, *Konrad* und *Georg Oswald*, sind verhältnismäßig früh gestorben, der erste schon 1540 kinderlos zu Marburg. Sie waren mit zwei Schwestern verheiratet: *Ottilie und Christine von Flersheim*, deren Vater, der Edelknecht Bechtolf, Amtmann zu Lautern (Kaiserslautern) war, verheiratet mit Elisabeth von Helmstadt.

Interessant ist die Flersheimer Verwandtschaft. Bechtolfs Schwester Hedwig ist die Gemahlin des vielgenannten Ritters Franz von Sickingen von der Ebernburg, der 1523 im Krieg gegen den Landgrafen Philipp von Hessen gefallen war. Bechtolfs Bruder ist Philipp von Flersheim, von 1529 bis 1552 Bischof zu Speyer.

Was Wunder, wenn wir Georg Oswald von Frankenstein als Amtmann auf der Madenburg und Vogt zu Lauterburg finden, also in bischöflich-speyerschen Diensten.

Die beiden Töchter des Junkers Hans und seiner Frau Irmela sind *Klara* und *Apollonia*. Erstere ist seit 1530 verheiratet mit Raban von Doringenberg, wie die „Eheberedung" (Urkunde im Ullstädter Archiv) ausweist. Das Hochzeitsgeld betrug die ansehnliche Summe von 2000 Gulden.

Apollonia ist vermählt mit Lukas von Hutten aus der Linie Hutten-Stolzenberg, genannt nach dem Stammsitz, der Burg Stolzenberg über Bad Soden (Salmüster) im Kinzigtal. Luther hat auf der Heimreise vom Reichstag in Worms 1521 auf der Burg übernachtet, womit die geistig-religiöse Richtung der Burgbesitzer angezeigt ist. Umgekehrt wird Stolzenberg in der Sickingischen Fehde 1522 (siehe oben, Kapitel VI.) von hessischen Truppen besetzt. Auf der benachbarten Burg Steckelberg kam der berühmte Vetter, Dichter und Streiter *Ulrich von Hutten* 1488 zur Welt. Auf seinen späteren Reisen war sie ihm immer wieder eine Zuflucht.

Schauergeschichten

Philipp V. von Frankenstein lebt zumeist auf der Burg, wo er auch das große Haus des jüngeren Stammes vollends ausbauen läßt. Er ist verehelicht mit *Helene,* Tochter Hans Hofwarts von Kirchheim und dessen Frau Kunigunde von Rosenberg. Die Hofwarts, deren Stammsitz ursprünglich Kirchheim-Teck ist, finden sich im 12. und 13. Jahrhundert als Inhaber auf der stolzen *Minneburg* am Neckar, zwischen Neckargerach und Zwingenberg. Später kam die Burg an die Rüdt von Collenberg und im 16. Jahrhundert abwechselnd an die von Sickingen, Landschade von Steinach und von Rosenberg, die sie von Kurpfalz zu Lehen trugen. Kunigundes Großvater, Ritter Konrad von Rosenberg, war pfälzischer Hofmeister.

Doch zurück zum Frankenstein. Im Jahre 1549 gibt es Auseinandersetzungen zwischen Philipp und seinem Vetter Hans um den Burgfrieden, die Kapelle, die Leibeigenen, eine Wiese in Seeheim und den Sebastianaltar in Eberstadt. Ein Schiedsspruch regelt alles zur beiderseitigen Zufriedenheit.

In größere Schwierigkeiten wird Junker Philipp im nächsten Jahre 1550 hineingezogen, bei denen sich tatsächlich Schauergeschichten ereignen mit Überfällen, Landfriedensbruch und Übergriffen von allen Seiten. In Ernsthofen im Modautal hat die *Familie von Wallbrunn* ihren Sitz, die eine kleine Herrschaft mit den Dörfern Ernsthofen, Neutsch, Hoxhohl, Asbach und Klein-Bieberau innehat. Hier gibt es denn auch die gleiche Kontroverse zwischen dem hessischen Landgrafen Philipp d. Gr. und den Herren von Wallbrunn, wie wir sie bereits in der Herrschaft Frankenstein vorgefunden haben.

Der Landgraf will nur einen landsässigen und gehorsamen Adel in seinen Landen dulden und vertritt den Standpunkt, daß die Adligen nicht mehr seien als nur Gutsherren, die Zins und Gefälle einnehmen können, und damit Schluß. Die Herren von Wallbrunn (wie auch die von Frankenstein) berufen sich auf uraltes Herkommen und Recht, wonach sie in ihrer Herrschaft die Gerichtsbarkeit und andere Rechte innehaben und als freie Ritter allein dem Kaiser untertan sind. Die hohe Gerichtsbarkeit des Landgrafen bei Mord, Brandstiftung, Diebstahl und ehrenrührigen Handlungen wird dabei durchaus anerkannt.

In Ernsthofen residiert zu der Zeit (1550) die Witwe des Burg-

grafen zu Friedberg Hans von Wallbrunn (gest. 1547), *Elisabeth Hofwart von Kirchheim*. Sie ist die Schwester von *Helene* Hofwart, Philipp von Frankensteins Gemahlin. Von ihren 15 Kindern ist Eberhard der Älteste, dann folgt ein heißblütiges Zwillingspaar, Johann Philipp und Johann Adolf, die später ein recht unrühmliches Ende nehmen.
Zunächst passieren allerlei ungute Dinge.
In Hoxhohl wird bei einer Schlägerei ein Hufschmied verletzt und wendet sich deshalb an das Zentgericht (Landgericht) zu Ober-Ramstadt. Als dies dem Herrn von Wallbrunn im Schloß Ernsthofen hinterbracht wird, läßt er den Mann gefangennehmen und im Turm zu Ernsthofen verwahren. Als der Amtmann Hertingshausen von dem Übergriff erfährt, verlangt er sofortige Freilassung des Schmiedes. Als sie verweigert wird, zieht er mit Bewaffneten vor das Wasserschloß, kann aber nicht eindringen. Zur Vergeltung nimmt er den wallbrunnischen Schultheißen und den Müller von Ernsthofen als Geiseln mit und verwahrt sie im Schloß Lichtenberg.
Im gleichen Jahre 1550 kauft ein Müller von Hoxhohl eine Mühle zu Reinheim und will dorthin ziehen. Eberhard von Wallbrunn, der Älteste der Familie, verwehrt ihm jedoch den Wegzug aus seiner Herrschaft. Der Müller dingt sich einen fremden Bauern, der ihm heimlich all sein Hab und Gut auflädt und nach Reinheim bringen will.
Da fällt — weil Eberhard von Wallbrunn gerade abwesend ist — der Junker Philipp von Frankenstein, sein Schwager, mit 5 Reitern den Transport auf freier Straße an und bringt die Beute zum Schloß Wallbrunn. Der Amtmann von Lichtenberg verlangt wiederum vergebens die Freigabe. Da greift er zur Selbsthilfe und läßt den Wallbrunnern die Schafherden pfänden und nach Lichtenberg treiben. Solche Beispiele ließen sich vermehren. Die feindlichen Parteien benutzen jede Gelegenheit, die andre zu schädigen. Da verliert der Amtmann die Geduld und faßt (auf Anraten seiner Vorgesetzten) einen Plan, die heißblütigen Herren von Wallbrumm in seine Hand zu bekommen. Am Weihnachtsfest gelingt ihm das.
Ein Bauer in Nieder-Modau hatte Frau Elisabeth von Wallbrunn zur Patin erbeten für sein Kind, das am hl. Christtag in der dortigen evangelischen Pfarrkirche getauft werden sollte. Also macht sie sich in Begleitung der beiden Zwillingssöhne, ihrer Tochter Maria und einer Dienerin zu Pferde in das Nachbardorf auf und besucht den Gottesdienst.

Der Amtmann von Lichtenberg aber hatte, vermutlich durch den Pfarrer, davon erfahren, läßt die Zentmannschaft von Ober-Ramstadt herbeiholen, besetzt das Dorf und stellt Wächter vor die Kirche, in der eine nichtsahnende Gemeinde samt den Gästen aus Ernsthofen die Geburt des Herren feiert. Als aber nach vollzogener Taufe Frau Elisabeth von Wallbrunn mit ihrer Begleitung das Gotteshaus verläßt, steht draußen der Zentgraf von Ober-Ramstadt mit den Bewaffneten. Trotz stärksten Protestes läßt er die Söhne und die Tochter mit Gewalt von der Mutter wegreißen und in ein Bauernhaus einsperren. Doch die Mutter folgt mit in das Gefängnis und weigert sich, ohne ihre Kinder nach Ernsthofen zurückzukehren. So blieben sie zwei Tage im Bauernhaus, da sie nicht gesonnen waren, Urfehde zu schwören.

Inzwischen war die Kunde von dem allem auch zur Burg Frankenstein gedrungen. Sofort begibt sich die Schwester der eingesperrten Herrin von Ernsthofen, Helene von Frankenstein (obwohl sie schwanger ist), nach Nieder-Modau und stellt den Zentgrafen. Der aber macht sie auf die gefährliche Situation aufmerksam und lehnt jede Verantwortung für etwaige Folgen in ihrem Zustand ab. Dennoch entschließt sich Frau Helene, das Gefängnis mit ihren Verwandten zu teilen.

Am nächsten Morgen läßt der Zentgraf die Frauen von den Ihren mit Gewalt losreißen und aus dem Hause tragen, da sie nicht gehen wollten. Die beiden Junker werden nach Reinheim verbracht und in einem Gasthaus gefänglich verwahrt. Der Amtmann droht ihnen, wenn sie nicht bereit wären, sich von der landgräflichen Regierung verhören zu lassen, sie aufknüpfen zu lassen, bis ihnen das Wasser aus den Augen herausträte, aber sie blieben standhaft. Schließlich kommt der Älteste, Eberhard von Wallbrunn, und erreicht die Freilassung der Brüder mit dem Versprechen, nach Aufforderung vor den landgräflichen Räten zu erscheinen.

Das Ende vom Lied ist die Verhandlung vor dem Reichskammergericht in Speyer, wo die Herren von Wallbrunn Klage eingereicht hatten. Das Gericht befiehlt beiden Parteien, hinkünftig alle derartigen Übergriffe zu unterlassen, wobei dem übereifrigen Amtmann zu Lichtenberg im Wiederholungsfall mit der Acht gedroht wird.

Der Älteste, Hans Eberhard von Wallbrunn, stirbt ledig zwei Jahre später im Feldlager vor Metz in Lothringen. Johann Philipp, der Zwilling, wird um 1558 von seinem ehemaligen reisigen Knecht Wolf im Wald bei Eberstadt in Notwehr erschossen.

Der andre Zwilling schließlich, Johann Adolf, wird Landfriedensbrecher, vom Pfalzgrafen in Mannheim in Haft gehalten, entweicht im September 1560 und kommt 4 Tage später in den Gewahrsam des Bischofs zu Speyer. Beinahe wäre dies Rudolf von Frankenstein gewesen, der aber im Juni des gleichen Jahres verstorben war. In Speyer gelingt es Adolf wieder zu entkommen. Er setzt sich in Ernsthofen fest. Als Landgraf Georg von Hessen-Darmstadt 1569 die Burg stürmen läßt, fällt Adolf. Seine Mutter, Elisabeth Hofwart, hat es nicht mehr erlebt. Sie starb 1562. Auch die Frankensteiner Verwandten waren kurz zuvor verstorben.

Wie es aber in dieser Welt zuweilen zu gehen pflegt: der Bruder der oben genannten Übeltäter wird geistlich und erhält nach seinem Tode sein Grab in der Michaelskapelle im Mainzer Dom. Die Grabinschrift lautet: „Der hochwürdige und edle Herr Johann Heinrich von Wallbrunn zu Ernsthofen, Mainzer Domscholaster, Stiftsherr und treuer Rechtswalter des weltlichen Kammergerichts, starb ruhig im Herren am 15. Oktober 1573, dessen Seele in alle Ewigkeit leben möge" (LV 26).

Klara von Schönburg auf Wesel

Die einzige Tochter Georgs von Frankenstein und Philipps V. Schwester Klara heiratet Herrn *Friedrich von Schönburg* „auf Wesel", Amtmann zu Trarbach an der Mosel. Die Burg Schönburg (oder meist Schönberg genannt) liegt nahe bei dem heutigen Oberwesel am Rhein. Sie wird 1149 erstmals erwähnt als Besitz Hermanns von Stahleck bei Bacharach. Danach kam sie in den Besitz des Erzstifts Magdeburg, dessen Burggrafen und Vögte die Ritter von Schönberg wurden. Gleichzeitig waren diese auch Reichsministeriale. Sie kamen hier zu hohem Ansehen und bedeutendem Besitz.

Der Vater des obengenannten Friedrich von Schönberg, der ebenfalls Friedrich hieß, war in 1. Ehe mit Agnes von Dienheim verheiratet. Nach deren Tod im Jahre 1517 ehelichte er Elisabeth von Langeln. Die Nachkommen spalten sich in zwei Linien, deren eine *katholisch* bleibt — vermutlich durch den Einfluß Klaras von Frankenstein —, während die andre *protestantisch* wird. Ihre Lebensläufe ziehen sich auf ruhmreichen Wegen durch den halben Kontinent hin.

Erste Ehe mit Agnes von Dienheim

1. Meinhard I. von Schönberg (1530–1596). Ist 1567 kurpfälzischer Marschall, danach Generalfeldmarschall in Frankreich, verheiratet 1571 mit Dorothea Riedesel von Bellersheim. Er wird Protestant.
2. Hans Meinhard, Ritter, 1618 pfälzischer Gesandter in England, verheiratet mit Anna Sutton Gräfin Dudley.
3. Friedrich, Graf von Schönberg, Graf von Martola, Marechal de France. Er geht „wegen der Religion" nach England, wird Herzog von Leinster und Baron von Tetfort. Er fällt in Irland 1690.
4. Meinhard II., Herzog von Leinster, General in England, verehelicht mit Karoline, Raugräfin zur Pfalz, Tochter des Kurfürsten Karl Ludwig.

Zweite Ehe mit Elisabeth von Langeln

1. Friedrich, Amtmann zu Trarbach, verheiratet mit Klara von Frankenstein. Um 1610 Miterben an der Herrschaft Frankenstein.
2. Simon Rudolf, gest. 1608, lebt auf Schloß Schönburg auf Wesel.
3. Johann Karl, Reichsgraf von Schönberg, kaiserlicher Rat und Gesandter zu Madrid.
4. Emanuel Maximilian Wilhelm, gest. 1682, kaiserlicher Kammerherr, verehelicht mit Clara Eugenia Isabella, Gräfin von Cronberg. Er verkauft 1661 seinen Anteil an der Herrschaft Frankenstein an den Landgrafen von Hessen-Darmstadt.

Die *Schönburg* steht auf einem waldigen Felsen über Oberwesel auf der linken Rheinseite. Die Mauern dieser anmutigen Kleinstadt schließen den Ort nach dem Rheine zu ein, ziehen sich aber auch mit vielen alten Türmen im hohen Bogen auf der Höhe im Rücken der Häuser durch die Weinberge hin. Am Hang liegt die Martinskirche mit ihrem Festungsturm. Geht man zur Stadt hinein, sieht man vor sich den gewaltigen Ochsenturm. Auf der Stadtmauer steht die gotische Wernerkapelle. Am Ortsausgang fällt einem die Liebfrauenkirche mit ihrem merkwürdigen Turme auf.

VIII. Obrigkeiten

14. Generation

Älterer Stamm Frankenstein
(Eltern: Georg Oswald und Christine von Flörsheim. Kinder:)
Ludwig *(1544–1606), verh. mit Katharina, Tochter des Georg III. von Rodenstein und Katharina von Boyneburg, kinderlos.*
Mit ihm erlischt der ältere Stamm.
Margarete (1560–1577), verh. mit Hans Friedrich von Oberstein.

Jüngerer Stamm Frankenstein
(Eltern: Philipp V. und Helene Hofwart von Kirchheim. Kinder:)
Philipp Henrich *(gest. vor 1585), verh. mit Anna Mosbach (von Lindenfels?). Sohn:* Philipp Ludwig, *ledig, gest. 1602.*
Mit ihm erlischt der jüngere Stamm.
A. Elisabeth, ledig, gest. 1566.

Ockstädter Linie Frankenstein
(Eltern: Gottfried und Gertrud Kämmerer von Worms, gen. von Dalberg. Kinder:)
Bartholomäus *(1538–1603), verh. mit 1. Marie Nagel von Dirmstein, 2. mit Anna von Buches. Kinder: Philipp Christoph, Joh. Ludwig und Anna.*
Margarete (1554–1598), verh. mit 1. Erhard Riedesel von Bellersheim, 2. mit Heinrich von Praunheim.
Klara (1544–1617), verh. mit Adolf Echter von Mespelbrunn.
Johann V. *Begründer der Sachsenhäuser Linie Frankenstein (gest. 1537), verh. mit 1. Hildegard Nagel von Dirmstein, 2. mit Margarete Riedesel von Bellersheim. Kinder: Eustachius und Margarete.*

Ein neuer Herr, das alte Lied

In Oppenheim stirbt im September 1558 der Junker Hans IV. von Frankenstein, nachdem ihm seine Gattin Irmela bereits 1532 im Tode vorausgegangen war. Das große Erbe wird so geteilt, daß der Sohn Gottfried (1512–1567) Schloß und Herrschaft Ockstadt (mit Sachsenhausen) übernimmt, also die oberhessischen Besitzungen, während die Herrschaft Frankenstein und der Adelshof in Oppenheim am Rhein dem Enkel Ludwig (Georg Oswalds Sohn) zufallen. *Ludwig von Frankenstein* (1544–1606) ist mit *Katharina von Rodenstein* verheiratet.
Die Eltern von Frau Katharina sind Junker *Georg von Rodenstein* und seine Gemahlin *Anna von Boyneburg*. Ihre Großeltern waren Hans IV. von Rodenstein und dessen Frau Anna. Diese letztere ist die Tochter des Ritters Heinrich Bayer von Boppard und seiner Gemahlin Margarete Bock von Uttingertal, die in ihrer 2. Ehe mit Philipp IV. von Frankenstein verheiratet war. (Vgl. Kap. IV., 5.)
Die Mutter der obigen Frau Katharina von Frankenstein war *Anna von Boyneburg*, Tochter des Ritters Otto von Boyneburg, Amtmanns zu Groß-Umstadt, und seiner Frau Anna Schelm von Bergen. Die Familie gehörte zum Stamm der Burgmannschaft jener berühmten mächtigen Burg über der Werralandschaft, heute Kreis Eschwege. Herrn Ottos Grabplatte befindet sich in der Turmhalle der Groß-Umstädter Kirche. Die obengenannten Georg und Hans von Rodenstein ruhen mit ihren Frauen in der Kirche zu Fränkisch-Crumbach (Odenwald).
Der Landgraf von Hessen, *Philipp der Großmütige*, stirbt 1567. Nach dessen Testament übernimmt der jüngste Sohn, Landgraf Georg I., die Obergrafschaft mit der Residenz Darmstadt. Sie zählt 78 Orte mit 20000 Einwohnern. Am 15. Juli 1567 reitet Landgraf Georg mit kleinem Gefolge in der neuen Residenz ein. Dort ist die Not vom Schmalkaldischen Krieg her noch immer groß. Das von Graf Bühren 1546 zerstörte ehemals katzenelnbogische Schloß liegt in Trümmern. Der Landgraf muß das Nötigste für seinen Haushalt bei freundlichen Nachbarn leihen. Sie geben ihm „Schisseln, Deller, Leuchder, Dischdücher, Leilachen (Bettücher), Bett, Disch und Bänk".
Landgraf Georg greift seine Aufgaben, unterstützt von dem ausgezeichneten Kanzler Johann Kleinschmidt, tatkräftig an. Er ist „bei

Ev. Kirche in Eberstadt nach 1604

großer Sparsamkeit und ernster Frömmigkeit ein trefflicher Haushalter und Wohltäter der Armen" (Knodt).
Die Herrschaft Frankenstein mag der neue Herr allerdings genauso wenig leiden wie sein seliger Vater. Auch er fühlt sich hier als unumschränkter Herr – und dazu hat er noch die Burg Frankenstein, wo man zäh auf alte Rechte pocht, gerade vor der Haustüre liegen, eine gute Wegstunde weit.
Es beginnt als erstes ein ziemlich übler Handel um die *„Hessische Kirchenagende".* Diese war 1553 bei der Einführung der lutherischen Lehre in den frankensteinischen Pfarreien ausdrücklich ausgeklammert worden, zwar nicht wegen der schönen Gebete und Gesänge in ihrem 1. Teil, wohl aber wegen der landgräflichen Kirchen- und Polizeiverordnungen im 2. Teil. Die Frankensteiner sind nicht gesonnen, diese fürstlichen Hoheitsrechte auf dem Umweg über eine Kirchenagende anzuerkennen.
Später, 1574, drängt man in Darmstadt auf die Einführung der Agende. In langwierigen Verhandlungen erreicht der Superintendent Voltz einen Kompromiß: Junker Ludwig nimmt die Agende für den gottesdienstlichen Gebrauch an – mit der ausdrücklichen Versicherung des Superintendenten, daß die hessischen Verordnungen dabei keinen Bezug auf die frankensteinischen Souveränitätsrechte haben sollten.
Doch schon Scriba bemerkt 1851 lakonisch: „Ludwig hatte die Rechnung ohne den Wirt gemacht". Kaum war nämlich Superintendent Voltz 1578 gestorben, erklärte man landgräflicherseits mit kühner Logik: „Da, wo die Liturgie gilt, gelten auch die Verordnungen, und wo diese gelten, da ist der Landgraf auch der Herr!" Demzufolge nimmt man in Darmstadt flugs auch das Aufsichtsrecht über die kirchliche Verwaltung, Abhörung der Kirchenrechnungen, Entscheidung in Ehesachen etc. für sich in Anspruch.
Probeweise wird noch im gleichen Jahre der neue Superintendent Angelus – der übrigens ein ausgezeichneter Schulmann ist, hier aber in unguter Mission – nach Eberstadt geschickt, um eine *Kirchenvisitation* durchzuführen. Das bedeutet einen glatten Eingriff in die uralten frankensteinischen Rechte.
Diesmal hatte man jedoch in Darmstadt die Rechnung ohne den Wirt gemacht. Als Herr Angelus vor die Kirchentür kam, fand er diese verschlossen, war auch kein Schlüssel zu finden und weit und breit keine Menschenseele zu sehen. Junker Ludwig hatte Wind von der Sache bekommen und die Kirchenschlüssel samt den Kirchen-

rechnungen etc. auf die Burg genommen, und hier war er unantastbar.
Unterm 20. November schreibt ihm der Landgraf: „Mein Superintendent hat Mir zu wissen gethan, daß Er (!) ihm zu Eberstat zu visitieren nit verstatten wollen, auch die Schlüssel der Kirche zu Euch genommen, daß er also mit sonderlichem Schimpf und Spott wieder hat abziehen müssen, welches Uns denn von Euch nit wenig befremdet". Es geht dann weiter: der Superintendent werde abermals kommen, und wenn dann wieder solcher Hohn geschähe, dann würde es dem Frankenstein gründlich zurückgezahlt.
Allein, das war von Sr. Fürstl. Gnaden nur in den Wind geschrieben. Tatsächlich machte man erst 80 Jahre später einen neuen Versuch, und da waren es die Herren von Frankenstein schon leid geworden.

Die Betzekammer und das Schützenfest

Die Betzekammer zu Eberstadt

Nachdem man hessischerseits bereits einen Zöllner in Eberstadt sitzen hatte, um die Steuerhoheit kundzutun, bedachte ein weiterer kluger Kopf in Darmstadt: jetzt müßte man noch eine Betzekammer (ein Gefängnis) dort haben, um auch die Gerichtshoheit augenfällig zu dokumentieren, die bislang unbestritten bei den Herren von Frankenstein lag. Als Helfershelfer bei diesem Handel fand sich der Pfarrer Breuel, der hinter dem Rathaus einen Garten besaß, in bester Lage also für eine Betzekammer. Der Landgraf kauft ihm das Grundstück klamm und heimlich für den horrenden Preis von 600 Gulden ab. Das geschieht 1580.
Doch was bleibt in Eberstadt heimlich? Auf der Burg wurde dieser, gegen das Vorkaufsrecht der Frankensteiner abgeschlossene Kauf schnell ruchbar, und Junker Ludwig beauftragt den Kaiserlichen Advokaten Nikolaus Wesser von Gernsheim, in Darmstadt persönlich einen scharfen Protest gegen den Rechtsbruch einzulegen. Im Vertrauen auf seinen kaiserlichen Schutzbrief wagt sich Wesser in die Höhle des Löwen. Was ihm dort widerfuhr, legt er in einem ausführlichen Protokoll nieder.
Zuerst trägt er dem Kanzler sein Anliegen vor, gestützt auf man-

cherlei „Briefe", d. h. Urkunden, Weistümer u. dergl. Der Kanzler begibt sich zum Landgrafen, da er nicht persönlich entscheiden will, und hält diesem Vortrag. Über das weitere hören wir den Advokaten wörtlich.

„Ist denn Landgraff Georg von Hessen Persönlich grimmigen und zornigen, brummenden Gemüths kommen, einen ziemblich weißen Stab in den Händen getragen und an der Stegen (Stiege) vor der Canzleystuben bald angefangen: Wer ich wäre?! – Ich Sr. F. D. (Fürstl. Durchlaucht) mit gepürender reverenz geantwortet: Ich wäre von Gernsheim, ein offener (öffentlich zugelassener) Notarius. – Se. F. D. gleich gefragt: Wer mich so keck und gewaltig gemacht, daß ich uf Sein Haus und Canzley dörffte gehen, Ihme oder den Seinen etwas zu insinuiren? Wie, wenn er mich ins Gefängnis würfe und dort liegen ließe?

Darauf ich Se. F. D. unterthenigst vor zorn gepeten (nicht zu vergessen): in Ansehung Ihro Kayserl. Majestät und dem Hl. Römischen Reich – ich seye publica persona und einen leiblichen Aydt (Eid) geschworen, wie denn Ihro F. D. selbst deren Unterthan seye! – Ihro F. D. dan gefragt: Was ich also auszurichten hätte? – Ich nun gesagt, wie die Sache (mit dem Vorkaufsrecht der Frankensteiner) sich verhält. – Se. F. D. mir aber in die Redt gefallen, sagend: Ob dort (in Eberstadt) nit auch grund und boden *Sein* des Landgrafen) wäre, der die Zentgerechtigkeit, schulz und zöllner daselbst hätte?

Daruff ich mich entschuldigt, das wäre Gott und dem Richter befohlen. Ich wäre kein Richter darüber, sondern dieser sache offener diener – und appellieren, protestieren und brot fordern wäre niemandem verboten! Ich bäte, die Protestation und den kayserlichen Schirmbrief gnädigst entgegenzunehmen."

Da bricht aber der Zorn über die „widerspenstigen" Frankensteiner aus dem landgräflichen Munde kräftig hervor: „Daß doch Frankenstein in seinen Hals gesch . . . wäre! Und Du (zum Advokaten): höre Du! Dieweil appellieren, protestieren und brot betteln jedermann erlaubt, so prostestier *Ich* jetzo auch und sage, daß Du es aufschreibst und zeigest es dem Frankenstein an, verstehst Du es?! Daß *Er* (der Frankenstein) *Mir* ingriff und intragk thut im jagen, mulwergk und wasserbau! Und sage Du dem Frankenstein, Er solle die Brieff (Urkunden und Weistümer) zerreißen und daran – den Hintern wischen!"

N. B. Die besagte Betzekammer wird trotzdem erst 44 Jahre später durch den Nachfolger Georgs I. erbaut!

Das verregnete Schützenfest

Zwei Jahre später passiert wieder ein Zwischenfall, bei dem es um die „Souveränität" geht. Diesmal ist die Tonart allerdings etwas feiner. Ludwig von Frankenstein berichtet selbst darüber.
„Als man zalt 1582, haben Schützen und schießgesellen zu Eberstat mit Unsrer Verwilligung ein Auschreiben hin und wieder in die Städte, als Benßheim, Oppenheim, Diepurg und Darmstatt, und sunst rumbhero in die Dörffer abgehen lassen, welche auch alle zu der freyen gesellschaft zu erscheinen willig gewesen. War auch alles, was zu einem solichen freyschießen sich gebürt, bestellt worden.
Da hat es der Keller (Verwalter) zu Darmbstatt erfahren und, abwesens (in Abwesenheit) des Herrn Landgrafen — der damals uff dem bergwerk zu Oberamstat gewesen, und Ich gen Diepurg verreist — den schützen 100 daler zum abtragk (Strafe) auferlegt, weil sie soliches sonder seines gn. Fürsten oder seiner erlaubnis gethan hätten, denn Uns, denen zu Frankenstein, ein fryschießen auszuschreiben nit gebüre.
Und als ich ganz spot anheimisch (nach Hause) kame, ist soliches mir angezeigt worden. Bin ich gleich des andern tags zu Herrn Landgraven Georgen gen Nideramstat geritten, Ihro f. G. in dem Oberfürstenhaus bei dem Morgenessen deswegen underthenig angesprochen und mich beklagt, was der Keller neuerungsweise vorgenommen. Dan Ich vor 12 jahren auch ein schießen halten lassen, womit menniglich zufrieden gewesen, weil dies niemands nachtheil, sondern nur kurzweil angerichtet. Er (der Landgraf) mich auch jetzo dabei pleiben lassen (möge).
Also S. F. Gn. mir mit gnädigster antwort begegnet, daß Sie dorumb nit wissens (nichts gewußt) hetten. Wollten aber, sobald Sie gen Darmstatt verreisen, den keller anhören, was ursach er solches gethan habe. Es sollte aber dißes doch vorher angezeigt (gemeldet) worden sein, dan es möchten sich under die gesellschaft etliche Auslendische mengen, wodurch leichtlich ein Aufruhr entstehen möge. Also Ich von Ihro F. Gn. abgeschieden.
Der Keller aber gleich wiederumb gen Eberstat kommen, die Schützenmeister und Schießgesellen beschickt und angezeigt, daß Se. F. Gn. und Herr zufrieden wären, daß das schießen seinen fortgang nähme, wie es auch beschehen. Aber es war vielen Dörfern verboten worden, das schießen zu besuchen, darumb der schützen viele ausplieben und Mir zu sonderm Schimpf und Spott gesetzt.

Hernach, als sich das schießen geendet, hat der keller von Darmbstatt haben wollen, man solle den fremden schützen im namen des Herrn Landgraven abdanken (sie verabschieden), welches Ich widersprochen und Adam Strohauern (dem Eberstädter Schützenmeister) befohlen, er solle weder vor des Herrn Landgraven, noch vor Unser, denen zu Frankenstein, sondern in Ihr, der schützen Namen ganz kurtz abdanken, welches auch also beschehen – und ist in die redt ein großer regen kommen, daß keiner den Beschluß vernehmen wollen, sondern alle entlauffen mußten."

Das Frankensteiner Eselslehen

Die Herren von Frankenstein bezogen noch bis 1571 eine Korngülte von 12 Maltern, das sogen. Eselskorn, aus Darmstadt, früher Bessungen. Dafür mußte je nach Bedarf ein Esel bereitgestellt werden, auf dem die „übermütigen, stolzen, giftigen und bösen Weiber, die ihre Männer geschlagen hatten", zu Spott und Schanden durch die Stadt geführt wurden. Zuletzt war eine Art Mummenschanz daraus geworden, indem das „Böse Hundert", ein Fastnachtsgericht, die Strafe auf offenem Markt verhängte und am Aschermittwoch vollziehen ließ.
Zu diesem Behufe schreiben 1538 Schultheiß und Schöffen des „Gerichts" an den Junker Hans zu Frankenstein: „Unseren willigen Dienst mit Fleiß zuvor, ehrbare und gestrenge liebe Junkern! Es hat sich zu Darmstadt Zwietracht, Zank, Uneinigkeit erhoben zwischen etlichen giftigen und bösen Weibern, die sich haben aufgeworfen gegen ihre Männer und haben sich unterstanden sie zu schlagen. Solche Gewalt, Frevel und Übermut ist gegen die ganze Gemeinde, sunderlich aber gegen das Burglehen. So ist es unser Bitt und Ansehen, uns zu Hilf zu kommen nach altem Herkommen und den Esel zu schicken. Wir wollen auf nächsten Dienstag morgens früh unsern Stadtboten zu Euch schicken, der soll den Esel nach Darmstadt geleiten, da wird er Futter haben. Und wenn wir ihn gebraucht in unsern Nöten, so wollen wir ihn ohne Eure Kosten und Schaden wieder heimgeleiten in Eure Veste.
Im Jahre 1588 wird der Esel sogar zur Bestrafung einer streitsüchtigen Megäre aus Pfungstadt angefordert. Wie toll es diese trieb, berichtet der dasige Schultheiß: sie habe ihrem Mann, als er sie mit einem Stecken habe schlagen wollen, nicht nur einen Hafen (Topf) mit kaltem Unschlitt an den Kopf geworfen, daß

das Blut davon floß, sondern ihm auch gedroht, ihm in den Wanst zu stechen, da sie Gott einen Toten schuldig sei. Das war nun beides nicht fein. Aber nach der damaligen Gesellschaftsordnung durfte der Mann seine Frau schon einmal vermöbeln, sie aber nicht ihn.
Junker Ludwig schickte den Esel mitnichten. In einem barschen Schreiben an die Darmstädter, die den Esel angefordert hatten, erklärte er, man solle ihm zuerst seine jahrelangen Rückstände aus dem Lehen bezahlen. Im übrigen gebe er den Esel nur nach *Darmstadt*, wie es Brauch sei, und nicht anderswohin.
H. E. Scriba bemerkt sinnig dazu, der Junker habe, eingedenk der in andern Dingen angewandten hessischen Beamtenlogik, mit Recht befürchtet, daß, wenn er solches zugäbe, man leicht dieses Lehen auf das ganze Hessenland ausdehnen könne, und er daher in Gefahr sei, für 12 Malter Korn jährlich eine bedeutende Amazonenschar streitbarer Weiber beritten zu machen.
Was hier zuletzt zu einem bloßen Mummenschanz ausgeartet war, scheint nach Gensicke in seinen Ursprüngen auf eine uralte Straf- und Ruggerichtsbarkeit zurückzugehen. Es wäre dann etwa als Rest eines frühen Amtslehens eines Zentrichters zu deuten, dessen Funktionen die Herren von Weiterstadt (als Vorfahren der von Frankenstein) im 12. Jahrhundert ausgeübt haben.
Da Herr Ludwig seine Rückstände von 100 Maltern Korn niemals bekam, nahm das Eselslehen von selbst ein Ende.
Der Dichter und Professor für Literatur *Otto Roquette* in Darmstadt (1824—1896) hat das Lehen poetisch festgehalten.

Zu Darmstadt in der Ochsegaß da schrein die Buben: Was ist das?
Was rennt von allen Seiten? Das Frankensteiner Eslein kommt,
ein Weib sitzt drauf zu reiten.

Was hat das Biederweib getan? Geprügelt hat sie ihren Mann.
Ich kann ihn nicht beklagen, vom Weib erwirb dir Zärtlichkeit,
dann wird sie dich nicht schlagen!

Doch anders denkt der hohe Rat, der Mannesehr zu wahren hat.
Ihr Mütlein abzubüßen, soll sie zu Esel durch die Stadt
mit Schanden reiten müssen.

Doch weil die Esel noch so rar, wer leiht zur Buß uns einen dar?
Des Bürgermeisters Pate, der edle Herr von Frankenstein,
der leiht ihn gern dem Rate.

Und weil das ging jahrein, jahraus, so ward ein Eselslehen draus,
und ward für Manneswürde zwölf Malter Korn im Jahr bezahlt
und für des Esleins Bürde.

Die gute alte Zeit ist aus, dahin des Frankensteiners Haus.
Verjährt ist auch das Lehen, die Esel sind nicht mehr so rar,
und zärtlicher die Ehen.

In Sommerzeit zum Frankenstein, gehn Arm in Arm zu kühlem
Wein
jetzt Weiblein hold und Männlein, und denkt nicht mehr der alten
Zeit,
und leert vergnügt sein Kännlein.

Allerlei Zeugen

Aus den letzten Jahren der beiden „Ur-Stämme" sind einige gewichtige Zeugen in Stein und auf Pergament übriggeblieben, die wir kurz beschreiben wollen.

Die gelbe Tafel

An der Nordwand der Kirche in Eberstadt wurde 1604 eine Tafel aus gelbem Sandstein angebracht zur Erinnerung an den großen Kirchenumbau dieser Jahre. Auf ihr lesen wir: „Anno 1604 ist zu Gottes Lob dieser Kirchenbau durch die ehrenvesten Ludwig und Johann Eustachius von und zu Frankenstein als Collatores der Kirche zu Eberstadt und die verordneten Castenmeister Hans Dracht und Niclas Bauer auferbaut worden der christlichen Gemeinde zu Gutem. Der Herr geb sein Segen darzu."
Hier wird noch einmal mit Nachdruck betont, daß die Herren von Frankenstein die Kollatur rechtmäßig innehaben, wiewohl sie dieses Recht der Pfarrstellenbesetzung seit 50 Jahren praktisch nicht mehr ausgeübt haben.
Die Hauptkosten für den Umbau mußte im übrigen die Gemeinde tragen, wofür sie Darlehen in Höhe von 520 Gulden aufnehmen mußte. Der „gnädige Junker", wie es in der Kirchenrechnung (die noch vollständig vorhanden ist) heißt, stiftet 100 Gulden, die „Maßbach'sche Wittib" (Philipp Henrichs Wwe., siehe oben) gab

Die Gelbe Tafel

Anno 1604 ist zu Gottes Lob dieser Kirchbau durch die edle, ehrenveste Ludwig und Johann Eustachius von und zu Franckenstein als Collatores der Kirche zu Eberstad (sowie) ihre verordnete Castenmeister Hans Dracht und Niclas Baur uferbaut worden der christlichen Gemein zu Gutem. Der Herr geb sein Segen darzu. Amen.

40 Gulden. Herr Eustachius schickte aus Sachsenhausen einen Eichenstamm, aus dem die neue Kanzel gezimmert wurde. Näheres über den Kirchenumbau siehe LV 44.

Bestätigung der Dorfordnung

Unterm 26. Juli 1605 wird auf Betreiben der Gemeinde Eberstadt und unter Verwilligung der Herrschaft ihre alte Dorfordnung vom Jahre 1557 wortwörtlich abgeschrieben, geprüft, notariell beglaubigt und schließlich feierlich bestätigt. Die Urkunde, im schönsten „Juristendeutsch" jener Zeit abgefaßt, beginnt:
„*In Gottes Namen. Amen.* Kunde unde zu wissend sei hiermit öffentlich gegen jedermann, daß im Jahr, als man zählte nach Christi, unsres lieben Herrn Geburt sechszehnhundert und fünf, in der dritten Indiktion oder Römerzinszahl, als regierte der Allerdurchlauchtigste, Großmächtigste und Unüberwindliche Fürst und Herr, Herr Rudolf der andere (II.), von Gottes Gnaden erwählter Römischer Kaiser, zu allen Zeiten Mehrer des Reichs in Germanien, zu Hungarn, Böheimb, Dalmatien, Croatien, Schlavinien pp. König, Herzog von Burgund, Steir, Kärnten, Crain und Württemberg . . . (usw.) auf Freitag, den sechs und zwanzigsten Tag July, des Morgens zwischen sieben und acht Uhren, in der Herberge zum Roten Hirsch zu Eberstatt in der oberen Stube des vorderen alten Hauses vor mir, untenbenannten Notarii, erschienen sind: die ehrsame, fürnehme und ehrbare Hans Wilhelm, der edlen, gestrengen und festen Ludwig und Eustachius, Gevettern zu Frankenstein (Schultheiß) — sodann Henrich Kauff, der edlen, gestrengen und ehrentugendreichen Frau Anna von Frankenstein, geborenen von Masbach, Wittiben, unsrer gepietenden Frau, Schultheiß — und neben ihnen . . ." (es folgen die Namen der Gerichtsschöffen und des Besonderen Ausschusses).
Die reichlich verzwickte Beglaubigung des Notars lassen wir gerade so stehen:

„Daß diese gegenwärtige vidimierte und mit dem aus den alten Papieren Begriff auf Begehren erfolgte Renovation, transumierte Verinstrumentation, sowie anscultierte und collationierte Copia gleichlautend de verbo ad verbum, wie auch des requirierten renovatoris Notarii Subscription und dessen beneben aufgetruckten seinem Notariatszeichen bezeuge ich, subscribierter und requirierter Notarius, wie es auch zu mehrerem Glauben Sigillo proprio bestätigt wird.

Johann Adam Pfeilsticker, Notarius zu Darmstadt."
Das heißt kurzgesagt: Die Abschrift ist mit dem vorgelegten Original von 1557 Wort für Wort verglichen, unterschrieben und durch das aufgedrückte eigene Siegel bestätigt worden.
Die Dorfordnung blieb nunmehr weitere 150 Jahre unverändert in Kraft.

Das Testament

Da Herrn Ludwigs Ehe mit Katharina von Rodenstein kinderlos geblieben war, setzt er 1603 seine drei Vettern zu seinen Erben ein. Unterm 17. Juni 1605 aber wird der dritte, Johann Ludwig, sein eigener Patensohn, wieder ausgeschlossen, „dieweil derselbe ohne meine und seiner ganzen Adellichen Freundschafft Rad (Rat) und Vorwissen in den Jesuiter Orden sich begeben". Im „Hausbuch" wird zu diesem, bis dato unerhörten Vorgang bemerkt: „Ist Hanß Ludwig zu Franckenstein aus Ockstatt gezogen gen Trier und in Jesuwitter Orden kommen."
Nach dem 2. Testament soll *Johann Eustachius* (Hans V. Sohn) die Burg und Herrschaft Frankenstein erben, während *Philipp Christoph* (Barthels Sohn zu Ockstadt) den Adelshof zu Oppenheim am Rhein samt allen Zugehörungen bekommen soll.
Zum Abschluß beschwört Herr Ludwig seine Nachkommen und Erben aufs eindringlichste:
„das Schlos Frankenstein zusampt seinen Zugehörungen nimmermehr an das Haus Hessen gelangen und kommen zu lassen, aus Ursachen, man mich mit so vielen thätlichen Ein- und Zugriffen ganz uhnfugsampst beleidigt, in schwere Rechtfertigung und Uncosten zusampst allerhantt Sorgen, Ungeduld und Bekümmerniß gebracht hat und vielleicht meine Nachkommen auch bringen möcht".

Das Grabmal

Ludwig von Frankenstein stirbt am 1. Januar 1606 zu Oppenheim, wird nach Eberstadt übergeführt und in der dortigen Kirche begraben. Das Todesdatum seiner Gattin Katharina ist unbekannt geblieben. Es steht aber fest, daß sie die Überlebende war und das große Grabmal errichten ließ, das 1851 aus der Kirche in die Kapelle auf dem Frankenstein verbracht wurde.
„Es handelt sich um ein handwerklich gutes Stück der deutschen Spätrenaissance, das leider bei dem Transport beschädigt und dazu

mangelhaft ergänzt und falsch zusammengesetzt wurde.
Der Mittelteil zeigt in einer Nische, ohne jede architektonische Gliederung, das einander zugewandte und kniende vollplastische Ehepaar mit gefalteten Händen in Zeittracht. Über dem Ehemann ist ein Putto (Kindergestalt) angebracht mit einem Totenschädel in der Hand und ein sitzender Hund; über der Ehefrau ebenfalls ein liegender Putto, der sich auf ein Buch stützt, dahinter ein Skelett mit Pfeil und Bogen, jeweils vor einem angedeuteten Landschaftshintergrund. In der Mitte ist das Zifferblatt einer Uhr ohne Zeiger, mit den Ziffern in römischen Zahlen ausgehauen. Darunter steht auf einem Konsölchen eine abnehmbare Sanduhr aus Holz. Hund und Buch könnten die besonderen Interessen des Ehepaares andeuten. Totenschädel, Skelett und Uhren symbolisieren den Tod und die verrinnende Zeit."

Die *Wappen* sind bei der Neuaufstellung auf dem Frankenstein so durcheinandergeraten, daß wir hier auf eine ausführliche Richtigstellung verzichten müssen. Auf der Mannesseite müßten stehen: Frankenstein + Cleen, Flörsheim + Helmstadt und auf der Frauenseite: Rodenstein + Boyneburg und Bayer von Boppard + Schelm von Bergen.

Die Erben

A. Älterer Stamm Frankenstein

Die Erben Ludwigs von Frankenstein sind, nach dessen Testament von 1605, *Johann Eustachius* mit Burg und Herrschaft Frankenstein und *Philipp Christoph* mit dem Adelshof in Oppenheim am Rhein. Die Verwandtschaft möge folgende Aufstellung deutlich machen.
Hans IV. v. Fr., verheiratet 1508 mit Irmela v. Cleen.
Die Söhne:
I. *Georg Oswald*, Vogt zu Lauterburg, gest. 1548, verheiratet mit Christine von Flersheim, Tochter des Bechtolf von Flersheim, Bruders des Bischofs zu Speyer, Philipp von Flersheim (1529–1552)
II. *Gottfried*, Herr zu Ockstadt, gest. 1567
III. *Rudolf*, Bischof zu Speyer (1553–1560), gest. 1560.
Ia: Sohn Georg Oswalds:

Grabmal Ludwigs und Katharina von Frankenstein (etwa 1607)

Ludwig, geb. 1544, gest. 1606, letzter des älteren Stammes Frankenstein.
IIa: Sohn Gottfrieds:
Johann V., Begründer der Sachsenhausener Linie, geb. 1537, verh. in 1. Ehe mit Hildegard Nagel von Dirmstein, Tochter des Peter N. von Dirmstein, Vogt des unteren Lauterburger Amtes, und dessen Frau Margret von Heppenheim (Pfalz), gen. vom Saal (gest. 1580), verheiratet in 2. Ehe mit Margarete Riedesel von Bellersheim, Tochter des Ritters Bernhard v. B.
IIb: Zweiter Sohn Gottfrieds:
Bartholomäus, Vogt zu Bruchsal, geb. 1540 zu Hagenau (Elsaß), gest. 1603, verheiratet in 1. Ehe mit Maria Nagel von Dirmstein, Tochter des Peter N. von Dirmstein etc., Schwester der obigen Hildegard von Dirmstein (vgl. zu IIa), verheiratet in 2. Ehe mit Anna von Buches.
IIa/1: Sohn von Johann V., Erbe der Burg und Herrschaft Frankenstein:
Johann Eustachius, Amtmann zu Ulm und Algesheim, gest. 1650, verheiratet mit Anna Brendel von Homburg v. d. Höhe
IIb/1: Sohn von Bartholomäus, Erbe des Adelshofes in Oppenheim am Rhein:
Philipp Christoph, Herr zu Ockstadt, 1603–1633.

B. Jüngerer Stamm Frankenstein

Das Unglück mit der Kutsche

Von *Philipp Henrich*, dem einzigen Sohn Philipps V. von Frankenstein (vgl. Kap. VII.), ist nicht viel zu berichten. Er steht noch bis 1581 unter Vormundschaft seiner Vettern Ludwig v. Fr. und Hans Friedrich von Mosbach, die 1573 den ihm und dem Hans von Rodenstein gehörigen „Frankenstein-Rodensteiner Hof" in der Stadt Bensheim gegen den Haßlocherhof daselbst vertauschen.
Philipp Henrich heiratet 1580 *Anna Mosbach von Lindenfels*. Er stirbt bereits um das Jahr 1585 und wird in der Nieder-Beerbacher Kirche, der Grablege des jüngeren Stammes Frankenstein, begraben. Hier ruht bereits seine ledig verstorbene Schwester Anna Elisabeth, deren Reliefbild in der Kirche zu sehen ist. Sie trägt die Zeichen der Jungfrau: gelöste Haare und das Jungfernkränzlein.

Philipp Henrichs und Anna Mosbachs einziger Sohn ist *Philipp Ludwig*. Auf der Fahrt in einer Kutsche von der Burg Frankenstein nach Seeheim hinunter verunglückt er tödlich am 19. Mai 1602 im Alter von 21 Jahren. Sein Grabmal, das ursprünglich in der Kirche zu Nieder-Beerbach aufgestellt war, wurde mit denen aus der Eberstädter Kirche 1851 in die Kapelle auf dem Frankenstein versetzt. Leider wurde dieses Kunstwerk aus weißem Marmor später mit grüner Ölfarbe übertüncht und verstümmelt. Vor allem wurden die Vergoldung und der Alabaster, aus dem die Wappen gehauen sind, zugedeckt und unkenntlich gemacht.

Mit Philipp Ludwig stirbt die jüngere Linie Frankenstein im Mannesstamm aus. Frau Anna, geb. von Mosbach, bleibt in der Burg.

In der Kirchenrechnung vom Kirchenumbau 1604 zu Eberstadt wird sie mit der Stiftung von 40 Gulden als Moßbachische Wittib aufgeführt. Bei der Bestätigung der alten Dorfordnung 1605 ist der Schultheiß der Frau *Anna von Frankenstein, geb. Masbach* (Mosbach), „unserer gepietenden Frau" (= Herrin) zugegen.

Wenige Jahre später aber gewinnt Philipps V. Schwester, *Klara von Frankenstein*, verehelichte von Schönburg, den gegen Anna von Mosbach angestrengten Prozeß. Das Gericht gesteht ihr die näheren Erbrechte zu.

Seitdem hat Eberstadt einen frankensteinischen und einen schönburgischen Schultheiß bzw. Amtskeller.

Herr Barthel schafft Remedur

Bartholomäus von Frankenstein, Herr zu Ockstadt, kommt als jüngster Sohn der Eheleute Gottfried und seiner Gattin Gertrud Kämmerer von Worms zur Welt. In einem durch Mäusefraß zerstörten Heft, von dem gerade noch 4 Blätter vorhanden sind, ist zu lesen: „barthel zu Franckenstein ist geboren worden jor 1540 uff mondag sant Felix um 5 Auern und ist das licht voll gewesen, zeygen im fisch". Es war also Vollmond und am astrologischen Himmel galt das Zeichen des Fisches. Pfarrer Rady beschreibt ihn wie folgt in seiner Ockstädter Chronik (LV 35).

„Barthel war ein zwar derber, aber gerechter, christlich frommer Mann, wie der deutsche Adel damals wenige in seinen Reihen zählte. Er ergriff (1567) mit der vollen Überzeugung einer ‚von Gott geordneten Oberkeit' die Zügel der Regierung seines ‚Flekkens' Ockstadt. Hier war das Volk im Laufe jener unruhigen Zeiten in religiöser Hinsicht nachlässig geworden und trieb außerdem einen mit seinen bescheidenen Verhältnissen in Widerspruch stehenden Luxus. Deshalb hielt Barthel es für seine oberkeitliche Pflicht, zuzufahren und Remedur zu schaffen, wobei er sich von kleinen despotischen Launen nicht freihielt. Mit starker Hand griff er in das bürgerliche und religiöse Leben seiner Untertanen ein, alles nach katholischen Grundsätzen ordnend.

Die Mainzer Erzbischöfe hatten die wenigen katholischen Pfarreien, welche der reformatorische Eifer des hessischen Landgrafen und der Wetterauer Grafen übrig gelassen hatten, bereits aufgegeben. Die Tätigkeit der ausgezeichneten Bischöfe Daniel Brendel von Homburg und Wolfgang von Dalberg erstreckte sich meisten nur auf Mainz und das Mainzer Land am Rhein und Main. Unter diesen Umständen lebte sich Barthel in den Gedanken ein, daß die Ordnung des kirchlichen Lebens *seine Sache* sei."

Zuerst wird eine „Kirchenordnung" eingeführt, die in der theologischen Einleitung das Amt der Kirche an den Menschen herausstellt: „Derenthalben hat Gott selbst das Predigt Ampt eingesetzt und bevolen, daß öffentliche ehrliche versammlungen seyen, darin eine lehr den menschen furgetragen werden durch welche der sohn Gottes kräftiglich wirket". Insonderheit sind die „Regenten" von Gott angewiesen, zur Erhaltung dieses Predigtamtes treulich Hilfe zu tun. Hier einige Auszüge.

Gottesdienst und Abendmahl

1. „Item zum ersten sollen aus jedem Haus zum Nachtmahl des Herren gehen die obersten Häupter, Mann und Frau, sollen sich zu rechter Zeit vor dem Evangelio zur Kirchen schicken, auch darinnen verbleyben bis zum endt und nit hinauslauffen ohne sonderliche ursach.

So jemandts in den heussern (Häusern), under dem Rathaus oder uff der gassen under (während des) dem Ampt und predigt schwetzendt gefunden würdt, soll alsbald von den Kirchendienern angezeigt und in die Stroff (Strafe) gefallen sein. Ebenso, wer im Wirtshaus gefunden wird; auch der Wirt selbst, außer wenn er Gäste von auswärts hat".

Die beiden Friedhofstüren, durch die man in die Kirche kommt, werden während des Gottesdienstes geschlossen.

2. „Nachdem die Obrigkeytt in glaubwürdig erfahrung gekommen, daß etliche personen das hochwürdig heylig sacrament im Jar nit empfangen haben, und ferner der empfang bei vielen mit geringer andacht beschehe, und auch ihrem nechsten von grundt ires hertzens nit verzeihen und sich also von Gott dem allmechtigen und seiner Christlichen Kirch absondern — so ist Seiner Gnaden (Herrn Bartels) ernstliches beger und bevelch (Begehren und Befehl)", daß man viermal im Jahr, mindestens aber an Ostern zum Abendmahl komme. Gegen Übertreter werden strenge Strafen ausgesprochen: Verweigerung des Patenamtes, des öffentlichen Kirchgangs bei der Vermählung und des christlichen Begräbnisses.

3. „Item: so etwan Gott der allmechtig eynen mitt kranckheytt heymsuchet, soll die selbige person nit verziegen (es hinziehen) bis uff das lettst, da kein verstand oder vernunft mehr vorhanden mit dem Nachtmal des Herrn, sondern den pharher beschicken (nach dem Pfarrer schicken). Dan (denn) der weiss man (weise Mann) Jesus Sirach schreibt: Es ist nichts gewisser dan (als) der thot, und nichts ungewissers dan die stundt."

4. Kräftige Strafen werden für den verfügt, der „Gottes Namen, sein heyliges Wortt, die hl. Sacramenten schmehet, lestert, flucht und schwerdt (schwört). Soll gestraft werden — ein alt mensch bey einem halben gulden, ein Jungs nach gelegenheit der person (nach Alter und Verstand)".

5. Der Obrigkeit höchste Strafe wird bei Ehebruch und Unzucht angedroht. Nicht billig wird es auch, wenn einer seinem Nächsten mit schändlichen Nachreden sein „ehr und guten leumundt (sich) understehet abzuschneiden".

6. „Soll auch das unnutz geschwetz und geschrey, desgleichen Sitzen, Spilen und Lauffen uff dem Kirchhoff genzlich verbotten sein. Auch soll ein jeder zu rechter Zeit sich in die Kirche verfügen (der Kirchhof liegt um die Kirche!) und nit erst kommen, wan die predig ein endt bald hat, und danach vor der thur stehen bleiben und hineingucken, wie ein hundt in ein kuchen (wie der Hund in die Küche)."

7. Zum Beschluß soll auch „das Disputieren, so gemeintlich in der Zechen (Schenke) und beym wein ohn allen verstand in glaubenssachen beschicht, auch unnütze lieder, so den glauben oder des nechsten ehr betreffent, bei thurns (Gefängnis) und unablässi-

ger geldstraf nach abrechnung und erkanthnus (Erkenntnis) der Oberkeyt genzlich verbotten sein".
„Hierbey soll es uff dismal bey dieser Kirchenordnung verbleiben..."
(Der Schluß, in 6 Zeilen bestehend, ist zerstört.)

Von Hochzeiten, Weinkäufen und Kindbetten

Als zweites entwirft Herr Barthel eine „Zuchtordnung", mit der er einerseits für gute Ordnung bei den Feierlichkeiten sorgen wie auch die Untertanen vor unnötigen Ausgaben bewahren will.

1. Eheverspruch und Heirat
„Erstlich ordnet, setzet und gebytet hiermit die Obrigkeit, daß sich niemand heimlich, d. h. ohne Rat und Vorwissen der Eltern, nächsten Freunde und vor allem auch der Obrigkeit ehelich versprechen, noch verheurathen solle."

2. Handstreich und Zusammengebung
Der Handstreich, d. h. die Verlobung, und der Eheverspruch samt Eheberedung, d. h. der Ehevertrag, sollen forthin öffentlich auf dem Friedhof erfolgen, wobei der Pfarrer zwei oder drei Zeugen aus den Umstehenden nehmen soll. (Gemeint ist hier der Kirchhof um die Kirche.)

3. Vom Tanzen bei Verlobungs- und Hochzeitsfesten
„Nachdem die Gewohnheit ist, auf Hochzeytten und Handschlagen zu dantzen, sollen dieselben ehrlich, züchtig und nit in hosen und wames allein, sondern in Rocken und Manteln beschehen und gehalten werden. Leychtfertiges und hohes Springen bei den dentzen soll gentzlich verbotten seyn."

4. Handstreich oder Weinkauf
Bei Verlobungen oder der Ausfertigung des Ehevertrages (Weinkaufs) soll nicht mehr als nur 1 Tag gefeiert werden. „So beide Eheleute zusammengegeben und die Eheberedung verlesen worden, soll man zum Imbs und Malzeit umb 1 Uhr gehen und abents umb 5 Uhren wiederumb von einander scheiden."

5. Die voreheliche Beiwohnung
„Lezlich soll die Beiwohnung, ehe dan der kirchengangk (Trauung) solemniter beschehen, hochlich und bei straf verbotten seyn."

6. *Vermahnung der Schwangeren*

„Die schwangeren sollen durch die kindmutter eine gute zeit zuvor zu dem hl. sacrament vermanet werden und daselbig mit vorgehender beicht von dem pfairheren (Pfarrer) empfahen."

Nicht jeder Pfarrer ist dem Schloßherrn recht

Herr Barthel überwachte die Verwaltung der Pfarrei mit großem Eifer, der ihn nicht selten die Grenzen seiner Befugnisse überschreiten ließ. Daraus resultierte denn auch ein ziemlich häufiger Wechsel der Pfarrer. Ziemlich willkürlich verfuhr der Schloßherr zuweilen auch mit der Zuteilung der Pfarrgefälle. Im Hintergrunde spielen schließlich die konfessionellen Umstände eine Rolle. Aus der langen Liste der Pfarrer wählen wir einige aus.

1565 kommt Herr Simon Klein, ein „verkappter Lutheraner", der das Abendmahl in beiderlei Gestalt, also mit Brot und Kelch, einführt. Barthel entließ ihn, kaum daß er die Herrschaft übernommen.

1573 präsentiert der Mainzer Stuhl einen Konrad Haun, der aber Herrn Barthel mißfiel: „weil er an seine gliedmaßen lame".

Georg Klöpper, der 1582 nach Ockstadt kommt, verdirbt es sowohl mit der Herrschaft wie auch mit der Gemeinde, „weil er ihr Begehren des Kelchs beim Abendmahl mit aller Entschiedenheit abwies" (Rady).

Ein ausgezeichneter Mann namens Cörper kommt 1584, sieht sich aber bald genötigt, wegzugehen, weil er „trotz bescheidenster Ansprüche bei dieser Besoldung nicht bestehen könne".

Endlich dringt das Stiftskapitel in Mainz auf bessere Besoldung der Pfarrer, „da ausreichendes Kirchenvermögen aus alter Zeit vorhanden, aber in fremden Händen sei. Herr Barthel möge für dessen Rückerstattung sorgen". (Das Geld war ausgeliehen.) Die hierzu gegebene Zusage wird nicht gehalten.

1591 schickt der Schloßherr den Pfarrer Bachmann wieder fort, „weil derselbe ein holhipper und verräter wehre (wäre), habe dem Kriegsvolk seine Krebsbäche und der armen unterthanen Vorräte verraten". In den längeren Zwischenzeiten hatte die Pfarrei durchweg gute Seelsorger, die z. T. auch länger blieben.

Die Schützenkompanie

Ockstadt war neben dem frankensteinischen Schloß selbst gut befestigt. In Notzeiten fanden deshalb auch die benachbarten

Dörfer hier Zuflucht und Schutz. Herr Barthel baute, als oberster Kommandeur, die Schützenkompanie zu einer wohldisziplinierten, schlagfertigen Mannschaft aus. Alle waffenfähigen Männer des Dorfes gehörten ihr an.

Anfangs waren die Schützen nur mit Armbrust und Spießen, später mit Büchsen bewaffnet. Barthel teilte das ganze Dorf in vier Rotten ein: die Ober-, Bach-, Kirchen- und Unterrotte, in welchen sich 38 Büchsenschützen, 24 Armbrustschützen, 7 Hellebarter und 47 Spießer befanden. Die bewaffnete Macht in Ockstadt war somit 116 Mann stark. An ihrer Spitze standen 3 Rottenmeister, die in der Gemeindeverwaltung sich allmählich eine hervorragende Stellung erwarben.

Jeden Sonntag war auf dem Schießstand Übungsschießen, für das Herr Barthel ein ausführliches Reglement entworfen hatte.

Die *Grenzen seines Gebietes* hielt der Herr zu Ockstadt, besonders nach Friedberg zu, scharf im Auge. Die Gemarkungsgrenze Ockstadts reichte bis an die Stadtmauer der freien Reichsstadt. Wenn die Friedberger ihre Kühe, Schafe oder Schweine auf Ockstädter Gebiet trieben, entgingen sie selten den wachsamen Augen der frankensteinischen Schützen; denn diese erhielten für jeden Fang eine Belohnung mit einem Viertel Wein.

Als Herr Barthel 1577 in der Ockstädter Gasse in Friedberg Grenzsteine setzen ließ, erschienen die Friedberger mit „bewehrter Handt, gefertigten Büchsen und gezuckten Wehren" und haben Barthels „arme wehrlose Leuth nicht allein mit harten, schmelichen worten, sondern auch gefehrlicher betrohung uberfallen".

Bei einer anderen Gelegenheit wurde in Friedberg Sturm geläutet und mehr als hundert Bürger mit „buchsen, helpart (Hellebarden), seitenwehr und Rappier" bewaffnet rückten aus. Barthel von Frankenstein ritt ihnen entgegen und sagte: „Seindt das so streitbare Bürger, deren sich eine solche Menge und Schare wider drei Mann dermaßen bewehrt gemacht!" (LV 35).

Die Leibeigenen und die Hexen

Ledigbrief für einen Leibeigenen

Im Jahre 1580 stellt Barthel von Frankenstein einem Leibeigenen, der aus Ockstadt wegziehen wollte, einen „Ledig-Brief" aus, der von einer gewissen Großzügigkeit des Schloßherren zeugt. Unter anderem lesen wir da:
„Ich, Bartholomeus zue Franckenstein, alls Ober und gerichts Herr zue Ockstadt, enndtbiete Allen und Jeden, wes Ehren, standes oder wesens die seyen, denen dieser brieff vorkompft, Meinen günstigen gruß, guetten willen und alles guette bevorahn und demselben zu wissen, daß vor Mir erschienen ist *Conradus Braun und Eva sein eheliche Hausfrauw* und mir zu erkennen gegeben: Nachdem sie eine zeitlang under mir zue Ockstadt häußlich gesessen und gewohnet undt aber sie ihrer gelegenheit dermaßen zugetragen, daß sie ihren besseren Nutz und frommen an andern Orten sich zu verschaffen willens seynd – Mit unterthenig Pitt (mit untertäniger Bitte zu mir gekommen): sie bede aus ihrer Burger und gemeinschafft meynes gerichts-zwangs *Gnediglich und gunstiglichen zu entlassen;* auch Ihrer gethanen Pflicht, Aidt (Eid) und Leibeigenschaft, Domit sie Mir bisher verwandt und zuegethon gewesen, Ledig zue zellen (los und ledig zu lassen). Dieweil ich dan nit gemeindt, Ihejemandts seinen besseren Nutz (Sich) zue verschaffen, zue verhindern."
Zum Schluß bittet Herr Barthel jeden, dem dieser Brief vor Augen kommt, „sie wollen den Eheleuten gunstige furderung (Förderung) erzeigen und beweisen . . . Zu wahrer urkundt hab ich, Barthel zue Franckenstein, Mein eigne Ingesiegel zue Endt dieser erkandtnuß uff thun trucken".

In Ockstadt wird keine Hexe verbrannt

Der Hexenwahn, der im 16. Jahrhundert in ganz Deutschland verbreitet war, und dem Tausende unschuldiger Menschen zum Opfer fielen, grassierte auch in der Wetterau. 1595 kamen drei Witwen in Ober-Rosbach nahe bei Ockstadt auf diese Weise jämmerlich ums Leben.
Auf der Folter hatten sie auch den Cless Werner von Ockstadt als

Zauberer angegeben. Mit ihm wurden zugleich zwei „Hexen" aus dem Dorf eingezogen und gefoltert. Nach dem Protokoll sagte Cless Werner unter den Qualen der Tortur u. a. folgendes aus.
„Vor zwei Jahren hat mich Gela (seine Geliebte) mit Fahrsalbe geschmiert und wir sind zusammen auf einem Besen zum Tanzplatz gefahren. Der Teufel hat mir die Pfeife gegeben. Ich spielte und alle tanzten. Darauf gab der Schwarze der Lucia, der Krämerin von Rosbach, ein schwarzes Pulver; sie blies es durch eine weiße Holzröhre und es entstand ein Rauch wie ein Nebel, worauf die Weingärten und anderes verdarben. Dann hat mich Gela mit Fahrsalbe geschmiert und wir sind auf einem Besen heimgefahren und um 12 Uhr jedes in sein Haus gekommen.
Vor einem Jahr im Sommer nach Walpurgis bin ich mit Gela zum Tanze bei dem Gericht oder Galgen zu Ober-Rosbach gefahren und habe gespielt. Nach dem Tanze hat eine von Ockstadt und Kathrin und Lucia das Pulver ausgeblasen, und Wein, Obst und Äcker sind verdorben. Darauf bin ich mit Gela auf einem Besen heimgefahren. Obgleich ich wußte, daß Gela eine Zauberin war, hab ich doch vertrauten Verkehr mit ihr gepflegt."
Barthel von Frankenstein, als Gerichtsherr zu Ockstadt mit der Sache beschäftigt, fürchtete sich, auf diese erpreßten Geständnisse hin gegen den bedauernswerten Mann und seine Leidensgefährten vorzugehen. Zwei Gutachten, von einem Juristen zu Büdingen und von der *juristischen Fakultät zu Marburg* (dd. 3. Dezember 1595) forderten ihn zum Einschreiten auf. Am 9. Februar 1596 hielt er das peinliche Halsgericht. Der Verteidiger gab sich alle Mühe, seinen Klienten zu retten, der „mit langer Tortur und langwiriger gefengnuß genug gestraft sei; er auch seinem Beichtvatter, deme Pfarherr allhie, Besserung gelobt". Das Urteil des Gerichtshofes erging jedoch dahin, daß Cless „mit dem schwerdt vom leben zum Todt gestraft werden solle".
Barthels humaner christlicher Sinn (so Pfarrer Rady) siegte über die Juristen, welche diese wahnsinnige Geschichte nach bereits vorhandenen Mustern bearbeitet hatten, sowie über die urteilslosen Richter: er schenkte dem Cless und den beiden „Zauberinnen" das Leben. Gela war schon vor dem Prozeßbeginn gestorben. Die Bäckerin von Ockstadt starb bereits im Turm (Gefängnis), nur Eva Grezer überlebte die schrecklichen Tage. Cless Werner selbst wurde für zwei Jahre unter strenge polizeiliche Aufsicht gestellt, starb aber ebenfalls bald unter den Folgen der unmenschlichen Folterqualen (LV 35).

Der Hausstand im Schloß

Schloß Ockstadt

Bartholomäus von Frankenstein war in 1. Ehe verheiratet mit *Maria Nagel von Dirmstein*. Der Sohn Johann Ludwig aus dieser Ehe ist der nachmalige „Jesuwitter", der wegen seines Übertritts in die Societas Jesu von seinem Onkel Ludwig 1605 enterbt wurde.
Die zweite Gemahlin Herrn Barthels war *Anna von Buches* von Schloß Höchst an der Nidder in Oberhessen. Aus dieser Ehe kam die Tochter Anna, die mit Adam von Helmstadt verheiratet war.
Sohn und Nachfolger Herrn Barthels ist *Philipp Christoph*, geboren 1575.
Der Haushalt im Schloß erforderte ein zahlreiches Personal. Wir finden einen Sekretär, einen Schloßpater, einen Oberförster nebst vier Förstern oder Schützen, einen Hofmann, eine Hoffrau, eine Köchin; einen Oberknecht neben mehreren Ochsenknechten (für die Zugochsen), zwei Vieh-Mägde, einen Schloßmüller, einen Hofbender (Küfer), einen Gärtner, einen Pfortmann und schließlich als ersten Beamten einen Keller oder Amtmann.

Herr Barthels wird heimgerufen

Nachdem er immer in Ockstadt gelebt hatte, wo er sich „wegen seiner Herzensgüte einer großen Beliebtheit erfreute, war Herr Barthel in seinen alten Tagen brustleidend und wassersüchtig geworden. Christlich, wie er gelebt, starb er wohl vorbereitet am 5. April 1603".
Nach seinem Testament sollte der Pfarrer beim Begräbnis über das Leiden und die Verdienste Christi predigen, beim siebenten Gedächtnistag über den armen Lazarus und seine Aufnahme in Abrahams Schoß, und beim dreißigsten Tag über Christi sieghaft fröhliche Auferstehung (LV 35).

IX. Zwischen Wetterau und Frankenstein

15. Generation

Ockstädter Linie Frankenstein
(Eltern: Bartholomäus und Anna von Buches. Kinder:)
Philipp Christoph (1575–1633), verh. mit 1. Barbara von Kerpen. 2. mit Agathe von Hattstein. Kinder: Philipp Ludwig, Joh. Friedrich, A. Anastasia, Jakob und Gottfried.
Johann Ludwig, Domkapitular.
Anna, verh. mit Adam von Helmstadt.

Sachsenhäuser Linie Frankenstein
(Eltern: Johann V. und Hildegard Nagel von Dirmstein. Kinder:)
Joh. Eustachius (gest. 1651), verh. mit Anna Brendel von Homburg. Kinder: Ursula Katharina, A. Margareta, M. Magdalena, Joh. Ludwig, Joh. Richard, Joh. Eustachius, Joh. Carl, Joh. Daniel, Joh. Friedrich und Joh. Peter.
Margarete, verh. mit Philipp Ganß zu Otzberg.

16. Generation

Ockstädter Linie Frankenstein
(Eltern: Philipp Christoph und Barbara von Kerpen. Kinder:)
<u>Philipp Ludwig</u> *(1612–1689), verh. 1. mit Klara Agnes Rau von Holzhausen, 2. mit Katharine von Erpe.*
Joh. Friedrich, Domkapitular; A. Anastasia, verh. mit Philipp Groschlag von Dieburg; Jakob und Gottfried: im Felde gefallen.

Sachsenhäuser Linie Frankenstein
(Eltern: Joh. Eustachius und Anna Brendel von Homburg. Kinder:) Ursula Katharina, verh. mit Lukas H. Forstmeister, A. Margareta, verh. mit Philipp Knebel von Katzenelnbogen, M. Magdalena, Klosterfrau, Joh. Ludwig, Domherr, Joh. Richard, Domscholaster, Joh. Eustachius, Domkapitular, Joh. Carl, Bischof zu Worms.
<u>Joh. Daniel</u> *(1615–1677), verh. mit M. Margareta von Oberstein.*
<u>Joh. Peter</u> *(1620–1681), verh. mit Sophie von Baumbach.*
<u>Johann Friedrich</u> *(geb. 1618) führt die Sachsenhäuser Linie fort.*

Ockstädter Geschichten

Der neue Kalender

Philipp Christoph von Frankenstein übernimmt die Herrschaft Ockstadt, nachdem er sich unterm 5. Mai 1605 („*alten* Kalenders") mit seiner Mutter abgefunden hatte.
Der „*neue*" Gregorianische Kalender war 1582 in den katholischen Ländern eingeführt worden, zumal er besser war als der alte Julianische. Die Protestanten lehnten ab, weil er von einem Papst (Gregor XIII.) kam.
Wer ihn ebenfalls abgelehnt hatte, war Herr Barthel zu Ockstadt, niemand weiß warum. Und so blieb der *alte Kalender* hier noch lange Zeit in Kraft.
Der Erzbischof J. Schweickart zu Mainz schreibt 1606 an Junker Philipp Christoph: „Wir lassen uns glaublich berichten, was maßen bei der gemeindt zu Oxstatt, allda sonsten die wahre Catholische Religion in glücklichem Progreß und fortgang ist, der *alte* Calender noch in täglichem schwang und brauch sein soll, ein ergernus (Ärgernis) der andern benachbarten catholischen Kirchen." Genutzt hat es aber auch dem Erzbischof nichts. Im Ockstädter Schloß ist man zäh.

Platte Vaganten werden fortgejagt

Mit den *Pfarrern* verfährt der neue Herr ebenso. Im Jahre 1607 wird ein ihm zugesandter Pfarrer „wegen Trunksucht, schmähender Predigt und andern Gründen" abgewiesen. Der Domdechant zu Mainz, dem „die offt und vielfältige mutationen (Veränderungen) der Pfarrherrn mißfielen", warf dem Junker vor, daß er diese unglücklichen Zustände selbst verschuldete, indem er die ihm von Mainz zugesandten Pfarrer „seines eigensinnigen gefallens von diesem Pfarrdienst mit gewalt" abhalte. Ockstadt mache ihm mehr Last als sämtliche anderen Pfarreien des Erzstiftes.
Das Jahr darauf macht der Erzbischof den Junker erneut für die bedenklichen Zustände verantwortlich, zumal er den Pfarrern ihre „nicht ohnercleckliche jährliche competencien" (Besoldung) einbehalte, und warnt ihn, die Pfarrer künftig zu „molestiren" (belästigen). Ungerührt erwidert Philipp Christiph Sr. kurfürstl. Gnaden, „er möge künftig nit solche *platte Vaganten* (Herumtreiber), die

nirgends zu bleiben gewußt, hierher schicken". Unterdessen blieb die Pfarrei unbesetzt.
Endlich kommt doch ein Vikar auf Probe, der sogar im Schloß Wohlgefallen findet, da „nicht allein meine liebe Hausfrau, sondern auch die gemeinde ein ziemblich begnügen davon haben". Der Tag seiner Einführung als Pfarrer sollte ein großes Fest werden, aber die Herrschaft untersagte mit Hinweis auf den bisherigen Brauch jede Feierlichkeit, und so wurde Herr Götzelius sang- und klanglos installiert, als „armer pfarrdiener zu Ockstadt", wie er sich selbst zu nennen pflegte.
Jetzt drängt der Erzbischof auf Rückgabe der vom Junker einbehaltenen Pfarrgefälle, aber es mußte erst dazu kommen, daß der arme Pfarrer in Schulden und in die Hände eines Wucherers, des „Seligman Fulda, Judt, Beysaß und Kremer zu Friedbergk" geriet, bis Philipp Christoph endlich einlenkte und die Besoldung des Geistlichen ordnungsgemäß regelte.

Der Überfall

Die Beziehungen des Ockstädter Herren zur *Stadt Friedberg* waren ebenfalls getrübt, und die Art, wie er seine Sache zu führen pflegte, war nicht geeignet, sie freundlicher zu gestalten. So hatte die Stadt Friedberg den Baumgarten an dem Acker, der seit Hans IV. von Frankensteins Zeiten (!) Gegenstand eines Prozesses war, mit einem Zaun umgeben. Philipp Christoph verschmähte den schriftlichen Protest; er ließ die Zäune einfach niederhauen und wies seine Untertanen an, ihr Vieh hineinzutreiben.
Ähnlich wurde das Problem um die *Frondienste* der Bauern von Dorn-Assenheim, die teilweise einem Lerch von Dirmstein gehörten, gelöst. Dieser wollte sich der Mitregentschaft des Frankensteiners entledigen und verbot den Einwohnern jeden Frondienst in Ockstadt. Philipp Christoph ließ sie an ihren Untertaneneid erinnern und warnte sie vor den Folgen ihres Ungehorsams. Als sie sich nicht fügten, zog er mit 40 Mann zu Roß und zu Fuß in der Nacht nach Dorn-Assenheim, wo seine Leute die Türen einschlugen und den Schultheißen, die Schöffen und einige Untertanen aus den Betten holten und sie gebunden, „zum spectaculo aller Inwohner zu Ockstatt ins Schloß trieben und in die Türme warfen". Erst nachdem sie Gehorsam gelobt und Urfehde geschworen, wurden sie wieder entlassen. Es ist dies der einzige Fall (bemerkt der Chronist quasi entschuldigend), wo die Ockstädter Schützen-Companie in größerer Zahl in Aktion trat.

Neue Hochzeits- und Kindtaufsverordnungen

Anno 1619, 17. Octobris alten Kalenders, brachte die Herrschaft eine *neue Verordnung über Hochzeits- und Kindtaufsfeste* heraus. Darin wird das Dorf auf äußerste Pünktlichkeit und Sparsamkeit getrimmt.
1. Die Hochzeitsleute müssen spätestens zum Evangelium in der Kirche sein. Kommen sie zu spät, müssen sie mit der Einsegnung bis zum nächsten Tage warten.
2. Zur Sicherung der Pünktlichkeit wird das herkömmliche Brautsuppen-Essen vor dem Kirchgang verboten.
3. Die Hochzeiterin und das Weibs-Volck sollen rechtzeitig mit dem Schmücken anfangen, bei Vermeidung von 6 sh (Schilling Heller) Strafe.
4. Man soll die Mahlzeit nach dem Kirchgang solchermaßen fördern, daß Schlag 12 Uhr jedermann zu Tisch gesessen und angerichtet sei.
5. Zur Hochzeit dürfen von Armen höchstens drei, von Reichen 4 Tische mit Gästen besetzt werden, zu 10–12 Personen.
6. Um 2 Uhr soll jeder von der Mittagsmahlzeit aufstehen. Nur verheiratete alte Mannspersonen dürfen bis 3 Uhr sitzen bleiben. Um 7 Uhr muß das Nachtessen beginnen, und um 9 Uhr jedermann vom Tische aufgestanden sein. Wird jemand später angetroffen, kostet es 6 sh Strafe.
7. Die tentze (Tänze) nach dem Nachtessen zu sommer und winters zeiten seyn gantz abgeschafft.

Bei *Kindtaufsfeiern* sollen
1. unnötige Unkosten und übermäßige Weinzechen verboten sein.

2. Wann das Kind getauft ist, sollen die Gevattern (Paten) nichts weiteres, als einen halben Taler in das Kindbett schenken. Und die Weiber, sobald sie aus der Kirche kommen, soll ihnen ein Trunck Weins und ein stuck kuchen geboten werden, und sie sobald wieder nach Hauss gehen, und kein Zech gehalten werden, bei Straf 10 Gulden.

3. Wann dann die Kindbetterin sich wieder durch des Priesters Segen aussegnen läßt, soll alsdann ein Zech gehalten werden, doch daß dabei außer den Gevattern nicht über 10 oder 11 personen mit der bettmutter zusammenkommen sollen, und des abends über 8 oder 9 uhren nicht sitzen bleiben.

Was aber seither gegeben worden, die 3 Wochen-hember (Hemden) genannt, soll gantz und gar abgeschafft sein.

4. Daß im 1. Jahr (zu Neujahr) der Petter oder Goth (Pate oder Patin) seinem Pettern oder Gothchen ein hempt, welche das Petter- oder Gothen-Hempt genannt wird, geben mit sampt dem Pettern-Kuchen oder alle geschenk und gaben, so bisher mit merklichen großen Unkosten und schaden gegeben wurden, sollen hinfüro gantz und gar verbotten und abgeschafft sein.

Der oberste Gerichtsherr

Auch dem *Justizwesen* wendet Philipp Christoph als oberster Gerichtsherr besondere Sorgfalt zu. Er hat alle Verhandlungen, die er leitete, eigenhändig in das Gerichtsbuch eingetragen. Jedes Buch begann er mit seinem Wahlspruch: „Domine, fiat voluntas tua", Herr, es geschehe dein Wille.
Den Gerichtshof bilden: Der *Junker* oder sein Stellvertreter, der herrschaftliche *Keller* (später Amtsverweser), der *Schultheiß*, der einen weißen Stab trug, und die *Gerichtsschöffen*, deren Zahl zwischen 2–6 wechselte. Untergeordnete Beamte sind der *Gerichtsschreiber*, meist der Schullehrer, der *Büttel*, „so männiglich ein Dorn im Auge ist", der *Nachrichter* (Henker) und seine *Gesellen*. (Die letzteren lieh man sich von Ober-Ursel aus.)
„Das aus alter Zeit stammende Zeremoniell", so der Chronist, „war darauf berechnet, dem Volke Respekt und Schrecken vor dem Gerichte einzuflößen" (LV 35).
Für die Leute von damals war dieser *„niedliche kleine Polizeistaat"* durchaus ernst zu nehmen. Die Herren wußten sich, als von Gott geordnete Oberkeit, nicht nur im vollen Recht, sondern auch aus ernstem Bemühen für ihre „Untertanen", deren irdische Wohlfahrt (in Maßen) und ihr Seelenheil verantwortlich.

Kriegsschauplatz Wetterau

Zwischen Martini und Christtag 1617 erschien längere Zeit „am Himmelsfirmament gegen den Morgenstern ein Stern mit einem langen Strahl, einem Besen gleich". Das Volk erblickte in dem Kometen einen *Vorboten kriegerischer Ereignisse und großer Not:*

Dann wegen unsern Sünden
Gott thut den Krieg verkünden –
und es betete:
Gott regiere die Planeten,
so seynd wir aus allen Nöthen.

Trotzdem beginnt der *mörderische Dreißigjährige Krieg.* In der Wetterau erschien 1620 ein unionistisches Heer (der protestantischen Partei) von 10 000 Mann und 2500 Pferden, rastete in Ober- und Niedermörlen und plünderte die beiden Dörfer gänzlich aus.

Die sehnlich erwarteten holländischen Hilfstruppen unter Prinz Friedrich Heinrich von Oranien kamen im Dezember 1620 in die Wetterau. Wegen der Unordnung im unionistischen Lager zogen die Holländer jedoch wieder ab, ohne eine Patrone verschossen zu haben. Um nicht ganz ohne Lorbeer heimzukehren, warf der Prinz 32 Kornett Reiter und 400 Musketiere in die papstischen Dörfer, darunter auch *Ockstadt,* und ließ sie dieselben aufs grausamste verwüsten.

Danach lebten die Ockstädter in panischer Angst vor dem wilden Mansfelder. Diese wurde nicht geringer, als die Herrschaft 1622 einen Teil ihrer besten Sachen aus dem Schloß nach Frankfurt flüchtete. Nur die nächsten Äcker am Dorf wurden noch bestellt. Es entstand eine Teuerung. 1624 wurde eine Meste Salz mit 1 Goldgulden und 1 Achtel Korn mit 12 Reichstalern bezahlt.

Nach der Schlacht bei Höchst überschwemmten die siegreichen Bayern und Spanier die ganze Wetterau, wo sie vornehmlich die adligen Häuser und Dörfer plünderten. Seit 1623 liegen Tilly'sche Reiter in Friedberg und Ockstadt im Quartier. Das frankensteinische Schloß ist bis in die letzten Räume mit Offizieren und Soldaten belegt.

1627 und 1628 waren für Ockstadt bewegte Jahre! General von Anholt berührte auf seinen Zügen mehrmals den verwüsteten Ort. Er war einer der teuersten Quartiergäste. Dazu kam noch, daß er seine Frau stets mit sich führte, die durch ihre Vorliebe für ihre „verehrten" goldenen Ketten und silbernen Becher berüchtigt war. Der Schrecken der Wetterau war der General von Görzenich. Seine Frevel schreien zum Himmel! Er hauste im Stader Gericht (Amtsbezirk) und in den adligen Dorfschaften so, „daß davon Kindes Kinder noch zu klagen werden wissen". Wallenstein befreite die Welt von diesem Unmenschen, welchen er 1627 zu Rendsburg enthaupten ließ. „Er soll gar wohl und andächtig gestorben sein."

Im September 1628 erschien Graf Merode mit vielen Kompagnien neugeworbenen Volks von Welschen und Wallonen in Steinfurth, Melbach und Ockstadt. Sie „thun großen schaden".
Im Juli und September 1629 kamen Tilly'sche Munitions- und Proviantwagen mit großer Bedeckung von Reiterei und Fußvolk an, logierten sich in den gräflichen und adligen Dörfern ein, verdarben dieselben und waren „den armen landleuthen in der Wetterau zu großer beschwerung". Im gleichen Jahr war Ockstadt *„von seiner Obrigkeit verlassen worden".*
1630 waren alle Häuser von Pappenheimischen und Tilly'schen Reitern und einer Kompagnie des Hauptmanns Metternich besetzt. Ein großer Teil der Häuser war danach verbrannt oder blieb unbewohnt.
1632 bat Philipp Christoph die *schwedische* Regierung, die inzwischen die Herrschaft übernommen hatte, um Befreiung Ockstadts von Einquartierung und Kontribution, da das Dorf kaum noch imstande sei, sich selbst zu ernähren. Es half nichts. „Die Protestanten betrachteten diesen Axel Oxenstirn so vollständig als Herrn unsres Landes, daß der Rat zu Friedberg ihm 1633 eine demütige Bittschrift überreichte, worin er ihn um die Überlassung des Zehnten (der Steuer) in Fauerbach und *Ockstadt* anflehte."
Im Jahre 1633 wurde auch der *Cleen'sche (Frankensteiner) Hof in Sachsenhausen* von dem Schweden Johann Vizdomb von Eckstatt ausgeplündert. Er soll die wichtigsten Briefe (Urkunden) dem Frankfurter Magistrat ausgeliefert haben, darunter „allerhand Documenta, Kauf- und Wehrbriefe, Urkunden der Güter, Zinsen und Gefälle zu Frankfurt und Ockstadt".
Die frankensteinische Wittib Margarete Brendelin von Homburg schrieb darüber folgende Bemerkung nieder: „hierauf hat der Obrist Vitzdom als Commandant in Frankfurt das Gewölb (im Frankensteiner Hof) eröffnet, alles Silber, Kleinod, Wein und Früchten genommen auf 12 000 Gulden, und habe ich dem Reichs-Canzlern Ochsenstein 3000 thaler pares (bares) Geld erlegen müssen etc. etc.".
„Gebrochen an Leib und Seele von soviel Leid und Schrecken starb *Philipp Christoph* im Dezember 1633." Ihm folgt der Sohn *Philipp Ludwig*, geboren 1612, also gerade erst 21 Jahre alt. Und der Krieg geht unaufhaltsam fort.
Jetzt sind die schwedischen Armeen im Land, nach dem Tode König Gustav Adolfs (1632) mehr und mehr in Auflösung und Zuchtlosigkeit verfallend. Im Juli 1634 erscheint Johann Beck,

Verwalter des Deutschordenshauses in Friedberg, im Schloß zu Ockstadt und weist seine Bestallung als *schwedischer Keller* (eine Art Amtmann) vor. Er spielt seine schmachvolle Rolle mit unerträglicher Arroganz, aber die Ockstädter machen ihm das Leben sauer. Alle Vorräte waren beiseite geschafft, außer Brot und dem durch seine Säure berüchtigten 1632er Wein. „Ich muß", so klagt er, „von diesem Edelmann (Frankenstein) und seiner StieffMutter, welche ein solch falsch und arg Weib ist, daß ichs nimmermehr gemeinet, täglich viel Stichelworth hinnehmen."

Daneben sah man abwechselnd auch Ungarn, Polen und Kroaten in der Wetterau, die die Ockstädter in unmenschlicher Weise behandelten. „An der Sommerfrucht im Feld tuth die Reutterey mächtigen großen Schaden und fangen die Bauern an, sehr hinwegzulaufen." Ockstadt wurde so sehr zerstört, daß die beutegierigen Truppen es bis 1640 nicht mehr der Mühe wert hielten, hier noch etwas zu suchen.

Danach kehrten einzelne Einwohner wieder zurück. Zu ihrer Sicherung verschafften sie sich von dem kaiserlichen General Mercy einen Schutzbrief, der noch vorhanden ist. In Ockstadt verblieben 10 Soldaten als Schutzwache und ein Hauptmann, der im Schloß einquartiert war. „Gelegentlich eines freudigen Ereignisses in der Familie des Feldwebels hatte die Gemeinde einige Unkosten, die folgendermaßen verbucht wurden: „2 fl. (Gulden) 6 Alb. für ein Ohm Bier dem Feldwebel; 5 Alb., 2 pfert zu füttern, wie der Captenleutnant hie gewesen bei des feldwabels Kientbett (Kindbett bzw. Taufffest)".

Am 6. Juni 1646 stellte wiederum der schwedische General Carl Gustav Wrangel zu Wetzlar ein Salvaguardi, einen Schutzbrief, aus: „für das dem Wohledlen und Gestrengen Herrn Philip Ludwig von und zu Frankenstein zugehörige Hauss und Flecken Ochstadt, bei Friedberg in der Wetterau liegent, sambt allen appertinentien (Zugehörungen)". Das Original ist noch vorhanden, „der Silbersand glänzt noch auf Wrangels Namenszug", bemerkt der Chronist. Die beiden letzten Jahre des mörderischen Krieges verliefen für Ockstadt ziemlich ruhig. Die Einwohner bezahlten monatlich die ihnen auferlegten Kontributionen und lieferten einen Teil ihrer Ernte in das bei Höchst errichtete Militär-Magazin. Den Oberst von Friedberg erhielten sie durch reichliche Verproviantierung seiner Küche bei guter Laune. In den Rechnungen finden sich für ihn: 4 Pfr. Butter, 100 Eier, 6 junge Hahnen etc. etc. Als auch die unter dem Landgrafen von Hessen (Hessen-Kassel) stehenden

Kompagnien Ockstadt zu Lieferungen zwingen wollten, wußte Philipp Ludwig von Frankenstein dies durch Intervention des Grafen v. Hatzfeld abzuwenden.
Aus dem letzten Kriegsjahr teilen wir noch eine für jene Zeit charakteristische Episode mit. Am 22. April 1648 schrieb der Rittmeister Barthols vom Regiment Limboy an v. Frankenstein, daß er ihm „sein Leben errettet und ihn aus den Händen der Soldaten erlöst habe". Er verlange dafür 100 Reichstaler oder ein wohlgerüstetes Pferd. Im Weigerungsfalle würde ihm großes Unglück daraus entstehen. Philipp Ludwig antwortete kühl, daß er und seine Reiter nicht wie ehrliche Soldaten, sondern wie gemeine Straßenräuber an ihm gehandelt hätten. Daß er nicht totgeschossen worden sei, verdanke er lediglich dem Umstande, daß den Soldaten die Gewehre versagt hätten. Er habe aber die Sache bereits dem General des Herrn Rittmeisters übergeben, wo er sich seinen Lohn holen möge!
Unser Chronist, J. B. Rady, schließt die Schilderung der kriegerischen Ereignisse mit einer etwas deprimierenden Feststellung ab.
„Das schwer geprüfte Volk eilte zu den Altären, um Gott zu danken für die Erlösung aus der Not. Die fremden Söldlinge zogen mit reicher Beute ab, die Souveräne entschädigten sich mit kerndeutschen Provinzen, und dem deutschen Volke blieb nichts übrig außer seinen verödeten blutgetränkten Fluren, den Massengräbern, den Ruinen von 1976 Schlössern, 1629 Städten und 18 310 Dörfern und der Hoffnung auf eine bessere Zeit.
Die Lage des Bauernstandes − fährt der Chronist fort − war nach dem Kriege weit trostloser als vorher schon. Die Landesherren und Gutsherrschaften dachten nicht daran, das Los der Bauern, die alles verloren hatten, zu erleichtern und humaner zu gestalten. Sie vermehrten vielmehr die Dienste (Frondienste) in ungebührlicher Weise und beuteten die Kraft der Bauern in ihrem Interesse aus. Nichts war diesen, die zur Gründung einer neuen Existenz alle Kräfte einsetzen mußten, verhaßter als die *Frondienste,* auf welche die durch große Verluste geschwächten Herrschaften nicht verzichten konnten, die sie aber auch nicht mäßigen wollten.
Auch Philipp Ludwig von Frankenstein, dem die Ockstädter im Laufe des Krieges so treu zur Seite gestanden hatten, hatte bald nach Abschluß des Friedens seine Untertanen mit neuen Fronden belastet, was eine allgemeine Erregung und endlich die *Verweigerung der Fronden* zur Folge hatte. Die Herrschaft machte die Sache bei dem Reichshofrathe zu Wien anhängig, wo sie mit ge-

wohnter Bequemlichkeit behandelt und nach drei Jahren spruchreif wurde. 1651 kam zwischen beiden Parteien ein Vergleich zustande, in welchem die Ockstädter ihre Leibeigenschaft und ihre Verpflichtung zu Frondiensten anerkennen, der Junker aber versprechen mußte, künftig nicht hart gegen seine Untertanen zu verfahren."
Die Ockstädter führen den Prozeß jedoch fort, bis endlich das Schlußurteil von 1689 (!) ihre Leibeigenschaft auf Grund der nach wie vor gültigen Lehensbriefe bestätigte. Hierzu noch einmal der Chronist:
„Das Vernünftigste wäre eine gütliche Übereinkunft mit der Herrschaft gewesen. Diese hielt sich aber meistens in Frankfurt auf, und alles ging durch die Hände der Amtmänner, deren Tätigkeit für Ockstadt oft recht verderblich war." (LV 35.)

Sie hausen wie die Wilden

Von der Kriegsfurie, die durch Deutschland tobt, bleibt die Obergrafschaft Darmstadt nicht verschont. Ende Oktober 1621 erscheint der kaiserliche General Tilly mit der bayrischen Armada an der nördlichen Bergstraße. Zu ihm gesellen sich die Spanier unter Cordoba, die aus den Niederlanden heranziehen. Es kommt zu schweren Übergriffen. Daß der lutherische Landesherr, Ludwig V., auf seiten des Kaisers steht, schert die Landsknechte wenig.
Im November rücken der Graf von Mansfeld und der Herzog Christian von Braunschweig heran, die zur evangelischen Union gehören. Damit wird es für die Bevölkerung noch schlimmer. Vom *Mansfelder Einfall* im Dorf Eberstadt ist ein Verzeichnis geblieben: „Was das Pfalzische, Margravisch-Durlachisch und Mansfeldisch räuberisch Kriegsvolk zu Eberstatt an Brand, Rauben, Stehlen und mutwilligem Verwüsten vor einen Schaden gethan haben in anno 1622." Die Aufstellung bewegt sich zwischen 1257 Talern bei den Reichen und 60 Talern Verlust bei den armen Wittiben, insgesamt 48420 Reichstaler! Die Herren von Frankenstein sind in der Liste nicht genannt.
In der nun folgenden Ruhezeit wird vieles wieder aufgebaut sowie Neubauten aufgeführt. In Darmstadt ersteht das neue Rathaus am Markt mit schönen Giebeln. Im Untergeschoß werden die ersten Verkaufsläden eingerichtet. Auf dem Gelände des

„Frankensteiner Hofs" wird 1629 das berühmte Darmstädter Pädagog, eine Lateinschule, erbaut.
Auch in Eberstadt ist man am Bauen, freilich nicht einer Schule, sondern — endlich! — des langbegehrten Landgräflichen Gefängnisses, der „Betzekammer", um die schon 1582 der Landgraf Georg I. grimmig-brummenden Gemütes gekämpft hatte. Jetzt setzt der Oberamtmann den Bau mit Gewalt durch als Zeichen der hoheitlichen Gewalt. Junker Eustachius von Frankenstein muß den Betrieb in seiner eigenen Betzekammer schließen und büßt damit wieder ein Stück seiner Souveränität ein.
Auf den Landgrafen Ludwig war dessen Sohn, Georg II., der Gelehrte, gefolgt. Im Jahre 1628 ließ er eine große Kirchenvisitation im ganzen Lande abhalten. Die frankensteinischen Pfarreien Eberstadt, Nieder- und Ober-Beerbach blieben dabei bezeichnenderweise ausgeschlossen.
Im Jahre 1631 geht der Krieg im Lande neu auf. Der *Schwedenkönig Gustav Adolf* besetzt die starke hessische Festung Rüsselsheim am Main (heute Sitz der Opelwerke) und erobert Mainz. Der landgräfliche Hof zieht sich von Darmstadt in die sichere Festung Gießen zurück. Gustav Adolf fällt 1632.
Im Jahre 1633 verleiht der schwedische Kanzler Oxenstierna dem berühmten Reiterobersten Sparre die nördliche schönburgische Hälfte Eberstadt als Geschenk. Die Einwohner müssen ihm in der Obergasse huldigen.
Junker Eustachius von Frankenstein schreibt dazu: „Diesen punctum hat Bechtold Wahl, landgräflicher Zentschultheiß zu Eberstadt gemacht, welcher zuvor gräflich Schönburgischer Keller gewesen, aber wegen seines üblen Verhaltens als ein ehrloser Nagel abgeschafft worden ist. Auch hat er Unsern, derer zu Frankenstein, Wein und Früchte (Korn und Weizen) als ein schwedischer Commissarius alles vertan (unterschlagen), sodaß ich ihn hernach zu Mainz von der schwedischen Regierung habe henken lassen wollen, er wurde jedoch wieder entlassen. So hat er sich denn in den landgräflichen Zentschultheißendienst eingelassen, da die Landgrafen gegen Uns *keinen eigenen Schelm* haben finden können."
Nach der Nördlinger Schlacht fluten die geschlagenen schwedischen Regimenter über die Bergstraße nach Mainz zurück, und so beginnt jetzt hier der größte Jammer. Mord und Totschlag, Brand, Schändung und Hungersnot. Die Eberstädter und die Bewohner der anderen benachbarten Dörfer fliehen in die Stadt Darmstadt.

Dort bricht schließlich die Pest aus. Die Greuel geschehen zuerst unter den Augen des schwedischen Kanzlers Oxenstierna und des Herzogs Bernhard von Weimar von der „protestantischen" Seite und danach unter dem kaiserlichen Kommandanten von der „katholischen" Partei. Letzterer verlangt für sein Service täglich 100 Reichstaler und in die Küche „unterschiedliche Speisen als Hirsche, Rehe, Fische, Kälber, indianische Hahnen, Hämmel, Speck, Butter und anderes mehr". In Darmstadt zählt man indes 2200 Pesttote.

Der Friede wird 1648 unterzeichnet. Der Hof kehrt 1649 von Gießen in die Residenz Darmstadt zurück.

Im Jahre 1650 kommt endlich wieder ein Pfarrer nach Eberstadt. Er legt u. a. ein neues Kirchenbuch an, in dem er aufs kürzeste beschreibt, wie es hier aussieht: „Als ich anhero zur Pfarr gekommen, war kein stuel (Gestühl) in der kirche, stundt auch das Pfarr Hauß in einem gar bösen tach (Dach). Und wolte der Collatur (der Kirchenpatron Eustachius von Frankenstein) nichts bauen lassen, der Gottes-Casten aber (die Kirchenkasse) hatte nichts".

So beginnt der Wiederaufbau mühsam mit freiwilligen Kräften und aus Stiftungen. Anno 1653 haben sogar „die Unterthanen zusammengeleget und ein neu glock 5 zentner schwer zu Heydelberg gießen lassen. Kostet der zentner 30 Reichsthaler."

Glücklicherweise waren die kostbaren, von den Herren zu Frankenstein einst gestifteten Kirchengeräte rechtzeitig an einen sicheren Ort gebracht und dadurch gerettet worden. In einem Inventarverzeichnis von 1650 lesen wir den Bestand: „Zwei silberne übergülte kelch, 2 patenchen (Hostientellerchen) aus silber und übergült, 1 zinnern lädchen, da man ostien (Hostien) innen thut, 3 mässige (1 Maß Wein fassende) und eine halbmäßige zinnerne kanden (Kannen), Taufgezeug, ein schwarz wüllen altartuch, ein schwarz wüllen Cantzeltuch, 2 leinen altartücher, 1 handzwel (Handtuch)."

Trotz Krieg und Kriegsnot und der entsetzlichen Armut nachher geht der „kleine Krieg" zwischen Hessen und den Herren von Frankenstein weiter. Im Jahre 1647 wird es in Darmstadt ruchbar, daß man auf der Burg Frankenstein zwei Juden aufgenommen hatte. Flugs verlangt die landgräfliche Regierung von diesen ein Kopfgeld, da das „Judenhalten" ein Hoheitsrecht sei und „man soliches Judengeld bei solicher geldloser zeit nicht entbehren könnte". So schreibt es jedenfalls der Geh. Rat Wannebacher an seinen Schwager, den Hess. vornehmen Rath Dr. Fabricius. Die Herren von Frankenstein lehnen natürlich alles ab.

Burg Frankenstein heute

Allerdings warnt nun die Hessische Regierung den Landgrafen doch, gewaltsam einzugreifen. Noch ist die Burg reichsunmittelbar, und ein gewaltsames Eindringen kann als Landfriedensbruch geahndet werden. Man rät also seiner Fürstl. Gnaden, so er die Juden gerne haben wolle, dieselben durch aufgestellte Aufpasser wegfangen zu lassen, wenn sie die Burg verließen, um in den Dörfern zu schachern.

Der Frankenstein wird verkauft

Johann Eustachius, der die Herrschaft Frankenstein 1606 von seinem Oheim Ludwig geerbt hatte, stirbt 1650.
Von den zahlreichen Söhnen ist Johann Ludwig, geb. 1603, Domherr zu Mainz und Würzburg – Johann Richard, Domscholaster zu Bamberg, Würzburg und Worms – Johann Eustachius 1654 Domkapitular zu Mainz – Johann Carl, 1684 Bischof zu Worms.
Die drei „weltlichen" Brüder setzen den Stamm fort. Es sind dies

1. *Johann Daniel,* churmainzischer Amtmann zu Amorbach, verh. 1670 mit Maria Margaretha von Oberstein. Mit dem Sohne Johann Philipp stirbt dieser Stamm 1712 in der Manneslinie aus.

2. *Johann Peter,* geb. 1620, gest. 1681, churmainzischer Hofrat und Oberamtmann zu Lohr am Main, verh. mit Sophie von Baumbach. Mit dem Sohne Johann Franz Otto, Geh. Rat und Oberamtmann zu Iphofen, stirbt dieser Stamm in der Manneslinie 1709 aus.

3. *Johann Friedrich,* geb. 1618, Würzburgischer Hofmarschall und Oberamtmann zu Kissingen, verh. in 1. Ehe mit Anna von Erpe, in 2. Ehe mit Anna Margarete Voigt von Salzburg. Er führt die Sachsenhauser Linie bis 1762 fort.

In einem *Vertrag vom 1. Oktober 1652* zu Lohr am Main erben, nach Verzichtleistung der übrigen Brüder:
Joh. Carl und Joh. Daniel: die Häuser Sachsenhausen und Friedberg,
Joh. Friedrich und Joh. Peter: die *Herrschaft Frankenstein.*
In dieser geht der „Kampf" weiter. Im Jahre 1657 läßt Landgraf Georg II. von Hessen-Darmstadt im frankensteinischen Dorf Eberstadt wieder einmal eine *Kirchenvisitation* ansetzen, die diesmal

glückt. Pfarrer Melchior Agricola schreibt darüber sehr vorsichtig in das Kirchenbuch: „den siebenten tag May uff Ascensionis (Himmelfahrt Christi) ist der wohlehrwürdige und hochgelahrte Herr Balthasar Mentzerus, Fürstl. Oberhofprediger, Superintendens und Pfarrer zu Darmstadt, und der ehrenveste und achtbare Herr Johann Jacob Pettmann, Fürstl. Geheimer Secretarius, als dazu von Ihrer Gn., Herrn Landgrafen Georgen verordnete Commissarii allhier gewesen und Kirchenvisitation gehalten, welches ich propter rei vertitatem (der Wahrheit gemäß) hieher setzen wollen."
Ganz anders klingt es in einem geharnischten Beschwerdeschreiben, das die Brüder Carl, Eustachius und Peter von Frankenstein alsbald in das Darmstädter Schloß schicken: „Was Gestalt Herr Superintendent und Herr Secretarius in einer Gutschen (Kutsche) in Unßern Flecken Eberstatt kommen, alß das dritte mal geleuthet (geläutet) gewesen, in die Kirche begeben, nach gehaltener Predigt sich erkühnt, vor dem Altar einen Sermon zu halten, hernach alte alß junge Leuthe examinieret, nach dem gesprochenen Segen die Gerichts-Persohnen heißen stehen bleiben und gefragt, ob hiebevor auch Kirchenvisistation daselbsten gehalten worden (sei), Ihme aber vom Gericht, wie es wahr ist, *mit Nein geantwortet* worden."
Die Männer vom Gericht hatten also gemäß ihres Schöffeneides bekundet, daß der Landgraf hier kein Recht habe, eine Visitation halten zu lassen.
Auch diese Beschwerde ging selbstverständlich an das Reichskammergericht und blieb dort ebenso hängen wie viele zuvor: über das Recht, in der Eberstädter Tanne zu jagen, das Fischen in der Beerbacher Bach, das Mühlwesen und anderes.
In einem Riesenprozeß gegen den Landgrafen zu Hessen-Darmstadt wurden schließlich alle hauptsächlichsten „*Beschwerungspunkte*" der Herren von Frankenstein wie folgt zusammengestellt: daß man

1. die Frankensteinischen Unthertanen zwingen wollte, bei fürstlichen Beylägern (Hochzeitsfesten), Kindtauffen und Leichenbegängnissen mit ihrem Gewehr am Thor zu Darmstadt und auch sonsten aufzuwarten (Posten zu stehen), obschon die Unthertanen nicht zum Landfürstenthum gehörten und dieß keine Centfolge sei,

2. wollten sie fremde Personen, die Frankensteinische oder Schönburgische Dienstboten und Brödlinge seien, de facto zur Cent ziehen, obwohl bei freien Gütern (Herrschaft Frankenstein) Dienstboten und Brödlinge nicht centbar seien,

3. daß die Landgräfische sich unterfingen, präsentation oder Confirmation der Pfarrer, Kindtaufen, Hochzeit und andere Polizeyverordnungen zu publicieren, und zwar gegen uraltes Herkommen, da die von Frankenstein von ihren eigenen Gütern die Pfarreien gestiftet hätten und ihnen allein das Patronat gehöre.
(Hier sind hessische Kirchenordnungen sowie Polizeiverordnungen über Tauffeiern, Hochzeiten u. dergl. gemeint, die die landgräfl. Regierung unrechtmäßigerweise an den Rathäusern anschlagen und bekanntmachen ließ), –

4. hätten sich die Landgräfische unterstanden, anno 1648 Mandata ans Rathhaus zu Eberstatt zu schlagen und so allen denen, die außer Land wichen (aus der Herrschaft Frankenstein auszögen!), für zwei Jahre Freiheit von Steuer, Contribution, Frohn, Real- und Personalbeschwerden zu versprechen,

5. hätten sie ganz neulich den Eberstädter Unterthanen aufgebürdet, daß sie die Landgräfl. Commissarios, Commandanten zu Rüsselsheim, Landhauptmann und Malefiz-Fiskalen besolden, und der Vestung (Rüsselsheim) mit Proviant, Loth, Pulver und Leuten zu helfen; hätten aber dagegen protestiert, den Unfug remonstriert und sich dießfalls auf die zu Speyer (beim Reichskammergericht) hangenden Rechte berufen,

6. zwängen sie die armen Leuthe mit Geld- und Thurmstrafen, namentlich die Eberstädter, ihre Häuser, Weingärten, Vieh, ja selbst ausgelehnte Kapitalien zu verschätzen;

7. verhinderten sie die Frankensteinischen und Schönbergischen Unterthanen, den schuldigen Corporal-Huldigungseid leisten, obwohl das 1567 und 1585 noch wirklich geschehen,

8. belegten sie ihre freien ritterschaftlichen Gefälle (Abgaben) in der Obergrafschaft mit Schatzungen, wogegen sie aber ein kaiserliches Mandat im Jahr 1651 ausgebracht hätten, da sie in die fränkische Ritterschaft steuern müßten,

9. mehr hätten auch die landgräflichen Bedienten sich erkühnt, die Frankensteinischen Unterthanen zum Rheinbau, sowie 1606, 1611–1616 und 1622 zur Türkensteuer, Reißsteuer, Fräuleinssteuer, Pulver- und Bleisteuer mit Bedrang und Pfändung anzuhalten. Zwar sei ihnen in Folge eines kaiserlichen Mandats Restitution geschehen, dieselben hätten aber bis 1650 doch noch vieles erpreßt."

Alle diese Beschwerden kamen nicht mehr zur Verhandlung; denn — so schreibt H. E. Scriba: „Dieser Verhältnisse und wohl auch der bedeutenden Prozeßkosten müde, reifte bei den Herren von Frankenstein umso mehr der Entschluß, *Burg und Herrschaft zu veräußern* — zumal die meisten Familienglieder seit der Erwerbung von Bobstadt, Dornassenheim und Ockstadt daselbst, sowie auch zu Oppenheim ihren Wohnsitz genommen hatten und so ihrem Stammsitze entfremdet worden waren. Sie ließen daher zu Anfang des Jahres 1661 alle ihre zum Kauf bestimmten Güter inventarisieren und boten sie ihrem Lehensherren, dem Churfürsten zu Mainz zum Verkauf an. Allein, war der geistliche Herr, wie gewöhnlich, nicht recht bei Kasse, oder hatte er keine Lust, ein so naher Nachbar des Landgrafen und dazu ein Erbe der Frankensteinischen Prozesse zu werden, — genug, die Verhandlungen fanden keinen Fortgang". Soweit Scriba.

Danach blieb nur noch der *Verkauf an Hessen* übrig. Landgraf Ludwig VI. zu Hessen-Darmstadt war zwar bereits übermäßig verschuldet — bei seinem Tode 1678 hatte die Schuldenlast die horrende Höhe von zwei Millionen Gulden erreicht — aber er brachte die Kaufsumme zusammen, damit nur endlich und buchstäblich *um jeden Preis* das „Ländchen Frankenstein" von der Landkarte verschwände!

Graf Maximilian zu Schönburg über Wesel als Nacherbe des jüngeren Stammes Frankenstein verkaufte seine Hälfte Eberstadt und sonstige Liegenschaften im Jahre 1661 um *21 000 Gulden* an Hessen. Für die Burg und Herrschaft Frankenstein samt der andern Hälfte von Eberstadt pp. erlösten die Brüder Johann Friedrich und Johann Peter von Frankenstein als Nacherben des älteren Stammes beim Verkauf in Jahre 1662 den Betrag von *88 000 Gulden.* Sie erwarben davon damit die Herrschaft Ullstadt in Mittelfranken. Ade Frankenstein!

„Was vergangen, kehrt nicht wieder —
dennoch, ging es leuchtend nieder,
leuchtets lange noch zurück." (G. Keller)

Ullstadt

Johann Friedrich und Johann Peter von Frankenstein erkaufen 1662 die freiadlige Herrschaft derer von Seckendorf in Ullstadt. Das Dorf liegt rund 10 km nordwestlich von Neustadt a. d. Aisch in schöner, waldreicher Umgebung.
Der ursprüngliche Ortsname „Ulgestat" wird im Jahre 816 erstmals bezeugt, als das gräfliche Paar Megingaud und Imina dem Benediktinerkloster Megingaudshausen, das sie gestiftet, weitgespannte Güter im Ehe- und Iffgau geschenkt hat. In staufischer Zeit wird Ullstadt zum Herrschaftsbereich der Edelherren von Speckfeld gehört haben. Nur als ihre Erben können dann die Edelherren von Hohenlohe-Hohenlohe zu Ausgang des 13. Jahrhunderts das „Amt" Kropfsberg, benannt nach der über Ullstadt gelegenen, längst Ruine gewordenen Burg, erworben haben. Im späten Mittelalter üben die Grafen von Castell Herrschaftsrechte zu Ullstadt aus.
Während des 14. Jahrhunderts teilen sich die adeligen Geschlechter Kropf, Sugenheim, Seinsheim und Seckendorf in Güter und Rechte. Die durch ganz Mittelfranken verbreitete, reiche und mächtige Familie von Seckendorf setzt sich schließlich als alleinige Dorfherrin durch. Mit dem umliegenden Besitz an Dörfern, Höfen und Rechten bietet die Herrschaft Ullstadt fast 300 Jahre lang den von Seckendorf eine, wenn auch nicht üppige, so doch ausreichende Lebensgrundlage, bis sie von den Herren von Frankenstein übernommen wird.
Das Jahr 1670 bringt für die Gesamtfamilie Frankenstein mit allen ihren Nachkommen ein hochbedeutsames Ereignis. Philipp Ludwig von Frankenstein, Herr zu Ockstadt, wird zusammen mit seinen Vettern Johann Friedrich und Johann Peter von Frankenstein, Herren zu Ullstadt, durch Kaiser Leopold I. in den

Reichs-Freiherrnstand

erhoben.
Wir schließen daran einen kurzen Überblick über die weitere Entwicklung der Familie.

I. Die Linie Sachsenhausen — Ullstadt

1. *Johann Friedrich,* geb. 1618, Würzburg. Hofmarschall, Oberamtmann zu Kissingen, verh. in 1. Ehe mit Anna von Erpe, in 2. Ehe

Schloß Ullstadt (Mittelfranken)

mit Anna Margarete Voigt von Salzburg. Die Linie setzt fort:
2. Johann *Friedrich Adolf*, gest. 1701, Würzburg. Oberamtmann zu Jagstberg, verh. mit Franziska Margareta von Eyb. Die Linie setzt fort:
3. *Johann Carl Friedrich Maximilian*, geb. 1696, gest. 1752, churtrier. Kammerherr, würzburg. Hofrat, Oberamtmann zu Homburg, Ritterrat, verh. mit Anna Wolfskehlin von Reichenberg — Die Linie setzt fort:
4. *Johann Carl Ernst Maria*, geb. 1716, gest. 1756, verh. mit Antonie, Gräfin von Elz-Kempenich. — Deren Sohn:
5. *Johann Carl Nepomuk*, ledig, gest. 1762.
Mit ihm erlischt die Linie im Mannesstamm.
Die Tochter von Joh. Carl Ernst Maria (Nr. 4): *Franziska Walpurga Helene*, verh. mit (abgek.) Friedrich Carl von Frankenstein, aus der Ockstädter Linie — siehe da!

II. Die Linie Ockstadt — Ullstadt

1. *Philipp Christoph*, Herr zu Ockstadt, geb. 1575, gest. 1633, verh. in 1. Ehe mit Clara Agnes Rau von Holzhausen, in 2. Ehe mit Katharina von Erpe. — Die Linie setzt fort:
2. *Johann Ludwig*, geb. 1649, gest. 1693, verh. mit Magdalene von Breitenbach. — Die Linie setzt fort:
3. *Friedrich Gottfried*, geb. 1686, gest. 1738, kurmainz. Geh. Rat, Ritterhauptmann d. mittelrhein. Ritterschaft, verh. mit Margarete von Bettendorf (gest. 1760 zu Mainz). — Die Linie setzt fort:
4. *Carl Friedrich Ferdinand*, geb. 1713, gest. 1756, kurmainz. Kammerherr, Hof- und Reg.-Rat, verh. mit Therese von Kesselhuth. — Die Linie setzt fort:
5. *Friedrich Carl*, geb. 1745, K. k. Geh. Rat, Oberamtmann zu Prozelten, verh. 1765 mit Franziska Walpurga Helene *von Frankenstein*, aus der Sachsenhauser Linie, siehe oben I/5. — Die Linie blüht bis zum heutigen Tage. Der Sitz ist jetzt Ullstadt.

Das Schloß Ullstadt

Von der ursprünglichen Seckendorf'schen Wasserburg ist außer einer summarischen Ansicht auf einer Kartenskizze des 16. Jahrhunderts nichts Greifbares überliefert. Als sie 1718 abgebrochen wurde, hört man noch vom Saal mit einem großen Ofen, der oberen Stube beim Saal, der gelben Stube und drei Wendeltreppen. Einen Neubau ließ 1718—1725 die jugendliche Witwe Herrn Friedrich Adolfs (siehe oben I/2), Franziska Margarete, geb. von Eyb, zusammen mit ihrem Bruder als Vormund ihrer Kinder errichten. Johann Dienzenhofer von Bamberg gestaltete das neue Schloß als ein regelmäßiges viereckiges Gebäude mit drei Geschossen um einen kleinen Lichthof.

Im Jahre 1746 wurde der älteste Sohn von Frau Franziska, Philipp Anton, zum *Fürstbischof zu Bamberg* gewählt. Damit begann für Ullstadt eine neue Periode. Der Bischof hatte als Fürst des Rokoko einen lebendigen Sinn für die Kunst und große Freude an ihren Werken. Er ließ einen imposanten Rahmen mit langgestreckten Flügelbauten und großartigem Eingangsportal vor das Schloß legen, der nach dem Dorfe hin mit Graben, Brücke und Gitter abschloß. „Das ganze Motiv gehört zu den reizvollsten Erfindungen der an Meisterstücken wahrlich nicht armen Barockarchitektur Frankens, wenn auch die vereinfachenden Eingriffe des 19. Jahrhunderts den ursprünglichen Formenreichtum vermindert haben."

Ausstattung und Inventur der Gebäude spiegeln die Stellung seiner Erbauer und die hohe Kultur seiner Bewohner in den letzten Jahrhunderten wider. Zum Schloß gehören ein umfangreiches Familienarchiv sowie eine bedeutende Bibliothek (LV 12).

Anhang:

Namensregister

Da es sich durchweg um Adelsfamilien handelt, wurde das „von" hier weggelassen.

Berlichingen: 93, 112 ff.
Bickenbach, Konrad III.: 40, 56 f.
Bock, Böcklin v. Uttingertal: 118, 131 ff.
Boos v. Waldeck: 70, 79 f.
Brendel v. Homburg, Anna: 212
Breuberg: 9, 10–14, 34, 39, 44, 122 f.
Buches, Anna: 117
Cleen: 138, 139 f., 145 ff., 161
Collenberg, Rüdt: 70, 88 ff.
Dalberg: s. Kämmerer
Dienheim, Elisabeth: 40 f.
Dittelsheim, Georg: 169
Döringenberg, Raban: 169, 138, 146, 189 f.

Erbach – Euphemia: 9, 36; Magdalena: 40 f.; Hans Erbach: 53
Flörsheim, Christine u. Ottilie: 169
Forstmeister v. Gelnhausen: 117, 129

Frankenstein
Anna-Hirschhorn: 70, 84 – Wolfskehlen: 93 – Helmstadt: 214
Anna, Äbtissin: 138, 163 – Hutten: 169
Bartholomäus: 189, 205 ff.
Apollonia, Äbtissin: 138, 162; Hutten: 169
Elisabeth – Strahlenberg: 40, 60 – Gemmingen: 70, 83
Erkinger: 9, 32 f., 122
Eustachius: 198 ff., 214, 225 f., 228
Friedrich: 9, 29
Georg: 138, 144, 165
Georg Oswald: 169, 182
Gottfried: 169, 180 ff.
Hedwig-Jossa: 9, 38
Ida-Kämmerer: 70, 79 ff.
Johann I.: 40, 53, 63 f., 68 ff. – II.: 93 – III.: 93, 108, 112 – IV.: 138, 145 ff., 149 ff., 154, 157, 161 f. – V.: 189
Joh. Carl; Joh. Daniel; Joh. Eustachius; Joh. Friedrich; Joh. Ludwig u. Joh. Peter: sämtlich 215, 228
Juliane: 70, 82
Katharine, Priorin: 82 – Schöneck: 70, 78
– Landschade: 118, 129
Klara-Döringenberg: 169 – Schönburg: 169, 187 ff.
– Echter: 189
Konrad I.: 9, 32 f. – II.: 40, 41 ff., 44 f., 122 – III.: 40, 53 ff., 122 – IV.: 70, 85 f. – V.: 93, 97 ff., 104 ff., 124 – VI.: 118, 124
Lisa-Forstmeister: 118, 130
Ludwig: 189, 190, 196 ff., 198 ff., 203
Margarete-Handschuhsheim: 118, 128 – Oberstein: 189 – Riedesel: 189
Philipp I.: 70, 80 f. – II.: 70, 88 f. – III.: 93, 108 f. – IV.: 118, 131 ff., 134 ff. – V.: 169, 184 ff.
Philipp Christoph: 214, 216 ff., 221
Philipp Henrich u. Ludwig: 189
Philipp Ludwig: 215, 219. 221
Rudolf, Bischof: 169 ff.

Gemmingen, Dieter: 69, 84
Handschuhsheim, Dieter: 117
Helmstadt, Anna: 70, 87 f.
Hirschhorn, Albrecht: 69, 84
Hofwart v. Kirchheim: 169,185
Hutten, Ulrich: 146 ff. − H. Stolzenberg: 169, 182
Jossa, Giso: 9, 38
Kämmerer v. Worms, Anna u. Dieter I.: 40, 61 − Peter II.: 70, 78 ff. − Wolf: 169
Krig v. Altheim, Else: 93
Kronberg, Apollonia: 118 − Gertrud: 70, 79 − Hartmut: 66 ff.
Landschade v. Steinach: 117, 128 f.
Magenheim, Irmengard: 9, 22, 32
Mosbach v. Lindenfels, Anna: 189, 198
Nagel v. Dirmstein: 189
Oberstein, Friedrich: 187 − Margarete: 168
Praunheim, Heinrich: 189
Riedesel-Bellersheim: 189
Rodenstein, Amalie: 93, 108 − Katharina: 189 f. − Konrad I.: 38 − Margarete: 93, 104 ff., 187
Schönburg, Friedrich: 169, 187 ff.
Sickingen, Franz: 140
Sternenfels, Klara: 138
Strahlenberg: 40, 60 f.
Weiterstadt, Elisabeth: 9, 18 f., 22, 122 ff.
Wolfskehlen, Hans: 92, 110 f.

Literaturverzeichnis

1. Alberti, Otto v.: Württbg. Adels- und Wappenbuch, 1883
2. Au, von der, Hans: Flurnamenbuch Eberstadt, Gießen 1941
3. Becker, Wilhelm M.: Taschenwörterbuch des Heimatforschers, 1936
4. Brück, Anton Ph.: Der Speyrer Bischof Rudolf als Mainzer Domherr, Manuskript 1961
5. Demandt, Barbara: Mittelalterl. Kirchenorganisation i. Hessen, Marburg 1966
6. Demandt, Karl E.: Regesten der Grafen von Katzenelnbogen, 4 Bd., Wiesbaden 1953 ff.

7. Ders.: Geschichte des Landes Hessen, 2. Aufl., Kassel 1972
8. Ders.: Die polit. u. kultur. Voraussetzungen d. hess. Residenz Darmstadt, Darmstadt 1968
9. Ders.: Die Orientfahrten der Katzenelnbogener Grafen, AHG/ 33/1975
10. Dietz, Alex.: Alt-Sachsenhausen, Frankf. 1935
11. Edschmid, Kasimir: Auto-Reisebuch, L. C. Wittich, Darmstadt, 1938
12. Engel, Wilhelm: Schloß Ullstadt, Privatdruck 1949
13. Friese, Alfred: Zwei spätmittelalterl. Seelbücher, A. f. mittelrh. KG, Speyer, 1955
14. Ders.: Die Herren von Praunheim-Sachsenhausen, Diss. Bonn
15. Ders.: Die Ritter- und Turniergesellschaft mit dem Esel, AHG, 52 Nr. 24, NF
16. Gensicke, Helmut: Untersuchungen zur Genealogie der Herrn v. Frankenstein, Jahrb. f. Hess. KG, Darmstadt 1963
17. Glöckner, E.: Lorscher Handschrift, Heppenheim 1929
18. Handbuch der Histor. Stätten Deutschlands. Bd. IV. Hessen, Bd. V., Rheinl.-Pfalz, Bd. VI., Bad-Württbg., Bd VII., Bayern. Kröner-Stuttgart
19. Haupt, Gg.: Bau- und Kunstdenkmäler d. St. Darmstadt, Textbd., 1952
20. Humbracht, J. Max.: Die höchste Zierde des Teutschen Adels, Stammtafeln, Frankf. 1707
21. Kirschner, Fr.: Die Burg Frankenstein, Darmstadt 1962
22. Kittel, A.: Stammbaum der Fam. Echter v. Mespelbrunn, Würzburg 1882
23. Kunz, Rud.: Dorfordnungen d. Herrsch. Frankenstein, AHG, NF, 1958
24. Ders.: Heimatbuch Alsbach, dortselbst 1970
25. Ders.: Zur Gesch. d. Burg Jossa, Breubergbund 1971/2
26. Ders.: Stammtafel d. Herrn v. Wallbrunn, Hess. fam.gesch. Vgg., Festschrift, Darmstadt 1971
27. Lachmann, H. P.: Die Höfe d. Katzenelnbogener, AHG, NF, 1974
28. Möller, W., u. Krauß, K.: Der Frankenstein a. d. B., Darmstadt 1925
29. Möller, W.: Stammtafeln westdeutsch. Adelsgeschl., 4. Bde. 1922 ff.
30. Ders.: Geneal. Beiträge, Hirschberg, Strahlenburg, Schauenburg, AHG, NF, 23

31. Mohr, Gerd H.: Gott liebt die Esel, Diederichs 1972
32. Müller, Ad.: Aus Darmstadts Vergangenheit, Darmstadt 1929
33. Müller, Wilhelm: Hess. Ortsnamenbuch, Darmstadt 1937
34. Oppenheim a. Rh., Rhein. Kunststätten 1971 (Köln-Deutz)
35. Rady, Jean Baptist: Chronik von Ockstadt, Friedberg/H., 1893
36. Remling, Fr. Xaver, Gesch. d. Bisch. zu Speyer, Mainz 1854
37. Scriba, H. E.: Herrschaft Frankenstein, AHG, 1851 u. 1853
38. Siebmacher: Böcklin v. Eutinger Thal, Wappenbuch VI/2, Nürnberg 1911
39. Sillib, Rud.: Stift Neuburg b. Heidelberg, 1903
40. Stockhausen, v., Juliana: Schloß Eberstadt, Heimatheft Eberstadt, üb. Osterburken/Land
41. Stürz, H. K.: Darmstadt, Westermann 1957
42. Wartburg, Die hl. Elisabeth, Benziger Verl. 1961
43. Weißgerber, Wolfg.: 1000 Jahre Eberstädter KG, Pfarramt 1973
44. Ders.: Eberstädter Geschicht.Buch aus 12 Jahrhunderten, Darmstadt 1974
45. Wolfert, Alfr.: Die Wappen der edelfr. Familien d. Odenwalds pp, Breubergbund, Sonderheft 1972
46. Zabergäu, Heimatblätter, 1955/3

Abkürzungen:
AHG = Archiv f. Hess. Geschichte und Altertumsforschung, Darmstadt. NF = Neue Folge. KG = Kirchengeschichte.

Bildnachweis
Seite
23, 45: Hess. Staatsarchiv Darmstadt
64, 132, 137, 161, 199, 203: Rud. Knipfer, Dst.-Eberstadt
111, 151, 191: Photo-Baumann, Dst.-Eberstadt
155: Photo-Böhm, Mainz
33: Dr. Linck, Güglingen, 37: Verlag Wolfgang Weidlich, Frankfurt
171, 177: entnommen aus dem Buch „Der Kaiserdom zu Speyer", aus dem Verlag Jaeger Druck Speyer. Fotos: Franz Klimm
59: Peter Bohn, Alsbach
13, 51, 103, 105: Eduard Roether Verlag, Darmstadt
45, 73, 121, 143, 233: Archiv Schloß Ullstadt
77, 83: Merian

www.ingramcontent.com/pod-product-compliance
Lightning Source LLC
Chambersburg PA
CBHW050140170426
43197CB00011B/1904